城市道路交通组织设计
系列手册

HANDBOOK OF URBAN ROAD
TRAFFIC SIGNAL CONTROL
DESIGN

城市道路交通信号控制设计手册

公安部交通管理科学研究所

——编著——

机械工业出版社
CHINA MACHINE PRESS

《城市道路交通组织设计系列手册》是公安部交通管理局组织编写的城市道路交通组织设计的系列手册，本书是其中一个分册。本书总体上分为"基础理论篇""设计方法篇"和"应用案例篇"三个部分，主要内容包括基本概念、交通信号与通行规则、信号控制方式、信号控制系统、设计流程及基本内容、信号控制策略、单点信号控制、干线协调信号控制、非机动车和行人过街控制、特殊场景信号控制、信号控制方案实施、信号控制效益评估等。书中还提供了大量实际应用案例，深入地剖析了不同信号控制方式的实施条件、设计流程与应用成效，为信号控制技术方法的落地应用提供了借鉴和参考。

　　本书适用于交通管理者、科研院所专家、咨询设计单位等专业人员阅读参考。

图书在版编目（CIP）数据

城市道路交通信号控制设计手册 / 公安部交通管理科学研究所编著． — 北京：机械工业出版社，2021.4（2023.1 重印）
（城市道路交通组织设计系列手册）
ISBN 978-7-111-67885-4

Ⅰ. ①城⋯ Ⅱ. ①公⋯ Ⅲ. ①城市道路 – 交通信号 – 自动控制 – 手册 Ⅳ. ① U412.37-62 ②U491.5-62

中国版本图书馆CIP数据核字（2021）第057991号

机械工业出版社（北京市百万庄大街22号　邮政编码100037）
策划编辑：李　军　　　　责任编辑：李　军　刘　煊
责任校对：黄兴伟　　　　责任印制：单爱军
北京虎彩文化传播有限公司印刷

2023年1月第1版第2次印刷
184mm×260mm・17.75印张・2插页・373千字
标准书号：ISBN 978-7-111-67885-4
定价：169.00元

电话服务　　　　　　　　网络服务
客服电话：010-88361066　　机　工　官　网：www.cmpbook.com
　　　　　010-88379833　　机　工　官　博：weibo.com/cmp1952
　　　　　010-68326294　　金　书　网：www.golden-book.com
封底无防伪标均为盗版　　机工教育服务网：www.cmpedu.com

《城市道路交通组织设计系列手册》

指导委员会

主　任：李江平

副主任：李　伟　　王长君　　孙正良

委　员：李　辉　韩书君　黎　刚　王　健
　　　　刘东波　戴　帅　曹长剑　马万经
　　　　陆　建　李瑞敏　金　盛　姜文龙
　　　　张水潮　戴继锋　顾金刚

《城市道路交通信号控制设计手册》

编撰委员会

主　编：刘东波　公安部交通管理科学研究所

副主编：代磊磊　公安部交通管理科学研究所
　　　　何广进　公安部交通管理科学研究所

参　编：付　强　公安部交通管理科学研究所
　　　　卢　健　公安部交通管理科学研究所
　　　　树爱兵　公安部交通管理科学研究所
　　　　胡建伟　公安部交通管理科学研究所
　　　　顾金刚　公安部交通管理科学研究所
　　　　华璟怡　公安部交通管理科学研究所
　　　　司宇琪　公安部交通管理科学研究所
　　　　李瑞敏　清华大学
　　　　刘晓龙　清华大学
　　　　马万经　同济大学
　　　　王　玲　同济大学
　　　　陆　建　东南大学
　　　　任　刚　东南大学
　　　　金　盛　浙江大学
　　　　马东方　浙江大学
　　　　张存保　武汉理工大学
　　　　张　珊　武汉理工大学
　　　　郭　璘　宁波工程学院
　　　　张水潮　宁波工程学院
　　　　陈宁宁　广东振业优控科技股份有限公司
　　　　林　科　广东振业优控科技股份有限公司

前　言

随着我国城市社会经济的快速发展，城镇化进程不断推进，城市道路交通流量迅速增长，交通拥堵、交通事故、环境污染等问题日益加剧，制约了城市的社会经济发展。2015年召开的中央城市工作会议明确提出，要"加强城市精细化管理，着力解决城市病等问题"。习近平总书记多次指示，要把解决大城市的交通拥堵问题放在首要位置，并且要求"城市管理应该像绣花一样精细"。为深入贯彻中央城市工作会议和习近平总书记系列重要指示精神，推动治理交通拥堵、出行难、停车难等"城市病"，公安部、中央文明办、住房城乡建设部、交通运输部决定进一步创新城市道路交通管理模式，从2017年起在全国组织实施"文明畅通提升行动计划"，并在工作任务中明确提出"完善道路交叉口交通渠化设计，优化交通信号控制技术，进一步提升交叉口通行效率"。在此背景下，有必要组织编撰具有我国特色的城市道路交通组织设计手册，用于科学指导各地的城市道路交通治理工作。

根据当前城市道路交通组织管理工作的实际需要，拟编撰以下系列手册：平面交叉口渠化设计、交通信号控制设计、指路标志设置设计、干道交通组织设计、快速路交通组织设计、区域交通组织设计、路内停车管理设计、公交优先交通组织设计、占道施工交通组织设计、城市交通指挥中心功能结构设计等。手册的内容既有基础理论的介绍，又有实战经验的总结，力争通俗、易懂，对解决实际问题有较强的指导性。

本分册为《城市道路交通信号控制设计手册》，内容包括基本概念、交通信号与通行规则、信号控制方式、信号控制系统、设计流程及基本内容、信号控制策略、单点信号控制、干线协调信号控制、非机动车和行人过街控制、特殊场景信号控制、信号控制方案实施、信号控制效益评估等，并提供了一些典型的实际案例。

本分册编撰工作由公安部交通管理科学研究所牵头，联合清华大学、同济大学、东南大学、浙江大学、武汉理工大学、宁波工程学院、广东振业优控科技股份有限公司等院校和研究单位共同完成。在编撰过程中，从需求调研、素材收集，到编辑整合、汇集成册，各单位分工合作、反复研修，付出了很大的努力和心血，在此衷心表示感谢！在公安部交通管理局的大力支持下，北京、天津、哈尔滨、大连、上海、南京、杭州、宁波、济南、武汉、广州、深圳、重庆、成都、西安等城市的公安交通管理部门为本分册提供了大量的实战案例，并在技术应用方面提供了很多帮助，在此也表示感谢！同时，还要对引用参考的所有文献资料的机构与作者，对所有关心和支持本分册编撰的领导和专家表示衷心的感谢！

《城市道路交通信号控制设计手册》的编撰和出版得到了国家重点研发计划项目"城市多模式交通系统协同控制关键技术与系统集成"（项目编号：2018YFB1601000）以及公安部交通管理局的支持和资助。

由于编者水平有限，文中难免出现疏漏不当之处，敬请批评指正！

编　者
2020 年 12 月

目 录

前言

第一部分 基础理论篇

第1章 基本概念 ...002
1.1 信号灯 ...002
1.2 信号配时 ...003
1.3 控制方式 ...005
1.4 交通流运行 ...006

第2章 交通信号与通行规则 ...008
2.1 信号灯的类型 ...008
2.2 信号灯灯色转换 ...009
2.3 信号灯设置与通行规则 ...013

第3章 信号控制方式 ...020
3.1 常见控制方式 ...020
3.2 控制方式组合及适用条件 ...020
3.3 控制方式的优缺点 ...022

第4章 信号控制系统 ...025
4.1 主流信号控制系统简介 ...025
4.2 国内信号控制系统 ...026
4.3 国外信号控制系统 ...031

第二部分 设计方法篇

第5章 设计流程及基本内容 ...036
5.1 设计原则与目标 ...036
5.2 总体设计流程 ...037
5.3 基础数据调查与分析 ...038
5.4 信号控制基本内容 ...047

第6章 信号控制策略 ...051
6.1 控制目标 ...051
6.2 时段划分 ...052
6.3 子区划分 ...054
6.4 策略制定 ...057
6.5 协调方法 ...059

第7章 单点信号控制 ...061
7.1 设计流程 ...061
7.2 控制目标 ...061
7.3 相位相序设计 ...063
7.4 信号配时参数确定 ...074
7.5 与交叉口渠化协同设计 ...076
7.6 其他单点控制设计 ...080

第 8 章　干线协调信号控制　　...086

8.1　适用条件　　...086
8.2　设计流程　　...086
8.3　控制目标　　...087
8.4　控制参数　　...088
8.5　协调方案设计　　...093
8.6　协调控制效果干扰因素　　...096
8.7　与交通组织协同设计　　...097
8.8　其他协调控制设计　　...099

第 9 章　非机动车和行人过街控制　　...101

9.1　设计流程　　...101
9.2　非机动车过街控制　　...103
9.3　行人过街控制　　...112

第 10 章　特殊场景信号控制　　...120

10.1　可变导向车道通行控制　　...120
10.2　潮汐车道通行控制　　...129
10.3　公交信号优先控制　　...133
10.4　有轨电车信号优先控制　　...141
10.5　匝道通行控制　　...145

第 11 章　信号控制方案实施　　...151

11.1　设备需求　　...151
11.2　实施流程　　...156
11.3　日常维护　　...157

第 12 章　信号控制效益评估　　...160

12.1　评估流程　　...160
12.2　评估指标选取　　...161
12.3　评估指标计算　　...162
12.4　评估方法　　...165

第三部分　应用案例篇

第 13 章　单点信号控制　　...170

13.1　分时段差异化控制　　...170
13.2　瓶颈进口重复放行　　...172
13.3　双周期协调控制　　...177
13.4　相位搭接放行　　...180
13.5　"外控内疏"全局控制　　...185
13.6　相位拆分间隔放行　　...191
13.7　自适应控制　　...195

第 14 章　干线协调信号控制 ...198

14.1　单向绿波协调控制 ...198
14.2　双向绿波协调控制 ...203
14.3　进城截流协调控制 ...208
14.4　短距离交叉口溢流防控 ...212
14.5　错位交叉口排队疏散 ...215

第 15 章　非机动车和行人过街控制 ...221

15.1　大流量非机动车蓄水式放行 ...221
15.2　独立式行人二次过街控制 ...226
15.3　协调式行人二次过街控制 ...229
15.4　行人专用相位过街控制 ...231

第 16 章　特殊场景信号控制 ...235

16.1　可变导向车道控制 ...235
16.2　潮汐车道通行控制 ...237
16.3　公交信号优先控制 ...244
16.4　有轨电车优先控制 ...252
16.5　匝道通行控制 ...256

第 17 章　信号控制创新应用 ...259

17.1　借道左转控制 ...259
17.2　排阵式控制 ...264
17.3　综合待行区控制 ...266
17.4　实时信号优化控制 ...268
17.5　"互联网 +"信号优化 ...271

第一部分

基础理论篇

第 1 章 基本概念
Chapter One

本章主要描述交通信号控制常用的基本概念，包括信号灯、信号配时、控制方式、交通流运行，主要依照相关法律法规及标准规定。

1.1 » 信号灯

1. 机动车信号灯

由红色、黄色、绿色三个几何位置分立的，无图案圆形单元组成的一组道路交通信号灯，指挥机动车通行。

2. 非机动车信号灯

由红色、黄色、绿色三个几何位置分立的，内有自行车图案的圆形单元组成的一组道路交通信号灯，指挥非机动车通行。

3. 左转非机动车信号灯

由红色、黄色、绿色三个几何位置分立的，内有自行车和向左箭头图案的圆形单元组成的一组道路交通信号灯，指挥左转非机动车通行。

4. 人行横道信号灯

由几何位置分立的，内有红色行人站立图案的单元和内有绿色行人行走图案的单元组成的一组道路交通信号灯，指挥行人通行。

5. 方向指示信号灯

由红色、黄色、绿色三个几何位置分立的，内有同向箭头图案的圆形单元组成的一组道路交通信号灯，用于指挥某一方向上的机动车通行。箭头方向向左、向上和向右分别代表左转、直行和右转。绿色箭头：表示车辆允许沿箭头所指的方向通行；红色或黄色箭头：

表示仅对箭头所指方向起红灯或黄灯的作用。

6. 掉头信号灯

由红色、黄色、绿色三个几何位置分立的，内有"↩"形图案的圆形单元组成的一组道路交通信号灯，用于指挥机动车掉头。

7. 车道信号灯

由一个红色交叉形图案单元和一个绿色向下箭头图案单元组成的道路交通信号灯。红色交叉形表示本车道不准车辆通行；绿色向下箭头表示本车道准许车辆通行。

8. 道口信号灯

由两个或一个红色无图案圆形单元构成的道路交通信号灯。两个红灯交替闪烁，或者一个红灯亮时，表示禁止车辆、行人通行；红灯熄灭时，表示允许车辆、行人通行。

9. 闪光警告信号灯

由一个黄色无图案圆形单元构成的道路交通信号灯。工作状态闪烁，表示车辆、行人通行时注意瞭望，在确保安全后通过。

1.2 » 信号配时

1. 交通信号配时

设计交叉口的相位、相序以及周期、绿信比、相位差等参数的过程。

2. 周期

信号灯色按设定的信号相位顺序变化一周所需的时间。

3. 相位绿灯时间

一个相位所获得的绿灯显示时间。

4. 绿灯间隔时间

一个信号组绿灯时间结束至下一个信号组绿灯时间开始之间的时间。

5. 相位

同时获得通行权的一股或多股交通流所对应信号组的显示状态。

6. 相序

不同信号相位的排列顺序。

7. 绿信比

在一个信号周期内,信号相位有效绿灯时间与周期时间之比。

8. 有效绿灯时间

可供车辆通行的信号期间,除去损失时间后,实际用于车流通行的时间。

9. 公共周期

协调控制中,与协调交叉口相等或成整数倍的周期时长。

10. 相位差

协调控制中,协调交叉口与指定的参照交叉口相位或周期的起始时间之差,或者协调交叉口相位或周期的起始时间与规定的基准时间的时间差。

11. 绿波

车流通过若干个相邻交叉口都能获得连续绿灯的信号状态。

12. 带宽

车辆在协调的各交叉口间连续获得通行的绿灯时间长度。

13. 绿波速度

车辆在协调交叉口为获得最大绿波带宽而设计的行驶速度。

14. 单向绿波

绿波配时只考虑一个行进方向的交通控制方式。

15. 双向绿波

绿波配时同时考虑上行、下行两个行进方向的交通控制方式。

16. 最小绿灯时间

为确保安全,绿灯信号应保持的最短时间。

17. 最大绿灯时间

绿灯信号可保持的最长时间。

18. 子区

协调控制中,由一个或相邻的多个采用相同交通控制策略的信号控制交叉口组成的集合。

19. 区域

由一个或多个子区组成的集合。

1.3 » 控制方式

1. 协调控制

把两个或两个以上交叉口的道路交通信号灯协调起来加以控制的方式。

2. [干]线协调控制

在一条线路的相邻交叉口实施协调控制的方式。

3. 区域协调控制

在一个区域内多个交叉口实施协调控制的方式。

4. 自适应[交通]控制

根据交通流信息实时自动调整信号控制参数的控制方式。

5. 单点控制

交叉口道路交通信号控制机独立运行、与其他交叉口无关的方式。

6. 定时控制

交叉口按预设的固定配时方案连续重复运行的控制方式。

7. 感应控制

道路交通信号控制机根据检测器测得的交通流信息，来调节信号显示时间的控制方式。

8. 半感应控制

交叉口仅部分相位有感应请求的感应控制方式。

9. 全感应控制

交叉口所有相位均有感应请求的感应控制方式。

10. 人工干预控制

采用手动方式控制交通信号运行的控制方式。

11. 黄闪控制

所有信号灯组的黄灯信号均以固定频率闪烁的，用于警示的控制方式。

12. [道路]交通信号控制系统

由道路交通信号控制机、道路交通信号灯、道路交通流检测设备、通信设备、控制计算机及相关软件等组成，用于道路交通信号控制的系统。

13. 区域协调控制系统

把一个区域内所有交通信号联结起来进行区域协调控制的道路交通信号控制系统。

14. 自适应协调控制系统

根据区域内实时采集的交通数据进行联机优化控制的道路交通信号控制系统。

1.4 交通流运行

1. 交通流特性

交通流的流量、密度和速度的特征。

2. 流量

单位时间内通过道路某一个截面的车辆或行人数量。

3. 流率

通过道路某一个截面的车辆或行人的当量小时流量。

4. 标准车当量

以小型客车为交通流量的基本计算单位。其他车辆根据占用道路时间和空间资源情况，按一定的折算系数换算为标准车当量。

5. 时间占有率

道路某检测截面或检测区内有出行车辆存在的时间与统计总时间之比。

6. 饱和流量（饱和流率）

绿灯期间车辆连续通过信号控制交叉口进口车道的最大当量流率。

7. 进口车道通行能力

在一定信号控制条件下，车辆通过交叉口某进口车道停止线的最大当量流率，即饱和流量与绿信比之积。

8. 交叉口通行能力

交叉口各进口车道通行能力之和。

9. 饱和度

一定观测时间内，到达交叉口进口车道停止线的当量流率与该车道的进口通行能力之比。

10. 流量比

一定观测时间内，到达交叉口进口车道停止线的当量流率与该车道的饱和流量之比。

11. 控制延误

车辆在通过交叉口时因交通信号控制而产生的延误时间。

12. 排队长度

交叉口停止线后排队的车辆所占路段长度。

13. 停车次数

车辆在通过交叉口时受交通信号控制影响而停车的次数。

14. 损失时间

周期中因信号灯色转换而不允许车辆通行或被浪费的时间。

15. 起动损失时间

绿灯开始时，前面若干辆车（一般约三辆车）从起动至通过停止线而累加的绿灯损失时间之和。

16. 过饱和

单位时间内期望通过交叉口进口车道的车辆数大于通行能力的交通状态。

17. 车头时距

对于同向行驶的两连续车辆，前车头与后车头通过道路某截面的时间间隔。

18. 饱和车头时距

排队消散时，稳定行驶的连续交通流的平均车头时距。

19. 冲突点

在交叉口内两股不同方向的交通流行驶轨迹的相交点。

20. 排队溢出

下游交叉口车辆排队延伸至上游交叉口的交通现象。

第 2 章　交通信号与通行规则

Chapter Two

本章主要描述交通信号灯的组成和灯色涵义、信号灯设置条件、不同信号灯组合对应的通行规则，主要从法规和技术标准层面进行阐述。

2.1　信号灯的类型

根据 GB 14887-2011《道路交通信号灯》，交通信号灯分类如表 2-1 所示。

表 2-1　交通信号灯分类

种类	颜色	图案	作用
机动车信号灯	红、黄、绿		指挥机动车通行
非机动车信号灯	红、黄、绿		指挥非机动车通行
人行横道信号灯	红、绿		指挥行人通行
车道信号灯	红、绿		红色表示本车道不准车辆通行，绿色表示本车道准许车辆通行
方向指示信号灯	红、黄、绿		指挥所指方向上的机动车通行
闪光警告信号灯	黄		表示车辆和行人在确保安全的原则下通行

（续）

种类	颜色	图案	作用
掉头信号灯	红、黄、绿		红、黄色表示对箭头所指方向起红灯或黄灯的作用，绿色表示允许机动车掉头
道口信号灯	红		两个红灯交替闪烁，或者一个红灯亮起时，表示禁止车辆、行人通行；红灯熄灭时，表示允许车辆、行人通行

2.2 » 信号灯灯色转换

2.2.1 一般情况下转换顺序

交通信号灯灯色应按照相同的规则转换，便于给交通参与者传递相同的道路交通信号，避免引起歧义。

1）机动车信号灯的灯色转换顺序为：红灯→绿灯→黄灯→红灯，如图 2-1 所示。不允许不同灯色同时启亮。

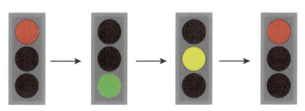

图 2-1 机动车信号灯灯色转换顺序示例

2）方向指示信号灯的灯色转换顺序一般为：红灯→绿灯→黄灯→红灯，如图 2-2 所示。它主要适用于需要长时间控制某种转向车流时，该转向车流按方向指示信号灯显示的灯色通行。

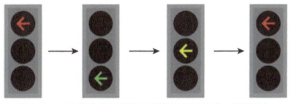

图 2-2 方向指示信号灯灯色转换顺序示例（一般情况）

3）掉头信号灯的灯色转换顺序为：红灯→绿灯→黄灯→红灯，如图 2-3 所示。当道路设置有掉头信号灯时，掉头的车辆应当按照掉头信号灯显示的灯色通行。

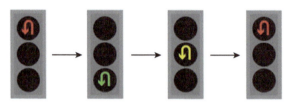

图 2-3 掉头信号灯灯色转换顺序示例

4）非机动车信号灯和左转非机动车信号灯的灯色转换顺序均为：红灯→绿灯→黄灯→红灯，如图 2-4 所示。当道路设置有非机动车信号灯时，非机动车应当按照非机动车信号灯显示的灯色通行。

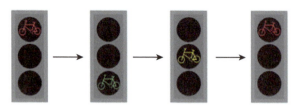

图 2-4 非机动车信号灯灯色转换顺序示例

5）人行横道信号灯的灯色转换顺序为：红灯→绿灯→绿灯闪烁→红灯，如图 2-5 所示，行人应当按照人行横道信号灯显示的灯色通行。

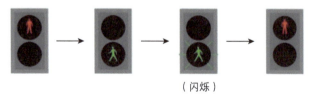

图 2-5 人行横道信号灯灯色转换顺序示例

6）车道信号灯灯色转换顺序为：红色叉形→绿色向下箭头→红色叉形，如图 2-6 所示。

图 2-6 车道信号灯灯色转换顺序示例

7）道口信号灯灯色转换顺序为：红灯交替闪烁或一个红灯亮→红灯熄灭→红灯交替闪烁或一个红灯亮，如图 2-7 所示。

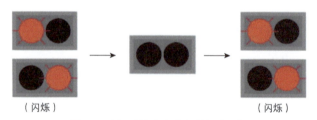

图 2-7 道口信号灯灯色转换顺序示例

2.2.2 特殊情况下转换顺序

1. 右转需要限制时

此时，右转方向指示信号灯的灯色转换顺序为：红灯→所有灯熄灭→黄灯→红灯（参见 GB 14886-2016《道路交通信号灯设置与安装规范》），如图 2-8 所示。需要注意的是，右转方向指示信号灯必须与机动车信号灯同时设置。

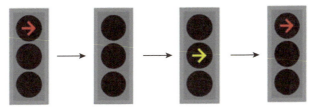

图 2-8　右转方向指示信号灯灯色转换顺序示例（限制右转车流）

在城市中心区或商业区行人、非机动车较多的情况下，机动车信号灯绿灯放行时，为了避免右转机动车对直行的行人和非机动车的干扰，需要对右转车进行短暂的控制，此时，可选择采用限制右转车流的控制方式，如图 2-9 所示。

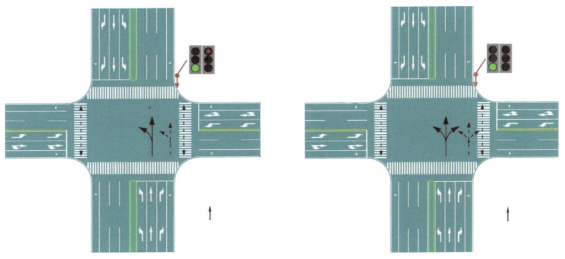

a）右转不允许通行（右转方向指示信号灯为红灯）　　b）右转允许通行，但不得妨碍行人正常通行（右转方向指示信号灯熄灭）

图 2-9　限制右转车流的控制方式

2. 左转需要限制时

在支路与干路相交的交叉口，当左转机动车数量较少时，为了减少左转车流对对向直行机动车通行的干扰，可以根据需要在机动车绿灯相位放行初期，对左转车流进行短暂的控制，如图 2-10 所示。

a）左转不允许通行（左转方向指示信号灯为红灯）

b）左转允许通行，但不得妨碍行人正常通行（左转方向指示信号灯熄灭）

图 2-10　限制左转车流的控制方式示例

此时，左转方向指示信号灯的灯色转换顺序为：红灯→所有灯熄灭→黄灯→红灯，如图 2-11 所示。需要注意的是，左转方向指示信号灯必须与机动车信号灯同时设置，并且左转方向指示信号灯在机动车信号灯绿灯启亮期间，保持熄灭状态。

除上述灯色转换方式之外，也可在允许左转通行期间，将左转方向指示信号灯的绿灯变为机动车信号灯绿灯。此时，控制左转车流信号灯的灯色转换顺序为：红灯→机动车信号灯绿灯→黄灯→红灯，如图 2-12 所示。需要注意的是，左转方向指示信号灯必须与机动车信号灯同时设置，并且左转方向指示信号灯只能在机动车信号灯启亮绿灯期间，变为机动车信号灯绿灯。

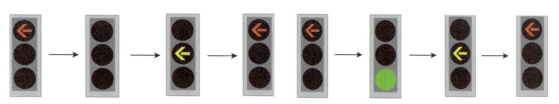

图 2-11　限制左转车流时左转方向指示信号灯灯色转换顺序示例（熄灯方式）

图 2-12　限制左转车流时控制左转车流信号灯灯色转换顺序示例（变为机动车信号灯）

2.3 信号灯设置与通行规则

2.3.1 设置总则

1）信号灯设置时应考虑交叉口、路段和道口三种情况。

2）信号灯设置要保持清晰、醒目、准确、完好，并应及时增设、调换、更新。

3）应根据交叉口形状、交通流量和交通事故状况等条件，确定交叉口信号灯设置；根据路段交通流量和交通事故状况等条件，确定路段信号灯设置。

4）可设置专用于指导公共交通车辆通行的信号灯及相应配套设施。

5）在设置信号灯时，应配套设置相应的道路交通标志、道路交通标线和交通技术监控设备。

2.3.2 组合形式分类

根据 GB 14886-2016《道路交通信号灯设置与安装规范》，机动车信号灯和方向指示信号灯的组合形式分为常规组合和特殊组合两大类。其中，常规组合有两种形式，可适用于大部分的交叉口；特殊组合有三种形式，通常适用于交叉口需要单独限制或控制右转的情况。具体如表 2-2 所示。

表 2-2　交通信号灯组合形式分类

组合名称	图示（以竖向安装为例）	说明
常规组合 1	（红、黄、绿三色圆形信号灯）	通常用于两相位的信号控制方式	1. 机动车信号灯中绿灯亮表示：准许车辆通行，但转弯的车辆不得妨碍被放行的直行车辆、行人通行 2. 红灯亮表示：禁止车辆通行，但右转弯的车辆在不妨碍被放行的车辆、行人通行的情况下，可以通行
常规组合 2	（左转箭头信号灯与圆形信号灯组合）	1. 通常用于需要单独控制左转时 2. 允许左转方向指示信号灯中所有发光单元均熄灭，此时相当于常规组合 1	1. 机动车信号灯的绿灯亮，左转方向指示信号灯的红灯亮表示：直行和右转方向可通行，左转禁行 2. 机动车信号灯中红灯亮，左转方向指示信号灯的绿灯亮表示：左转方向可通行，直行禁行，右转弯的车辆在不妨碍被放行的车辆通行的情况下，可以通行

（续）

组合名称	图示（以竖向安装为例）	说明	
特殊组合1	(红/黄/绿圆灯 + 红/黄/绿右箭头)	1. 用于需要对右转进行限制控制时 2. 允许右转方向指示信号灯中所有发光单元均熄灭，此时相当于常规组合1	1. 机动车信号灯的绿灯亮，右转方向指示信号灯的红灯亮表示：直行和左转方向可通行，右转禁行 2. 机动车信号灯中红灯亮，右转方向指示信号灯的绿灯亮表示：直行和左转禁行，右转方向可通行
特殊组合2	(左箭头三色 + 圆灯三色 + 右箭头三色)	1. 用于需要单独控制左转和限制右转时 2. 允许右转方向指示信号灯中所有发光单元均熄灭，此时相当于常规组合2 3. 允许左转方向指示信号灯中所有发光单元均熄灭，此时相当于特殊组合1 4. 允许左转和右转方向指示信号灯中所有发光单元均熄灭，此时相当于常规组合1	1. 机动车信号灯绿灯亮、左转和右转方向指示信号灯的红灯亮表示：直行车辆可通行，左转和右转车辆禁止通行 2. 左转方向指示信号灯绿灯亮、机动车信号灯和右转方向指示信号灯的红灯亮表示：左转车辆可通行，直行和右转方向车辆禁止通行 3. 右转方向指示信号灯绿灯亮、机动车信号灯和左转方向指示信号灯的红灯亮表示：右转车辆可通行，直行和左转方向车辆禁止通行
特殊组合3	(左箭头三色 + 直行箭头三色 + 右箭头三色)	1. 用于对左转、直行、右转进行多相位控制时 2. 此时应同时设置非机动车信号灯和人行横道信号灯，确保所指挥的交通流与其他交通流的通行权不冲突 3. 若夜间或其他时段采用两相位的相位设置方式时，不宜采用此种排列顺序	1. 直行方向指示信号灯绿灯亮、左转和右转方向指示信号灯红灯亮表示：直行方向车辆可通行，左转和右转方向车辆禁止通行，此时不允许存在与直行车辆有冲突的交通流 2. 左转方向指示信号灯绿灯亮、直行和右转方向指示信号灯红灯亮表示：左转方向车辆可通行，直行和右转方向车辆禁止通行，此时不允许存在与左转车辆有冲突的交通流 3. 右转方向指示信号灯绿灯亮、直行和左转方向指示信号灯红灯亮表示：右转方向车辆可通行，直行和左转方向车辆禁止通行，此时不允许存在与右转车辆有冲突的交通流

2.3.3 组合使用场景

信号灯组合形式应根据控制对象、控制目标、控制方式、交叉口渠化等条件综合确定。首先，根据交叉口进口车道功能划分的不同，初步选择信号灯的组合形式，如表2-3所示。

表 2-3　信号灯组合形式适用类型选择

进口车道功能划分	常规组合 1	常规组合 2	特殊组合 1	特殊组合 2	特殊组合 3
未划分车道功能	√				
直左、直右车道	√				
左转、直右车道	√	√			
直左、右转车道	√		√		
左转、直行、直右车道	√	√			
左转、直行、右转车道	√	√	√	√	√
左转、右转车道	√		√		

注：设置特殊组合 3 时，应同时设置非机动车信号灯和人行横道信号灯，确保所指挥的交通流与其他交通流的通行权不冲突。

1. 未划分车道功能时

当交叉口进口车道未划分车道功能时，应选择常规组合 1，即设置一组机动车信号灯。

2. 进口车道为直左、直右车道时

当交叉口进口车道划分为直左、直右车道，没有专用转向车道时，应选择常规组合 1，如图 2-13 所示。

3. 进口车道为左转、直右车道时

当交叉口进口车道划分为左转、直右车道时，可根据信号控制需要选择常规组合 1 或常规组合 2。

1）当交叉口左转车辆较少，不需要单独设置左转相位时，可选择常规组合 1。

2）当交叉口左转车辆较多，需要单独设置左转相位时，可选择常规组合 2，如图 2-14 所示。

4. 进口车道为直左、右转车道时

当交叉口进口车道划分为直左、右转车道时，可根据信号控制需要选择常规组合 1 或特殊组合 1。

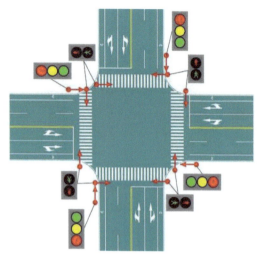
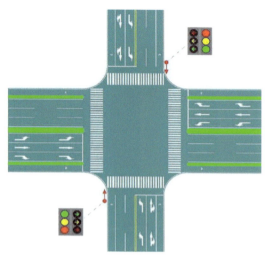

图 2-13　进口车道为直左、直右车道信号灯设置示例

图 2-14　交叉口进口车道为左转、直右车道信号灯设置示例（常规组合 2）

一般不需要对右转进行控制时，可选择设置常规组合 1。

当交叉口行人和非机动车流量较大，为减少右转机动车对行人和非机动车的干扰，限制右转车辆时，可选择设置特殊组合 1，如图 2-15 所示。

5. 进口车道为左转、直行、直右车道时

当交叉口进口车道划分为左转、直行、直右车道时，可根据信号控制需要选择常规组合 1 或常规组合 2。

当交叉口左转车辆较少，不需要单独设置左转相位时，可选择常规组合 1。

当交叉口左转车辆较多，需要单独设置左转相位时，可选择常规组合 2，如图 2-16 所示。

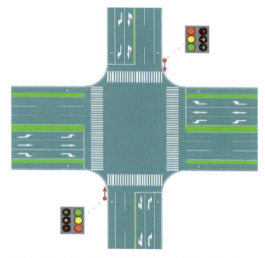
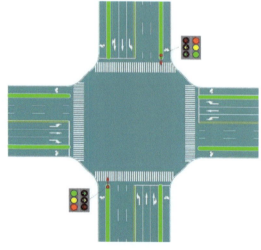

图 2-15　交叉口进口车道为直左、右转车道信号灯设置示例（特殊组合 1）

图 2-16　交叉口进口车道为左转、直行、直右车道信号灯设置示例（常规组合 2）

6. 进口车道为左转、直行和右转车道时

当交叉口同时设置左转、直行和右转专用车道时，可根据信号控制需要选择 5 种信号灯组合形式中的任意一种。

1）当交叉口左转车辆较少，不需要单独设置左转相位时，可选择常规组合 1，如图 2-17a 所示；若此时交叉口行人、非机动车较多，右转车辆对直行的行人和非机动车会产生干扰时，可设置特殊组合 1，如图 2-17b 所示。

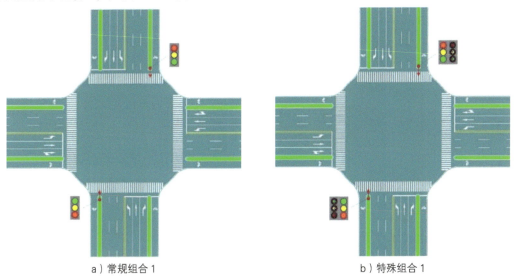

a）常规组合 1　　　　　　　　　　　　b）特殊组合 1
图 2-17　交叉口进口车道为左转、直行、右转车道信号灯设置示例

2）当交叉口左转车辆较多，需要单独设置左转相位时，可选择设置常规组合 2，如图 2-18a 所示；若此时交叉口行人、非机动车较多，右转车辆对直行的行人和非机动车会产生干扰时，可设置特殊组合 2，如图 2-18b 所示。

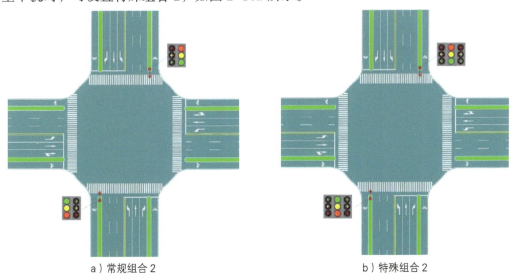

a）常规组合 2　　　　　　　　　　　　b）特殊组合 2
图 2-18　交叉口进口车道为左转、直行、右转车道信号灯设置示例

3）如果全天 24h 均需要对交叉口的左转、直行和右转进行多相位控制时，可选择设置特殊组合 3，如图 2-19 所示。

特殊组合 3 极少使用，如果必须要设置特殊组合 3，应同时配套设置非机动车信号灯和人行横道信号灯，并保证方向指示信号灯指示的车流与其他交通流的通行权不发生冲突。

采用特殊组合 3 时，应禁止同一进口车道任意 2 个或 3 个方向指示信号灯同时亮绿灯，还应禁止左转或右转方向指示信号灯和与之冲突的人行横道信号灯同时亮绿灯。

如果夜间或其他时段需要采用两相位控制时，不应采用这种组合方式，应当由特殊组合 2 替代。

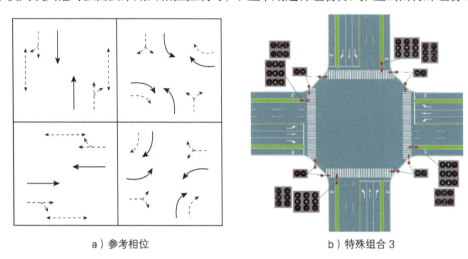

a）参考相位　　　　　　　　　　　b）特殊组合 3

图 2-19　交叉口进口车道为左转、直行、右转车道信号灯设置示例（特殊组合 3）

7. 有专用掉头车道时

掉头信号灯通常设置在有专用掉头车道、并且需要单独控制掉头车辆的交叉口。主要包括以下两种情况：

1）如果车辆越过停止线掉头，则掉头信号灯在原有信号灯组合的基础上增加设置，如图 2-20 所示。

2）当车辆在停止线前掉头，并且交叉口设置有中央分隔带时，掉头信号灯可单独设置在掉头口位置，如图 2-21 所示。

8. T 形交叉口

T 形交叉口的垂直方向一般应设置常规组合 1，交叉口其他方向可参照十字交叉口进口车道功能划分情况进行设置，如图 2-22 所示。

9. 环形交叉口

当环形交叉口需要信号灯控制时，应在环岛的进、出口位置设置常规组合 1，分别控制进、出环岛的交通流，如图 2-23 所示。

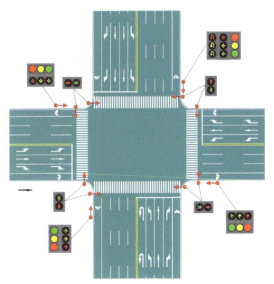

图 2-20 掉头信号灯与信号灯组合同时设置示例

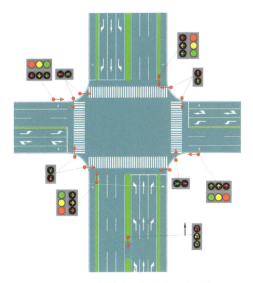

图 2-21 掉头信号灯单独设置示例

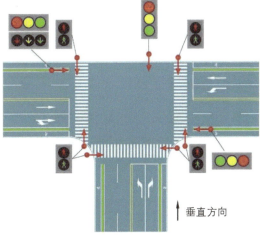

图 2-22 T 形交叉口信号灯设置示例（常规组合 1）

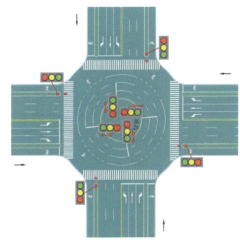

图 2-23 环形交叉口信号灯设置示例（常规组合 1）

第 3 章 信号控制方式

Chapter Three

本章主要介绍常见的信号控制方式、适用条件以及不同控制方式的优缺点。

3.1 常见控制方式

信号控制方式可以按照控制范围、控制方法、特定控制对象进行分类：

1）按照道路交通信号控制系统的控制范围，可分为单点控制、干线控制和区域控制。

2）按照道路交通信号控制系统的控制方法，可分为定时控制、感应控制、自适应控制和人工干预控制。

3）按照道路交通信号控制系统的特定控制对象，可分为可变导向车道通行控制、公交专用车道通行优先控制、有轨电车通行优先控制、潮汐车道通行控制、匝道通行控制等。

3.2 控制方式组合及适用条件

根据 GA/T 527.1—2015《道路交通信号控制方式 第 1 部分：通用技术条件》，一般情况下，道路交通信号控制方式往往组合应用，控制方式常见组合见表 3-1。

表 3-1 信号控制方式常见组合

控制范围	控制方法		
	定时控制	感应控制	自适应控制
单点控制	单点定时控制	单点感应控制	单点自适应控制
干线协调	干线定时协调控制	干线感应协调控制	干线自适应协调控制
区域协调	子区定时协调控制	—	区域自适应协调控制

此外，除上面常见的用于信号控制机的直接控制外，常见控制方式还包括人工干预控制。针对表 3-1 常见信号控制方式组合，它们的适用条件如表 3-2~表 3-4 所示。

表 3-2　单点信号控制方式适用条件

控制方式	适用条件
单点定时控制	1. 在指定时间段交叉口各进口车道交通流向及其流量相对稳定 2. 交叉口在路网中与周边交叉口空间相隔距离较远，或在路网交通中承担相对次要功能 3. 交叉口交通信号控制机无联网控制功能，或为联网脱机状态
单点感应控制	1. 交叉口进口车道全部或部分设置交通流检测器，实时准确采集交通流特征数据 2. 交叉口各进口车道车辆到达随机性较强，各交通流向的交通流量变化相对较大 3. 交叉口在路网中相对独立，实施单点感应控制方式对临近交叉口交通影响不大 4. 主次道路相交或相交道路等级、交通流量差异较大时，宜选用半感应控制方式主路相交、次路相交等相交道路等级相仿时，宜选用全感应控制方式 5. 交叉口交通信号控制机的感应控制功能特征参数，可根据交叉口交通流运行特征进行设置、优化调整
单点自适应控制	1. 交叉口交通信号控制机或信号控制系统支持单点自适应控制优化功能 2. 交叉口设置所需的交通流检测器，交通流特征数据实时采集准确 3. 交叉口交通流量未达到过饱和状态，短时间内交通流量变化较大 4. 具备单点自适应控制优化算法的应用条件，并能够合理设置相应的特征参数

表 3-3　干线协调信号控制方式适用条件

控制方式	适用条件
干线定时协调控制	1. 协调控制的交通流向应为整条道路承担主要交通负荷，可实施单向协调或双向协调控制 2. 协调范围内道路及各交叉口的交通流向、流量在指定时间段内相对稳定 3. 协调交叉口交通特征相似、关联性强，相邻交叉口之间的距离不宜超过 800m 4. 协调交叉口之间路段横向干扰少、车流运行稳定 5. 协调交叉口交通信号控制机具备自动校时功能
干线感应协调控制	1. 交叉口非协调相位进口车道设置交通流检测器，实时准确采集交通流特征数据 2. 干线各交叉口协调方向进口车道的交通未达到饱和状态，或红灯期间车辆的最大排队长度不超过进口排队区实线段长度 3. 交叉口非协调相位进口车道的车辆到达随机性较强、车道交通饱和度低、交通流量变化相对较大 4. 相邻交叉口交通信号控制机可通过交通信号控制系统实现控制信息交互，所执行感应控制功能的特征参数，可根据交叉口交通流运行特征进行设置、优化调整，并可固定设置交叉口每个相位允许的最小绿灯时间、最大绿灯时间等控制参数
干线自适应协调控制	1. 干线上交叉口交通信号控制机全部实现系统联网，信号控制系统支持干线自适应控制优化功能 2. 干线上主要路段、全部交叉口设置所需的交通流检测器，实时准确采集交通流特征数据 3. 干线所有交叉口的交通流量未达到过饱和状态，短时间内交通流量变化较大 4. 具备干线自适应协调控制优化算法的应用条件，并能够合理设置相应的特征参数

表 3-4　区域协调信号控制方式适用条件

控制方式	适用条件
子区定时协调控制	1. 以提升整个子区道路通行效率为目标，以干线协调控制为基础，关联交叉口数不宜过多 2. 协调子区内道路及各交叉口的交通流向、流量在指定时间段相对稳定 3. 协调子区内道路交叉口交通关联性强，车流运行稳定 4. 协调子区内道路交叉口交通信号控制机具备自动校时功能
区域自适应协调控制	1. 区域内主要交叉口交通信号控制机实现系统联网，信号控制系统支持区域自适应控制优化功能 2. 区域主要路段、主要交叉口设置所需的交通流检测器，实时准确采集交通流特征数据 3. 具备区域自适应协调控制优化算法的应用条件，并能够合理设置相应特征参数

3.3 » 控制方式的优缺点

3.3.1 定时控制

定时控制是根据道路和交叉口通行条件及交通运行特征，基于历史统计数据预先设定好信号周期、相位相序、信号配时参数等，优缺点如表 3-5 所示。

表 3-5　定时控制优缺点

优点	缺点
1. 定时控制因信号起动时间，可取得一致而有利于同相邻交通信号的协调控制，更容易实现协调控制及对车速的控制 2. 通过精确的配时能够让两个或多个近距离交叉口实现高效、安全运行 3. 不依赖检测器对车辆的检测，因此不存在路边停车及其他因素影响车辆检测的缺点，建设费用也较低 4. 与感应控制相比，定时控制更适用于大量、均匀行人交通的地方，其设施价格低于感应控制，且安装、维护方便	1. 定时控制对于一天内交通需求的时变特点适应性较差 2. 定时控制难以根据不同日的交通需求变化，如特殊事件等，适时作出调整 3. 城市的快速发展导致道路交通流在长时段内将发生很大变化，导致定时控制方案难以发挥长久效用 4. 转向比的动态变化与定时控制方案的静态特征难以完全匹配 5. 定时控制对由于交通事故等原因带来的不可预测的交通需求变化，表现出较大的局限性

3.3.2 感应控制

感应控制根据车辆检测器获得的当前交通需求变化动态调整绿灯时间和周期时长。感应控制与定时控制的对比分析如表 3-6 所示。

表 3-6 感应控制与定时控制对比分析

控制类型	定时控制		感应控制		
	单点	协调	半感应	全感应	协调
固定周期	是	是	否	否	是
应用情形	孤立交叉口	交通流特性比较一致、距离较近的若干交叉口	主次道路相交，且交通量变化较大的交叉口	相交道路等级相当、交通量相仿且变化较大的交叉口	主干道的交通流较大且相邻交叉口距离较近
典型应用区域	施工作业区	CBD、立交桥下	公路	相对孤立的信号交叉口、乡村地区、干道相交交叉口	城郊地区的干道
主要优势	临时性应用	运行效果可预测，设备及维护成本低	维护成本较低	适应交通流变化，有效分配绿灯时间，降低延误	降低主干道延误，恰当设置可降低路网总延误

总体而言，感应控制的优势主要体现在如下方面：

1）当交叉口交通流量变化较大且不规则、难以用定时控制处理时，应用感应控制可以使交叉口运行效率最大化。

2）在一个复杂的交叉口，一股或多股交通流是不定时产生的，或者难以估计其流量的变化规律，此时应用感应控制可以使交叉口运行效率最大化。

3）不适宜处于固定配时协调控制系统中的交叉口，可考虑感应控制。

4）感应控制较适用于只在一天的部分时间需要信号控制的地方。

5）感应控制在轻交通交叉口或轻交通量期间有其优越性，不致使主要道路上的交通产生不必要的延误。

6）可以减少诸如主要道路上的追尾碰撞事故等交通问题，该类事故往往是在次要道路没有交通流的情况下主要道路的强制停车造成的。

7）在每个信号周期内都可以忽略一个或多个无需求的相位，从而减少有需求相位的延误。

8）能够根据实时检测信息，使得交通信号适应当前交通流状态，保证配时方案和交通需求的良好适应关系。

3.3.3 自适应控制

自适应控制一般可以分为方案选择式和方案生成式。

方案选择式的特点是可以根据网络的特征进行子区划分，针对不同类型的子区，在控制系统的数据库中保存相对应的控制策略和方案，当出现相应的交通流状态时，选择相应的配时策略和方案。

方案生成式的特点是根据实时采集的交通流数据，实时计算出最优的交通信号控制参数，形成信号控制配时方案，并立即下发至信号控制机执行。

自适应控制虽然相对定时控制而言是一种较为先进的控制方式，但是在实际应用中，自适应控制对设备、检测等方面的要求亦较高。自适应控制功能的发挥离不开如下条件的支持：

1）系统具备全面实时、准确无误的检测和通信手段。
2）系统具备实时自适应寻优算法和实时反馈控制能力。
3）系统具备在条件不理想或错误情况下的自动纠错与容错技术能力。

第 4 章 信号控制系统

Chapter Four

交通信号控制系统是由道路交通信号控制机、道路交通信号灯、道路交通流检测设备、通信设备、控制计算机及相关软件等组成，并用于道路交通信号控制的系统。可实现对交叉口交通信号的实时控制、进行区域协调控制、中心和本地的优化控制，以及交叉口状态的实时查询与监控，交叉口信号灯的故障定位，配时方案的实时上传与下载，操作日志的记录和管理、多用户的远程登录控制和权限管理等功能。

4.1 主流信号控制系统简介

当前国内信号控制系统产品的应用情况主要分为两种，一种是引进国外的信号控制产品，主要以澳大利亚 SCATS 系统及英国 SCOOT 系统为代表；另一种是国内自主研发的信号控制产品，表 4-1 为主流信号控制系统应用城市的分布情况。

表 4-1 主流信号控制系统应用城市分布

类别	信号控制系统	典型分布城市
国外系统	澳大利亚 SCATS 系统	上海、天津、广州、杭州、宁波、苏州、海口
	英国 SCOOT 系统	北京、大连、成都、青岛、兰州
	西班牙 ITACA 系统	长春
	意大利 SELF-SIMEN 系统	太原
	日本京三系统	深圳、威海
	美国 ACTRA 系统	北京、中山
国内系统	华通信号控制系统	无锡、郑州、唐山、苏州、宿迁
	海信信号控制系统	青岛、福州、武汉、淄博、厦门、烟台
	莱斯信号控制系统	镇江、南通、常熟、廊坊

（续）

类别	信号控制系统	典型分布城市
国内系统	杰瑞信号控制系统	连云港、日照、淮安、临沂
	浙大中控信号控制系统	杭州滨江区、海宁、桐乡
	航天大为信号控制系统	无锡、江阴、宜兴
	上海骏马信号控制系统	乌鲁木齐、南通、湖州、淄博
	天津易华录信号控制系统	济南、包头、郴州、新乡、呼和浩特
	浙江大华信号控制系统	温州、莱芜、北海
	重庆攸亮信号控制系统	重庆、绵阳
	南昌金科信号控制系统	南昌、江永

国内外信号控制系统应用优缺点对比如表4-2所示。

表4-2 国内外信号控制系统优缺点比较

类别	优点	缺点
国外系统	1. 产品较为安全稳定 2. 理论模型较为成熟 3. 配套使用流程规范 4. 专业化人才支撑	1. 成本较高 2. 接口不开放 3. 混合交通考虑欠缺 4. 功能无法定制
国内系统	1. 相对适应国内交通特点 2. 功能定制开发灵活 3. 升级维护方便 4. 价格相对较低	1. 优化模型不成熟 2. 标准化程度低 3. 缺少规范使用流程 4. 配套应用不完善

4.2 国内信号控制系统

国内信号控制系统起步较晚，20世纪70年代，北京市采用DJS-130型计算机对干道协调控制进行了研究；80年代以来，国家一方面采取引进与开发相结合的方针，建立了一些城市道路交通控制系统；另一方面投入力量研发城市交通信号控制技术，开发适应我国混合交通流特点的信号控制系统。

4.2.1 华通（HT）

针对我国城市混合交通特点，公安部交通管理科学研究所联合无锡华通智能交通技术开发有限公司，推出了面向交通场景与目标策略的"交通信号协调实时控制系统"，围绕动静态交通场景结合，实时交通流监测，主动适应场景变换，实时反馈优化控制等技术，进行了突破性研发。

1. 系统功能

系统基于交叉口交通状态的动态变化、实时交通流数据，结合静态交通场景，实现单点主动实时优化及线协调下的动态优化控制。通过对相位/时段流量统计分布规律、交通状态与信号控制特征、实时优化交通运行数据等多元数据的融合分析，以及对交叉口和重要点段交通状态的实时监测，基于GIS电子路网背景地图，实现交通信号控制功能图形化展示和操作，支持交叉口运行图、渠化图、卫星图以及实拍图片等交叉口基础数据的导入及展示，方便用户查看交叉口交通运行条件。系统特征参数设置软件提供了图形化、流程化、向导式的操作。针对各地交通控制的特殊需求，提供可扩展的特色功能模块。

2. 主要特点

1）基于GIS和图形化操作管理；实现交通信号控制功能图形化展示和操作。

2）信号机运行状态监视。信号灯色、相位、周期、信号机状态参数中心实时显示，信号故障信息自动报警。

3）交通流量数据汇聚、统计分析；系统收集各信号机实时上传的流量参数，并以报表、图形等方式统计各类交通参数，为信号的优化提供依据。

4）各种功能模块嵌入同一平台适应各种模式；如有轨电车信号模块、车载领航信号优先模块、公交信号优先模块、可变车道模块等。

5）子区协调信号优化控制；通过系统内嵌的子区交通控制优化算法软件模块，优化计算交叉口信号配时参数，并下载给信号机实施子区协调控制。

4.2.2 海信（HiCon）

HiCon交通信号控制系统是青岛海信网络科技股份有限公司开发的从交叉口信号机、通信服务器到区域控制服务器、中央控制服务器的整套智能交通解决方案，包括HSC-100系列交通信号机、HiCon交通信号控制系统软件、CMT交通信号机配置与维护工具软件。

1. 系统功能

产品基于公安部PGIS地图服务开发，操作直观简便，采用B/S方式进行访问使用。它以系统优化为核心，具有信号控制、信号监视、交通管理、统计分析、系统运维、系统管理、效果评价七大功能模块。在满足交警日常的交通信号管理需求的同时，还可满足一些特殊交通场景下的信号控制需求。

系统针对混合交通的现状建立了机非混合控制模型来控制混合交通流，基于各类检测器设备，实现全面交通数据采集、交通优化控制、交通信号监视等核心功能。系统采用多层次分布式控制结构，分为控制平台层、控制中心层、通信层和交叉口层四层；具有完整的算法体系，包括区域协调控制算法、感应式协调控制算法、行人二次过街算法、城市快速出入口与城市交叉口的协调控制算法，以及突发事件的检测算法。系统支持 NTCIP 开放协议，满足最新的国家标准。

2. 主要特点

1）提供 B/S 架构客户端，基于 PGIS 电子地图服务提供便捷、丰富的监视、控制功能，统计分析功能细致直观。

2）提供图形化配置界面，能够以拖拽的方式对信号机配时方案进行修改。

3）满足复杂交通需求，具有先进的点、线、区域优化控制功能，以及对城市拥堵的区域战略需求控制和中心瓶颈控制功能。

4）可连接第三方符合 NTCIP 协议的设备，提供符合 GA/T1049.2-2013《公安交通集成指挥平台通信协议 第 2 部分：交通信号控制系统》通信协议接口，实现与其他交通管理系统进行信息交换。

5）可方便快捷地获取系统的连接和业务部署，提供用户个性化的设置。

6）通过集成的仿真软件 VISSIM 对控制策略和方案进行仿真分析评价。

4.2.3 杰瑞（MATHS）

杰瑞交通信号控制系统是连云港杰瑞电子有限公司采用 MATHS 交通控制模型构建的"实时、自适应交通信号控制系统"，包括交叉口子系统、通信子系统和中心子系统三个组成部分。

1. 系统功能

系统综合计算机软硬件技术、自动控制技术、网络通信技术等，实现城市交通控制的网络化、智能化、一体化。它基于 GIS 平台，根据采集的交通流特征参数，采用点、线、面相结合的控制方式，实现控制区域内的所有交叉口的实时自适应优化控制，满足不断变化的交通需求。优化的核心控制理念是"交通疏导"和"路网均衡"，对信号配时进行趋势性、小步距的优化调整，力求增大"车流聚集相位"绿灯时长、压缩"车流稀疏相位"

绿灯时长，达到对"大流量"的疏导和"小流量"的均衡，从而降低整个受控区域内总的交通延误，提高路网通行效率。

MATHS优化模型采用双层多智能体控制体系。对于受控区域，设立区域智能体，区域内每个受控交叉口设立交叉口智能体。区域智能体可以与所有交叉口智能体通信，取得进行区域优化所需要的传感器数据，进行路网状态预测，进而实时调整信号配时方案，在区域级别上进行总体优化，并将需执行的动作指令下发至各个交叉口智能体，执行区域智能体下发的指令，并将本周期的执行状态和交通状况通知区域智能体，以便区域智能体在此基础上进行下一轮的优化配置。

2. 主要特点

1）系统软件基于B/S和C/S两种架构，在B/S架构下，通过浏览器对信号机参数进行管理，在C/S架构下，通过客户端软件对信号机进行管理，两种架构提供相同的系统功能。

2）采用多层分布式结构，结构灵活，便于配置，系统扩展性强、裁剪方便。

3）具有完善的仿真和辅助决策功能，可通过交叉口采集车流量数据进行仿真优化，给出相应的算法运行性能指标。

4）具有丰富、灵活的交叉口干预命令，对系统运行进行干预。

5）提供向上的通信接口及组件，便于上层的系统集成。

4.2.4 莱斯（NATS）

南京城市交通控制系统（简称NATS）是我国自行研制开发的第一个实时自适应城市交通信号控制系统，是在原国家计委和国家科委的批准下，由交通部、公安部和南京市共同完成的，是"七五"国家重点科技攻关项目，多次获得公安部和国家的技术大奖。

1. 系统功能

NATS结合了SCOOT与SCATS的优点，适应国内路网密度低而且交叉口间距悬殊的道路条件，以及混合交通突出的特点，通常采用交叉口级和区域级两级控制结构，需要的情况下可以扩充为交叉口级、区域级和中心级三级分布式递阶控制结构。系统设置了实时自适应、固定配时和无电缆联动控制三种模式，具有警卫、消防、救护、公交信号以及人工指定等功能，工作方式灵活，功能完备。

系统优化软件通过车辆检测器实时检测机动车和自行车的信息，通过交通模型预测停车线车辆到达和排队情况，计算和调整饱和度，以减少行车延误、停车次数为主要目标，结合道路交通特点、按小步距逐步寻优的原则，对周期、绿信比、相位差等控制参数进行优化，构成全局优化的实时自适应优化软件。

2. 主要特点

1）具有全部的自主知识产权。

2）采用多级控制模式，可应用于不同规模的城市。

3）能够实现方案生成式或方案选择式实时自适应控制。

4）可实现倒计时变频显示或半程显示。

5）支持多种交通流量检测方式，具有很强的适应性和扩展性。

4.2.5 浙大中控

浙大中控交通信号控制系统（简称 Intellific）是浙江中控电子技术有限公司基于先进的自动化技术和信息技术，针对中国城市交通管理体制和混合交通的特点，自主研发的系统解决方案。整个系统包括 ACS 系列信号控制机、LD 系列环形线圈检测卡、VTD 系列视频检测器、TCMS 中心控制软件、A3TOC 区域优化软件等功能组件。

1. 系统功能

Intellific 交通信号控制系统是交叉口信号机、通信服务器、区域控制服务器、中央控制服务器的整套解决方案。交叉口级交通信号机通过串行通信或以太网通信连接到通信服务器。通信服务器、区域控制服务器、中心控制服务器和工作站之间采用 TCP/IP 协议进行网络连接。交叉口信号机实时从交叉口采集交通流量、时间占有率、速度等信息，并通过通信服务器传送给中心控制服务器，存入实时和历史数据库，表达当前交叉口的交通运行状态，为交叉口的统计分析提供数据。控制中心根据当前的交通状态进行合理决策，对所控制的交叉口信号配时参数进行实时优化，并将优化结果通过通信链路下达给信号机执行。

2. 主要特点

1）采用分布式集散控制模式，中心控制系统突出管理功能和辅助决策支持功能。

2）采用开放性的通信协议，体系完整，通用性与兼容性好。

3）系统接口透明，提供二次开发能力，便于多系统的集成。

4）具备良好的故障诊断功能，实时显示交叉口设备故障状况，通过网络实现信号机的远程维护功能。

4.3 国外信号控制系统

4.3.1 SCOOT

SCOOT（Split-Cycle-Offset Optimization Technique）即"绿信比-周期长-相位差优化技术"，是一种对交通信号网络实行实时协调控制的自适应控制系统。它对适用场合有如下三个要求：

1）交通需求与交叉口容量接近。
2）交通需求难以预知。
3）交叉口间距较小。

1. 基本原理

SCOOT 是在 TRANSYT 的基础上发展起来的，其模型及优化原理均与 TRANSYT 相仿。不同的是 SCOOT 是方案形成式控制系统，通过安装于各交叉口每条进口车道上游的车辆检测器所采集的车辆到达信息，联机进行处理，形成控制方案，连续实时地调整绿信比、周期长及相位差三个控制参数，使之与变化的交通状况相适应，是一种在线交通信号控制系统。

2. 技术流程

SCOOT 主要由以下部分组成：交通流检测数据的采集与分析；仿真模型；交通信号配时参数的优化及调整；信号系统的控制。

SCOOT 技术流程为：检测—子区—模型—优化，如图 4-1 所示。

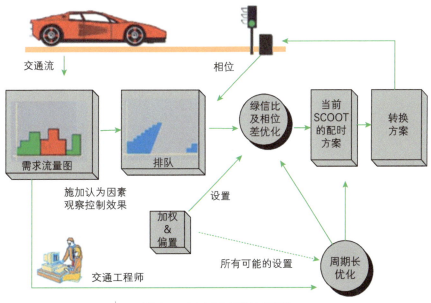

图 4-1　SCOOT 系统技术流程

3. 主要特点

1) SCOOT 以实时测量的交通量数据为基础，运用交通模型进行配时优化。

2) SCOOT 检测器安装在停车线的上游处。

3) SCOOT 优化采用小步长渐近寻优方法，跟随周期流量图的瞬间变化，使得配时方案的调整对交通流的连续性影响较小。

4) SCOOT 系统是一种两级结构，上一级为中央计算机，负责交通量预测和配时方案优化；下一级为交叉口信号机，用于信号控制、数据采集、处理及通信。

5) 与 TRANSYT 不同的是，SCOOT 把车辆和行人的实际动态状况作为考虑的对象，而不是把它们看成在一定时段内处于静止不变的状态。

4.3.2 SCATS

SCATS（Sydney Coordinated Adaptive Traffic System）系统是一种实时方案选择式自适应控制系统，适用于以干道为主的城市或路段间距较大的交叉口。

1. 基本原理

SCATS 的控制结构为分层式三级控制，由中央监控中心、区域控制中心和信号控制机构成。

在区域控制中心对交叉口信号控制器实施控制时，通常将 1~10 个信号控制器组合为一个"子系统"，若干子系统组合为一个相对独立的区域系统。区域系统之间基本上互不发生作用，而其内部各子系统既可以合并，也可分开。三项基本配时参数的选择，都是以子系统为计算单位。

中央监控中心，除了对整个控制系统运行状况及系统各项设备工作状态集中监视之外，还有专门用于系统数据库管理的计算机。执行管理任务的计算机，对所有各区域控制中心的各项数据，以及每一台信号控制机的运行参数进行动态存储。

2. 技术流程

在所有交叉口的每一进口车道上，都设置了车辆检测装置，检测器分设于每条车道停车线后面。根据车辆检测装置所提供的实时交通数据和停车线断面的绿灯期间的实际通过量，算法系统选择子系统内各交叉口的公用周期长、各交叉口的绿信比及相位差。

作为实时方案选择系统，SCATS 要求事先利用脱机计算的方式，为每个交叉口拟定四个可供选用的绿信比方案、五个内部相位差方案（指子系统内部各交叉口之间相对的相位差），以及五个外部相位差方案（指相邻子系统之间的差）。信号周期和绿信比的实时选择，是以子系统的整体需要为出发点，即根据子系统内的关键交叉口的需要确定公用周期时长。交叉口的相应绿灯时间，按照各相位饱和度相等或接近的原则，确定每一相位绿灯占信号周期的百分比。

SCATS 把信号周期、绿信比及相位差作为各自独立的参数分别进行优化，优化过程所使用的算法以综合流量及饱和度为主要依据。

3. 主要特点

1）SCATS 系统采用三级分布式控制。

2）SCATS 系统的检测器安装在停车线处。

3）SCATS 在实行对若干子系统的整体协调控制的同时，也允许每个交叉口"各自为政"地实行车辆感应控制，前者称为"战略控制"，后者称为"战术控制"，战略控制与战术控制的有机结合，大大提高了系统本身的控制效率。

4）SCATS 是一种可用感应控制对配时方案作出局部调整的方案选择系统，利用设置在停车线附近的车辆检测装置实现高效、灵活的性能。

第二部分

设计方法篇

第 5 章　设计流程及基本内容

Chapter Five

本章主要对信号控制方案设计的流程及基本内容进行说明。信号控制方案设计流程主要包括：基础数据调查分析、信号控制策略、具体控制方案设计、控制方案实施以及评估优化等；信号控制方案设计的基本内容主要包括：信号控制策略、单点及干线协调控制、行人及非机动车过街控制、特殊需求控制等。

5.1　设计原则与目标

道路交通控制的目的主要是通过实施交通信号控制，将可能发生冲突的交通流从时间和空间上进行分离，从而改善交通秩序、保障交通安全，同时调整交叉口通行能力以适应交通流的变化。交通基础设施供给的刚性与交通需求的弹性之间的差异，是交通信号控制发挥作用的空间。

概括而言，交通信号控制的主要目标是安全和效率。具体而言，城市交通信号控制的目标主要包括以下几项。

1. 缓解交通拥堵，提高道路通行能力

交通信号控制采用科学的方法和先进的技术，对道路通行权进行合理分配和调节，使交通流保持在最优的运行状态，将现有的道路资源和通行能力充分、合理地分配利用，从而能实现缓解道路交通拥堵、提高道路通行能力的目的。

2. 减少交通事故，增加交通安全

据统计，目前世界上每年因交通事故引起的人身伤亡和经济损失已经远远超过了自然灾害。通过可控制的路权分配，为道路交叉口的交通流提供顺序通行的指示，可以对交通流进行有效引导，使城市交通流保持在一种平稳的运行状态，可以有效地降低交通事故的发生，增加交通安全。

3. 满足不同交通参与者的通行需求

通过信号控制方案的合理设置，满足行人、非机动车、机动车等不同交通参与者的通行需求。另外，干线协调控制可为交通流提供经过多个交叉口的连续通行或近似连续通行的状态，缩短在路车辆的交通延误，提高交通系统的整体效益。

交通信号控制的目标往往与所处的具体区域有关。例如，在城市的中央商务区（Central Business District，CBD），行人和公交车流量较大时，在信号控制时应对此进行充分考虑。对于城市的某条主要道路而言，信号控制的目标可能是该道路上的停车次数最少、运行速度最大，同时适应公交车及应急响应车辆的通行需求。因此，城市 CBD 所需要的控制策略与运行速度较高的主干道所需要的控制策略将有所差异。

5.2 总体设计流程

信号控制总体设计流程主要包含 5 个步骤，具体为：基础数据调查与分析、确定信号控制策略、具体控制方案设计（单点信号控制、干线协调信号控制、非机动车和行人过街控制、特殊场景信号控制）、信号控制方案实施及效益评估。具体参见图 5-1。

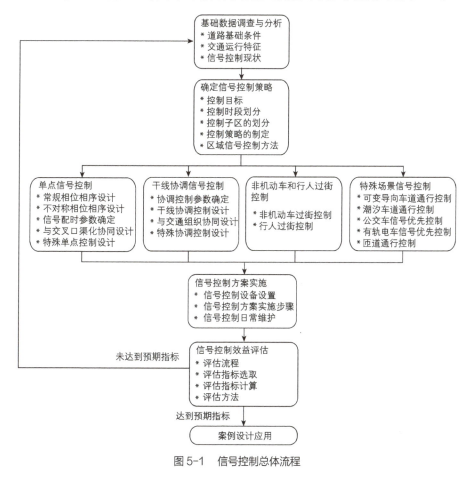

图 5-1　信号控制总体流程

1）基础数据调查与分析主要包括：道路基础条件分析、交通运行特征分析以及信号控制现状分析。道路基础条件主要包括：交叉口渠化信息、交叉口信号设施信息及其可能对交叉口运行产生影响的信息；交通运行特征主要包括：交通流量、排队长度、通行效率以及交通运行安全性等方面；信号控制现状包括：信号灯设置以及信号控制方案。

2）确定信号控制策略主要包括：具体控制目标的确定、时段划分、控制子区划分（干线协调控制）、控制策略的制定、区域信号控制方法。

3）单点信号控制主要包括：单点信号控制中的相位相序设计、配时参数的确定（周期、绿信比、绿灯时长）、与交叉口渠化协同设计，以及特殊交叉口控制设计（畸形交叉口、环形交叉口、多路交叉口等）。

4）干线协调信号控制主要包括：协调控制参数的确定（公共周期、绿信比、相位差）、协调控制方案设计（单向绿波、双向绿波、截流控制）、与交通组织协同设计、特殊协调控制设计（感应协调、自适应协调、短连线清空）等。

5）非机动车和行人过街控制主要包括：非机动车过街控制和行人过街控制。非机动车过街控制主要包括非机动车过街所需绿灯时长，以及与过街设施协调设计等；行人过街控制主要包括交叉口和路段行人过街设置条件、行人绿灯时长，以及与过街设施协调设计等。

6）特殊场景信号控制主要包括：可变导向车道通行控制、潮汐车道通行控制、公交信号优先控制、有轨电车信号优先控制、匝道通行控制等。这些控制方式主要是为了满足实际交通流特殊需求所采用的控制方式。

7）信号控制的实施主要包括：信号控制设备的设置（信号灯、交通检测器、信号控制机及系统）、信号控制方案实施步骤、信号控制日常维护等。

8）信号控制效益评估主要包括：评估流程、评估指标的选取、评估指标的计算，以及具体评估方法。

5.3 基础数据调查与分析

基础数据调查包括实地观察和现状数据分析。实地观察考虑的关键因素是交叉口位置、几何条件、整体运行情况，以及信号设备运行情况、信号相位、车辆排队等。交叉口交通流运行情况的观察，一般重点针对重要交叉口最关键时段进行。

5.3.1 道路基础条件

道路基础条件调查与分析包括交叉口渠化、交叉口信号设施及其他可能对交叉口运行产生影响的信息三部分内容。

1）交叉口渠化信息包括：车道数、车道宽度、车道功能分布情况（如左转、直行、直右等）、转向车道长度、渠化岛设置情况、人行横道长度、是否设有安全岛、各方向交叉口宽度等。

2）交叉口信号设施信息包括：交叉口信号灯类型、交叉口信号灯配线情况、交叉口信号机类型情况、交叉口信号灯组及线圈分布图、交叉口标志标线等。

可采取现场实地调研的方法，记录相关信息数据，完成交叉口基础信息调研表的填写，以及根据调研表的调研信息完成交叉口几何形状图的绘制。具体参见表5-1和图5-2。

表5-1 交叉口基础信息调研表

交叉口类型					信号机类型			
交叉口名称					交叉口编号			
进口车道道路名称					进口车道方向			
项目			描述					
机动车灯	满屏灯		（　）组					
机动车灯	箭头灯	（　）组	o 直行	（　）组	o 倒计时	（　）组		
机动车灯	箭头灯	（　）组	o 左转	（　）组	o 倒计时	（　）组		
机动车灯	箭头灯	（　）组	o 右转	（　）组	o 倒计时	（　）组		
机动车灯	箭头灯	（　）组	o 掉头	（　）组	o 倒计时	（　）组		
机动车灯	黄闪灯	（　）组	备注			车道情况		
机动车灯	L杆	（　）支						
机动车灯	竖杆	（　）支						
机动车灯	附着式	（　）支						
机动车灯	辅杆	（　）支						
行人灯	一次过街	（　）组	（　）米	o 行人按钮	（　）组	o 倒计时	（　）组	
行人灯	二次过街	（　）组	（　）米 （　）米	o 行人按钮	（　）组	o 倒计时	（　）组	
行人灯	右转渠化	（　）组		o 行人按钮	（　）组	o 倒计时	（　）组	
行人灯	盲人过街提示器		有/无					
行人灯	冲突情况	箭头灯与行人冲突	有/无			备注：		
左转待行区		车道数（　）条			车道长度（　）米			
合计	机动车灯	满屏灯			（　）组			
合计	机动车灯	箭头灯			（　）组			
合计	机动车灯	倒计时			（　）组			
合计	机动车灯	黄闪灯			（　）组			

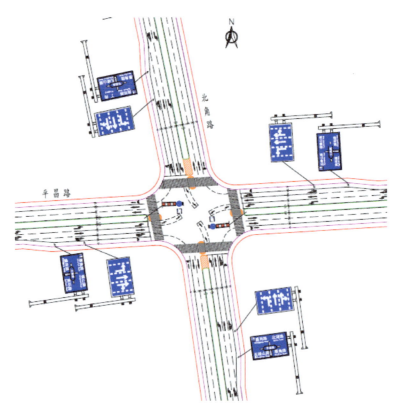

图 5-2 交叉口几何形状图

3）其他可能对交叉口运行产生影响的信息包括：是否存在瓶颈、是否有专用车道、是否有管控措施、是否有路内停车、是否有卸货区、是否设有公交站台、交叉口斜交角度等。这些因素对交叉口通行能力及通行安全会有一定影响。

表 5-2 交叉口运行情况调研表及填写示例

交叉口名称：XX-XX 交叉口		调查员：张三	调查时间：2017/5/18
详细情况			
交叉口运行情况		其他情况	
1. 瓶颈进口车道/流向	4. 关键进口车道及流向	1. 路边停车	4. 道路施工围挡
东进口	东进口	南进口右侧有一排路边停车位/南进口经常有违规的路边停车情况	东进口的中央隔离带施工占2车道
2. 进口车道放行情况	5. 交叉口排队情况	2. 公交站点（是否港湾式）	5. 交通管制措施
东进口直行车进入交叉口后容易溢出	东进口在高峰时段排队情况较严重，出现二次排队	距离西进口停止线25m处有港湾式公交站	南进口为单行/东进口禁止左转

（续）

交叉口名称： XX-XX 交叉口		调查员：张三	调查时间：2017/5/18
详细情况			
交叉口运行情况		其他情况	
3. 空放情况	6. 是否有冲突（冲突方向）	3. 有无专用车道（如BRT等）	6. 手动指挥（方向）
南进口在平峰时段存在空放	北进口右转车与行人有严重的冲突	西进口右侧有一条非机动车道	高峰时段有民警到场指挥交通，主要控制东西流向
备注： 1. 存在卸货区； 2. 存在上坡、下坡进口车道； ……			

如果交叉口设置有交通流检测器，则还需要对检测器进行调查。具体包括：已有检测器的类型、数量、位置等。在实地调查时，应记录交叉口的所有交通控制设备，形成清单并按进口车道归类。具体见表 5-2。

5.3.2 交通运行特征

1. 交通流量

交通流量通常采用 15min、24h 等指标，一般以 15min 流量为统计间隔进行调查。交通流量的采集应分转向、车型进行统计，有特殊场景控制时，应根据实际情况增加相应调查项。

24h 交通流量应在干道上的关键位置采集。这些位置由高峰小时时段和干道交通流特点决定。24h 交通流量是数据采集中的重要元素，可用来识别：

1）不同控制时段以及不同配时方案切换时间点。

2）干道不同方向的交通量分布。

24h 交通流量可以用干道沿线的自动检测器或其他 ITS 设备进行采集，使用自动检测器或其他 ITS 设备将减少数据采集工作的时间和成本。

转向交通量统计通常针对需要考虑重新配时的交叉口。根据干道沿线的交通量和交通特点，转向交通量统计通常只需在高峰期进行，通常是工作日早高峰、午高峰和晚高峰时段。在数据采集工作中，可能需要考虑季节性交通特性。

交叉口转向交通流量统计可选择有代表性的时段进行采集，应根据交叉口进口车道以及车流方向、行人、车辆类型（包括非机动车）来进行分类，对交叉口所有车辆交通量进行统计。参见表 5-3。

表 5-3　交叉口流量调查表

调查信息	交叉口名称：								进口车道：				日期：				时段：			
转向	左转				直行				右转				掉头			
时间 /min	小型车	中型车	大型车	非机动车	小型车	中型车	大型车	非机动车	小型车	中型车	大型车	非机动车	小型车	中型车	大型车	非机动车
0~5																
5~10																
10~15																
15~20																
20~25																
25~30																
30~35																
35~40																
40~45																
45~50																
50~55																
55~60																
小计 /(辆 /h)																
折算后小计 /(pcu/h)																
进口车道总结 /(pcu/h)																

2. 排队长度

排队长度统计通常作为交叉口重新配时或控制方案的有效性评价指标。排队长度数据需要根据不同控制时段分别进行采集，如早晚高峰、平峰等。另外，排队长度应根据交叉口进口车道以及车流方向进行区分，在采集排队长度的同时还应该记录单条车道每次绿灯的通行车辆数，及每个相位绿初最大排队长度和绿末剩余排队长度。

通常情况下，同一时段的排队长度调研数据样本量不应少于10个。参见表5-4。

表 5-4 交叉口排队长度调查表

调查信息	交叉口排队长度调查表 /（pcu/h）							
	交叉口名称：		进口车道：		日期：		时段：	
周期	左转		直行		右转		掉头	
	绿初最大排队	绿末剩余排队	绿初最大排队	绿末剩余排队	绿初最大排队	绿末剩余排队	绿初最大排队	绿末剩余排队
1								
2								
3								
4								
5								
6								
7								
8								
9								
10								
11								
12								
13								
14								
15								
平均排队长度								

3. 区间运行效率

反映区间路段运行效率的数据包括：旅行时间、行程速度、排队消散时间、停车次数。根据控制时段的不同，区间路段运行数据的采集需要按时段进行，如早晚高峰、平峰等。一般情况下，通过采用跟车行驶完成区间路段运行效果的数据调查，且为避免偶然性，同一时段的调查次数应不少于3次。参见表 5-5。

表 5-5 区间路段运行效率调查表

区间运行效率调查表				
调查时间：		调查时段：		调查人：
	到达时刻	离开时刻	停车次数	停车时间
起点	—			
路口 1				
路口 2				

（续）

区间运行效率调查表				
调查时间：		调查时段：		调查人：
	到达时刻	离开时刻	停车次数	停车时间
路口3				
路口4				
路口5				
路口6				
路口7				
路口8				
路口9				
路口10				
路口11				
路口12				
终点		—		
小计	—	—		
行驶距离				
行程时间				
平均车速				

4. 交通运行安全

通过对交叉口交通事故次数、交通冲突点的调查，可对交叉口交通安全进行评估，从设施及策略上完善交通安全保障措施。交通冲突点一般可分为交叉冲突点、合流冲突点、分流冲突点，交叉口信号控制的目的之一即为分离交叉冲突，尽量减少合流冲突。参见表5-6。

表5-6 交叉口交通冲突调查表

	交叉口名称：		进口车道：		时段：	
时间	冲突车种		冲突类型	冲突原因	冲突时间	示意图
	前车	后车				

5.3.3 信号控制现状

信号控制现状调查分析主要包括现状信号控制设施和信号配时方案等内容。

1. 信号控制设施

交叉口信号控制设施信息包括交叉口信号灯组合形式、信号灯接线情况、信号机类型、交通流采集设备、交叉口标志标线等。信号控制设施与交叉口几何信息相结合,绘制成交叉口基础信息示意图,如图 5-3 所示。

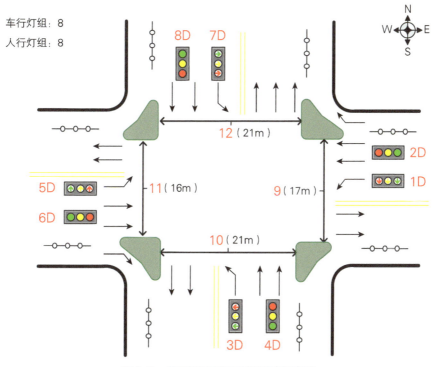

图 5-3　信号控制交叉口基础信息示意图

2. 信号配时方案

交叉口现状信号配时方案是优化设计的基础,可以帮助用户了解实地现状,并为改进信号控制工作提供参考基准。现有信号配时的关键信息包括:

1)控制时段。

2)不同时段的控制方式,如单点控制、协调控制、感应或自适应控制。

3)不同控制方案的相位、相序设计。

4)各配时方案具体参数设置,包括周期及各相位绿灯、黄灯和全红时间。

5)协调控制相位差。

6)感应控制最小绿灯、最大绿及单位延长时间等。

7）行人绿灯和绿闪时间。

现状配时调查表参见表 5-7。

表 5-7 信号控制交叉口现状配时调查表

交叉口名称：					交叉口编号：				信号机类型：				记录日期：		
序号	开始时间	结束时间	方案名称	控制方式	周期	相位差	行人绿闪时间：								
							相位1			相位2			相位3		
							绿	黄	全红	绿	黄	全红	绿	黄	全红
1															
2															
3															
4															
5															

(注：表中相位3之后还有相位4的绿、黄、全红列)

5.3.4 其他相关数据调查

1. 路网调查

城市路网特点是制定区域和片区信号控制策略的基础。城市路网调查的主要内容包括：

1）道路等级，不同等级道路的控制策略有所区别。

2）道路及交叉口的间距，考虑是否有足够的车辆排队空间。

3）道路特殊禁限行等相关管理措施。

2. 出行特征调查

出行特征调查的主要内容包括：

1）居民平均出行距离。

2）公共交通、小汽车、非机动车等不同出行方式的比例。

3）医院、学校、景区等重点区域交通出行的特点。

4）其他反映上下班集中度的出行数据。

3. 其他相关数据调查

其他相关数据调查包括：

1）互联网数据。

2）手机信令数据。

3）卡口过车数据等。

5.4 信号控制基本内容

5.4.1 信号控制策略

在不同的交通状态下,交通信号优化控制的目标是不同的,因此就有了相应的差异化控制策略。一般而言,在低峰情况下,尽量减少车辆停车次数,使车辆在交叉口的延误及停车次数最少。在平峰情况下,尽量优化车辆延误,使车辆能够快速连续通过多个交叉口,有效发挥干线绿波效益。在高峰情况下,尽量提升交叉口的通行能力,使交叉口能够通过更多的车辆;在过饱和情况下,通过限制进入过饱和区域的车辆,有效缓解过饱和区域的交通拥堵状况,防止车辆排队过长引起溢出进而导致多米诺效应。

5.4.2 单点信号控制

单点信号控制设计应首先确定控制目标,信号控制的主要目标有:控制延误最小、停车次数最少和通行能力最大。在确定了控制目标之后,可开展单点信号控制具体方案设计,主要内容包括:

1)确定信号相位相序方案,包括采用对称放行或是单口轮流放行,是否设置左转专用相位以及右转控制、搭接相位等相位设置等。

2)确定信号配时参数,主要包括信号周期时长、绿信比、绿灯间隔、绿灯时间等参数。

3)与交叉口渠化协同设计,主要包括相位相序与车道的协同设计、信号控制与行人交通组织协同设计、信号控制与标志标线协同设计等。

5.4.3 干线协调信号控制

干线协调信号控制设计的核心工作是根据交叉口间距与行驶车速,制定交叉口控制的相位差方案。协调控制主要工作流程包括以下几项。

1. 基础数据准备

收集所有目标交叉口的单点信号控制方案、交叉口间距与设计车速(或行程时间)、协调控制时段、协调控制方式(单向协调、双向协调)等。

2. 确定关键交叉口与公共周期

可以根据交叉口的流量水平或单点控制的周期大小来确定关键交叉口,一般取流量或周期最大的交叉口为关键交叉口,关键交叉口的信号周期作为协调控制的公共周期。其他非关键交叉口的信号周期参照该公共周期进行扩大处理。

3. 调整非关键交叉口的绿信比

非关键交叉口的信号周期扩大后，需要根据交叉口的运行情况，重新调研各相位的绿信比，一般原则是在保证支路的通行需求前提下，尽量把多出来的绿灯时间分配给协调相位，以增加协调的带宽。

4. 计算相位差

确定各交叉口协调后的控制方案及协调相位，结合第 1. 步准备的基础数据，计算各交叉口间的相位差。当无法形成双向绿波协调效果或所得协调控制带宽过窄时，可以调整设计车速、相位相序、改变控制策略（如双向协调改为单向协调、全段协调改为分段协调）等，再重新计算。

5.4.4 非机动车和行人过街控制

非机动车过街通常跟随机动车相位放行，对于设置了非机动信号灯、非机动车等待区的交叉口，可以根据实际需求灵活放行。如非机动车信号灯早启动，则优先放行非机动车。

针对机动车与非机动车冲突较大的情况，可以设置非机动车二次过街，减少左转非机动车与机动车之间的交织。

行人过街一般按人行横道信号灯指示通行，对于十字四相位控制交叉口，行人一般跟随机动车直行相位通行。行人过街需求比较大的交叉口（如市中心、大型商圈周边），可以根据需要设置行人绿灯早启控制，或采用十字交叉式人行横道和行人专用相位控制。

5.4.5 特殊场景信号控制

特殊场景信号控制主要针对实际交通信号控制中特殊场景所采用的控制方式，主要包括以下几种情形：

1）可变导向车道通行控制。可变导向车道是依据不同时段车辆流量流向的不同特点，对流向进行灵活调控，变换交叉口进口车道的行驶方向，以满足不同方向车辆通行需求。开展可变导向车道通行控制的主要内容包括：明确实施基本条件、确定导向车道切换模式，以及进行控制方案设计等。

2）潮汐车道通行控制。潮汐车道控制主要是针对"潮汐交通"而采取的某一条或多条车道不同时段内的行驶方向可变的通行控制方式。开展潮汐车道通行控制的主要内容包括：明确实施基本条件、确定潮汐车道切换控制规则，以及进行控制方案设计等。

3）公交信号优先控制。公交车交叉口信号优先控制是指在交叉口为公交车辆提供优先通行信号，旨在实现公交车辆不等红灯或少等红灯。开展公交信号优先控制的主要内容包括：明确优先控制策略、确定不同情形下优先响应方式，以及进行控制方案设计等。

4）有轨电车信号优先控制。通过检测到的有轨电车到达和驶离情况，对有轨电车进行优先控制。开展有轨电车信号优先控制的主要内容包括：掌握有轨电车优先与道路信号交互控制原理、明确控制策略的选择，以及进行控制方案设计等。

5）匝道通行控制。匝道控制包括入口匝道控制和出口匝道控制。常见的为入口匝道控制，主要是通过安装在高速公路或城市快速路入口匝道的交通信号灯，调整并限制由入口匝道进入主线的交通流，以减缓交通拥堵、提高交通流合流的效率、避免合流点拥堵或事故的发生。开展匝道通行控制的主要内容包括：明确实施基本条件、确定主要控制策略，以及进行控制方案设计等。

5.4.6 控制方案实施

信号控制方案实施主要包括方案下发、跟踪微调、效果评估。

1）方案下发。在制定出交叉口信号控制方案，并核查不同时段所采用的调度方案是否正确之后，即可下发方案至信号机执行，并确认信号机所执行方案与输入方案一致。

2）跟踪微调。方案下发后，需要对交叉口进行跟踪微调，微调主要考虑的因素包括：各相位的二次排队及空放时间。利用少量多次的调整方法，让交叉口控制方案逐渐接近最优。

3）效果评估。方案实施后，可根据信号交叉口的控制方式，选择相应的单点信号控制及干线协调控制评价指标，对交叉口优化前后的变化情况进行分析，评判优化效果的优劣。

5.4.7 控制效益评估

信号控制效益评估的主要内容一般包括：评估指标选取、评估指标计算和控制效益评估等主要内容。

1. 评估指标选取

结合不同信号控制方式（如单点信号控制、干线协调控制、区域信号控制），从通行效率、拥挤程度、行驶延误等方面选取相应的评估指标。

1）通行效率。一般从通行流率、通行速度、绿灯放行效率等方面进行评估。

2）拥挤程度。一般从排队长度、饱和度等方面进行评估。

3）行驶延误。一般从停车次数、信号控制延误等方面进行评估。

2. 评估指标计算

选取评估指标后，基于调查所得的基础数据，根据评估指标计算方法确定指标结果，详见本书后面评估指标计算的章节。

3. 控制效益评估

依据控制目标和需求，一般采用绝对指标评估法或相对指标评估法，通过实施前、后相关指标的综合对比分析，进行控制效益的评估，得出评估结论。

1）对于单点控制：评估交叉口通行效率是否提高、拥挤程度是否降低、延误是否减少。

2）对于干线协调控制：评估协调方向通行效率是否提高、协调方向延误程度（停车次数）是否减少、非协调方向拥挤程度是否明显增加。

3）对于区域协调控制：评估区域内交通运行指数是否降低。

第6章 信号控制策略
Chapter Six

信号控制策略是指根据交通流特点和变化情况，制定或选择相应的应对方案，最终实现预定目标。

6.1 控制目标

一般来讲，任何一个城市的交通时空分布均可分为低峰、平峰和高峰时段，且不同时段下的交通状态演化过程具有一定的规律性。不同的交通状态下，交通信号控制优化的目标是不同的。具体地讲，低峰期首要目标是使出行者尽快通过交叉口，避免时空资源浪费；平峰期主要目标是对相关联的信号交叉口进行协同优化，使得关联交叉口保持最佳交通状态；高峰期主要目标是均衡交通流，通过信号配时改变部分出行者的出行路径，避免交通瓶颈的发生或消除已发生的交通瓶颈，达到均衡调控的目的。对于机动车而言，其主要控制目标如下：

1）低峰状态下，交通信号控制的目标是减少车辆等待时间，即要快速响应车辆的通过性需求、减少停车等待时间、高效服务车辆通行。

2）平峰状态下，交通信号控制的目标是车辆延误最小，即通过优化信号控制方案，使车辆能够连续通过多个交叉口，降低车辆延误。

3）高峰状态下，交通信号控制的目标是通行能力最大，即通过提升交叉口的通行能力，使得交叉口能够通过更多的车辆，缓解交叉口交通压力。

4）过饱和状态下，交通信号控制的目标主要是：网络负荷均衡、防止排队溢出和关键流向重点控制，即通过限制进入过饱和区域的车辆，有效缓解过饱和区域的交通拥堵状况，防止车辆排队过长导致排队溢流至上游交叉口；通过增加关键流向绿灯时间，提高交叉口整体通行效率。

在对机动车交通信号进行优化时，同时需要保障行人、非机动车以及公交车的通行需求。当行人、非机动车或公交车的通行需求超过除公交车以外的机动车时，也可以根据其他交通方式的实际需求重新制定交通信号控制目标。

6.2 时段划分

多时段定时控制是根据交叉口流量的变化，把一天24h划分为若干个时间段，不同时间段采用不同的控制方案。一般来说，工作日、周末、节假日以及大型活动期间的时段划分结果也不同。不同的交通时段采用不同的信号控制方案，交通信号控制机根据时钟响应，自动进行方案切换。

6.2.1 划分方法与步骤

交叉口信号配时方案的设计一般按照以下步骤进行。

1）收集数据。信号控制时段应参照工作日、周末及节假日的交通流量情况进行确定。根据交叉口全天24h的交通流量，确定早晚高峰、平峰、夜间低峰，以及可能存在的午高峰等时段。对于交通吸引量较大的医院、学校等周边交叉口，可根据具体流量特点适当调整时段划分。

2）绘制流量-时间变化图。根据交叉口全天各进口车道流量与时间的变化情况，绘制流量-时间变化图，时间间隔宜采用15min进行统计。

3）确定时段划分方案。按照交叉口交通量的时变规律，通常情况下可分为早高峰时段、晚高峰时段、夜间低峰时段、中午时段及一般平峰时段等，每个时段的交通流量交通特征应基本相同。

6.2.2 划分结果示例

1. 工作日时段划分

根据周一到周五的15min道路交通流量数据的折线图，如图6-1所示，对全天24h进行控制时段划分。

根据流量特点可知，工作日存在明显的早晚高峰，中午未出现高峰，夜间流量较低。因控制方案切换过程需持续一定时间，因此在划分时段时，应保证每个时段持续时间在15min以上，且开始时间应略提前于流量变化临界点。时段划分结果如表6-1所示。

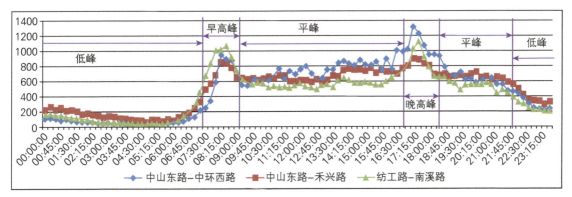

图 6-1 交叉口工作日 15min 交通流量折线图

表 6-1 交叉口工作日时段划分结果

序号	时段名称	时段
1	低峰	0:00–07:30
2	早高峰	07:30–09:00
3	日间平峰	09:00–17:00
4	晚高峰	17:00–18:30
5	夜间平峰	18:30–22:00
6	低峰	22:00–24:00

2. 周末时段划分

某交叉口周末 15min 流量折线图与工作日情况进行对比，如图 6-2 所示，周末日间的交通流量并未出现高峰，与工作日平峰时段相当。

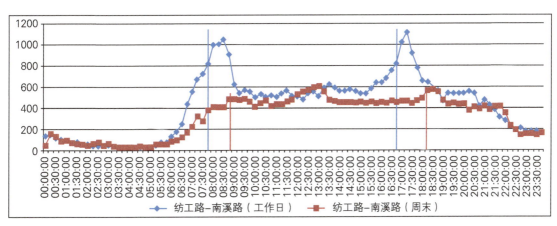

图 6-2 交叉口工作日及周末 15min 交通流量折线图

周末时段划分结果如表 6-2 所示。

表 6-2　交叉口周末的时段划分结果

序号	时段名称	时段
1	低峰	0:00–07:30
2	平峰	07:30–22:00
3	低峰	22:00–24:00

3. 商业区周末时段划分

将某市商业区的中山东路－禾兴路交叉口周末 15min 交通流量折线图（图 6-3）与工作日情况进行对比，07:45–08:45 的交通流量与工作日平峰时段相当，08:45–20:30 的交通流量比工作日平峰时段略高、比高峰时段略低。

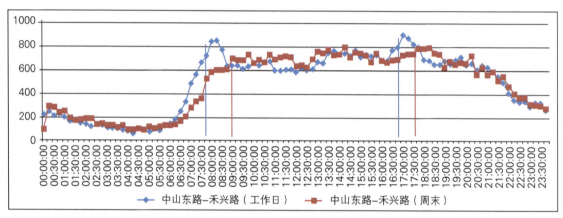

图 6-3　交叉口工作日及周末 15min 交通流量折线图

中山东路－禾兴路交叉口周末的时段划分结果如表 6-3 所示。

表 6-3　中山东路－禾兴路交叉口周末的时段划分结果

序号	时段名称	时段
1	低峰	0:00–07:45
2	早间过渡	07:45–08:45
3	日间	08:45–20:30
4	夜间平峰	20:30–22:00
5	低峰	22:00–24:00

6.3　子区划分

6.3.1　子区划分的必要性

协调控制过程中，难以将整个城市路网中的所有信号控制交叉口同时进行协调控制。

这是因为路网上下游交叉口间相互影响较大,相邻交叉口间距、路段车流量,以及交叉口信号控制周期等因素都会影响协调控制的效果。需要协调的交叉口数量越多,协调控制的效果就可能越不理想。此外,在一个城市较大的路网中,一般会同时出现各种复杂的交通特性,各个交叉口的交通特性不完全相同,若将交通特性差别较大的若干个交叉口组合在一起,进行协调控制,则难以达到较好的信号控制协调效果。

因此,在进行大范围交通控制时,经常将受控路网划分为多个相互独立的区域,每个区域根据自身交通流特性确定应执行的最优控制策略,并在此基础上进行信号配时优化,这样的区域称为交通控制子区。子区划分的实质是判断相邻交叉口是否适合划入同一子区执行协调控制。

将城市路网交叉口划分成若干个合理的信号控制子区,可以使城市路网更易于管理、提高信号协调控制的效率,是城市交通信号控制中非常必要的步骤。

6.3.2 子区划分的原则

交通子区的划分应遵守以下两个原则。

1. 干道优先原则

干道具有以下特点:

1)干道交通设施较完善,交通环境良好。
2)干道承担着城市大部分交通量,是重交通流的承担者。
3)干道是城市的形象,干道上交叉口的控制是交通管理者的工作重点。
4)城市的关键交叉口一般在干道上。

在交通管理中,干道应该给予优先权,即对子区进行协调控制时,应该首先保证干道上交通流的畅通运行,所以在子区划分时应给予优先,为后期信号控制参数的优化奠定基础。

2. 短连线优先原则

短连线交叉口易发生排队溢出,造成交叉口"死锁"现象,因此在进行区域协调控制时,宜将短连线交叉口划分在同一子区,进行统一考虑。

6.3.3 子区的划分方法

交通控制子区包含三种情况,即只包括单个交叉口的孤立子区、包含若干个位于同一道路相邻交叉口的一维线控子区,以及包含若干个位于不同道路平面上相邻交叉口的二维面控子区。

子区划分方法包含划分步骤、子区中心点的确定、子区边界点的确定以及子区容量的确定等内容。

1. 交通控制子区划分步骤

1）根据交叉口间距及车队连续通过交叉口的情况，初步划分适合协调的交叉口群。

2）根据各个交叉口的交通信息确定各自的周期时长，以关键交叉口的优化周期时长为基础，计算非关键交叉口的周期时长变化幅度，进而确定这些交叉口是否可以划在一个线控区。

2. 子区中心点的确定

在进行子区划分时，一般采用以关键交叉口为中心的子区划分方法。以关键交叉口为核心，将与之相邻的、相互联系的干道交叉口划分在一个子区进行统一控制。

3. 子区边界点的确定

以图 6-4 为例来进行说明。在图 6-4 所示的路网中，各个部分交通负荷相差很大，所需要的最佳信号周期长度由 40s 至 110s 不等。此外，有一条河流将整个城市路网分成两部分，而且跨河交通量不大。在这种情况下，若不划分控制子区，整个路网实行统一控制，显然是不合理的。出于信号协调的需要，在一个控制子区内，各个交叉口的周期时长相等，因此应该将它们划分为不同的部分，每一部分执行各自周期方案。如图 6-4 所示，根据各个交叉口实际负荷度大小，把整个网络分成 7 个子区，每一个子区的所有交叉口所需信号周期长度大致相等或接近，这样比较容易制定出适合各子区交通特点的控制方案。

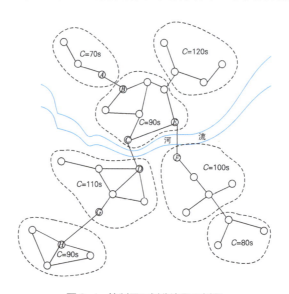

图 6-4 控制子区划分边界示例图

在一个实际路网中,一方面各个交叉口的交通状况存在比较明显的差别,不宜整齐划一的执行相同信号配时方案;另一方面,确实存在一些不必实行协调的连线。于是,在实际子区划分时,当某交叉口交通流量很小、有交通流产生源或终止点(如大型停车场)、交叉口两侧有十分频繁的行人交通流活动(如主要商业街道)、大部分时间都处于交通堵塞和拥挤状态的交叉口、转弯车流比例较大的交叉口时,往往以这些不宜协调的交叉口作为子区边界点。图 6-5 为实际道路划分子区的结果。

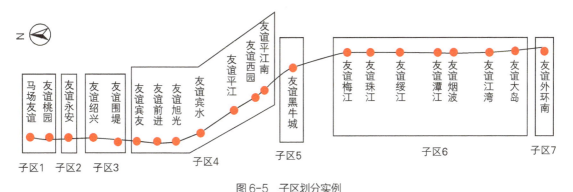

图 6-5 子区划分实例

4. 子区容量的确定

控制子区划分时,子区所包含的交叉口数不宜过多,即子区容量应有一定的限制。子区交叉口数越多,交通流组成结构变化就越复杂,依据公共周期所得到的配时方案适应性随之降低;反之子区交叉口数越少,配时方案能更适应交叉口交通流特性。SCATS 系统一般子区容量不超过 10 个交叉口,因此需要根据协调范围、交通流特点确定相应的子区容量。

6.4 » 策略制定

交通信号控制策略是为实现城市交通信号控制理念和目标而采取的方案集合。具体地讲,一个完善的交通信号控制策略,应包括管理者交通治理理念、期望达到的目标,以及实现目标的技术方案。就一个具体的城市而言,其交通控制策略应该是针对该城市具体情况的整体交通信号控制方案。

城市交通信号控制策略的制定基本可以分为:非饱和状态下的优化策略和饱和状态下的缓解策略两大部分。

1. 非饱和状态下的优化策略

非饱和状态下的优化策略如表 6-4 所示。

表 6-4　非饱和状态下的优化策略

运行目标	控制对象	优化策略	优化方法
停车次数最少	单点	缩小周期	采用小周期运行
		感应控制	单点感应控制，减少停车次数
	干线	单向绿波控制	以单方向交通流作为优化对象的干线信号协调控制
		双向绿波控制	以双方向交通流作为优化对象的干线信号协调控制
车辆延误最小	单点	最佳周期	采用最佳周期，以车辆平均延误最小为优化目标
		相位均衡	交叉口相位饱和度均衡策略
		主路优先	次干路及支路与主路相交时，优先考虑主路
	干线	感应式协调控制	结合交通检测器数据对干线协调信号方案进行实时调整，执行感应式协调控制
	区域	干线叠加协调控制	将复杂路网简化为多个干线系统叠加的简单路网，分别优化每条干线的控制参数，并将这些干线叠加起来

2. 饱和状态下的缓解策略

饱和状态下的缓解策略如表 6-5 所示。

表 6-5　饱和状态下的缓解策略

运行目标	控制对象	优化策略	优化方法
通行能力最大	单点	相位相序优化	综合使用搭接/进口单放相位相序匹配交通流特征
		绿信比优化	均衡各个相位的饱和度
		周期延长	增加过饱和相位时长，同时避免减少其他相位时长，延长了周期时长
	干线	左转相序调整	改变相序以提前或滞后左转，增加协调带宽
		溢流防控	防止过饱和交通流排队从下游交叉口上溯至上游交叉口
		备用配时方案	使用备用配时方案用于延长周期，并主要给过饱和相位分配绿灯时长
车辆排队管理	单点	绿灯延长	当排队长度超过预先设立，增加该相位绿灯时长
		相位再执行	过饱和相位执行两次
		相位截断	当本相位交通流量过小时，执行下一相位
	干线	同时放行	交叉口间相位差置零，使车队连续通行
		下游交叉口提前放行	在上游车队到达前，清空下游交叉口排队
		协调优化	优化相位差，在上游车队到达下游排队队尾前，使下游排队清空
		防止空放	优化相位差，当上游交叉口第一批车辆到达前不浪费绿灯时间

（续）

运行目标	控制对象	优化策略	优化方法
车辆排队管理	区域	干线叠加协调控制	路网中的干线进行叠加协调控制，减少排队长度
		截流控制	在适当的上游交叉口采取截流控制，防止交通流进入关键区域
通行能力最大及排队管理	全部	自适应控制	应用检测数据/自适应信号控制算法优化信号配时
		组合缓解策略	组合使用以上策略，缓解过饱和交通流状态

6.5 协调方法

6.5.1 干线叠加

1. 叠加思想

干线叠加就是在控制子区内各干线信号协调配时的基础上，从全局角度协调干线交通流的运行，考虑将复杂路网简化为多个干线系统叠加的简单路网，分别优化每条干线的控制参数，通过一定的规则将这些干线叠加起来，从而达到优化网络信号的目的，如图6-6所示。当不同干线之间不存在交叉时，较容易实现叠加。

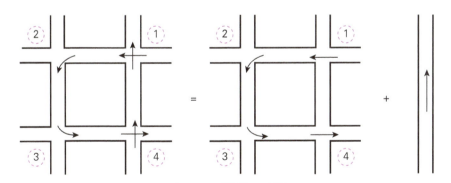

图6-6 干线叠加示意图

2. 相位差优化

在进行区域协调控制时，子区内交叉口相位差的确定不仅取决于交通流状况、路段长度，而且受到网络结构的影响，因此针对不同网络结构，确定网络交叉口相位差的结果亦不同。

6.5.2 热点片区控制

热点片区控制的主要目的是缓解区域内部交通拥堵问题。一般通过调整边界交叉口信号配时，减少从边界进入的交通量，从而减缓区域内部交通拥堵问题。一般通过压缩绿信比和边界交叉口最小绿等方法，确定信号方案，达到需求控制的目的，如图 6-7 所示。

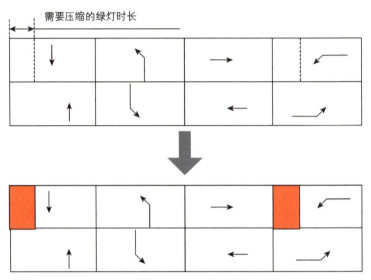

图 6-7 本地执行需求控制时的处理方法

对于区域进行需求控制时，需要注意区域及边界交叉口的选定，应尽可能保证边界点对应的路段能够容纳车辆排队，包括高峰期区域"缓进快出"策略、片区热点均衡优化控制策略。

第 7 章 单点信号控制

Chapter Seven

本章主要对单点信号控制的流程和方法进行说明,包括相位相序的设计、配时参数的确定,以及与交叉口渠化协同设计等。另外,还介绍了环岛控制、畸形交叉口,以及感应和自适应等单点控制的设计方法。

7.1 设计流程

信号控制交叉口配时方案设计流程如图 7-1 所示。

1)若流量比总和值大于 0.9,说明进口车道划分不合理或周期时长过短,通行能力无法满足实际流量的需求,需对进口车道功能划分,或对信号相位方案进行重新设计。

2)若交叉口车道功能划分等几何条件已经确定,当周期时长不能满足交通需求时,应首先调整周期时长;若周期时长不存在可行解,或计算值不具可行性时,可考虑调整进口车道功能划分。

3)计算的显示绿灯时间少于相应的最短绿灯时间时,应增大计算周期时长(以满足最短绿灯时间为度),重新计算。

4)评估交叉口信号服务水平,若满足要求,则画出信号配时图;否则,需重新确定交叉口渠化方案和信号相位方案。

7.2 控制目标

在不同交通状态下,信号控制的目标也不同,正确合理地选择信号配时优化的控制目标,能够提高控制效果、减少交通拥堵情况的发生、增加社会经济效益。

一般来说,针对流量较低的时段,应以延误或者停车次数等作为最主要控制目标;而当信号交叉口流量接近或超过饱和流量时,首要考虑的是如何让到达车辆顺利通过交叉口,因此，应以通行能力最大为控制目标。

也可根据交通状态的不同将控制目标进行组合，将交通状态划分为低峰、平峰、高峰和过饱和 4 种状态，分别建立不同的控制目标，从而制定相应的信号控制方案。4 种交通状态的交通流特点和控制目标如表 7-1 所示。

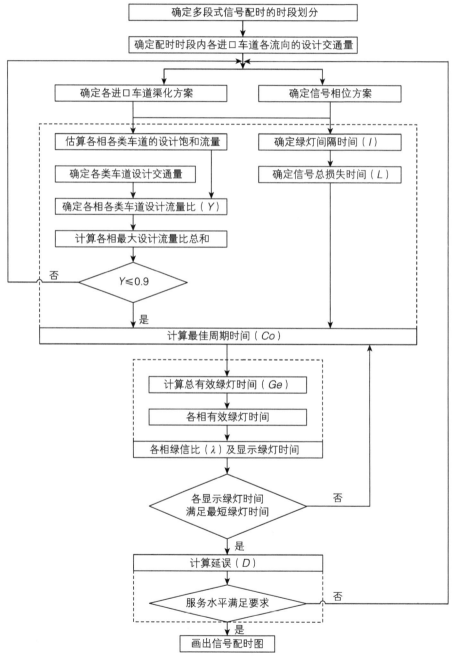

图 7-1 信号控制交叉口配时方案设计流程图

表 7-1　不同交通状态下的交通流特点和控制目标的确定

状态	交通流特点	控制目标
低峰	自由流，行驶车辆不受或基本不受其他车辆的影响	平均延误最小
平峰	低饱和稳定流，车辆之间相互影响，有拥挤感	平均延误小，兼顾停车次数少
高峰	高饱和稳定流，流量急剧增大，自由度严重受限	通行能力尽可能大，延误、停车次数尽可能小
过饱和	强制流，驾驶自由度极小，易发生交通中断	通行能力尽可能大，防止排队溢出

7.3 相位相序设计

信号相位相序设计的主要目的是把相互冲突或干扰严重的交通流适当分离，减少交叉口冲突和干扰，相位相序设计是信号配时的关键步骤，决定了信号控制方案的科学性和合理性，并直接影响道路交叉口的安全与畅通。本节主要以机动车为对象，对相位相序设计进行说明，有关非机动车和行人相位相序设计的详细内容在本书第 9 章进行介绍。

7.3.1　常规相位形式

交叉口信号相位的设置需要考虑每个交叉口的具体情况。一般情况下，相位数越少，整体交通延误越小，相位内交通流之间的交织也越多。常用的相位形式如下所述。

1. 常规两相位

当交叉口相交道路交通流量较小，并且左转车辆较少的情况下，可设置两相位控制，如图 7-2 所示。在这种相位设置下，信号灯均为机动车信号灯（满屏灯），在绿灯时，左转车流须让行直行车流，寻找可穿插间隙进行左转。

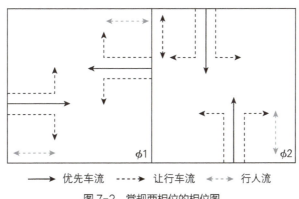

图 7-2　常规两相位的相位图

2. 常规三相位

当主路设置了左转专用车道、左转车辆较多,而支路的交通流量较小时,可在主路增加左转专用相位,如图 7-3 所示。

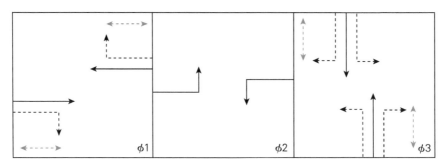

图 7-3　常规三相位的相位图

3. 常规四相位

当两条相交道路的交通量均较大时,并且各进口车道均设置了左转专用车道,则交叉口的信号控制可以设置成如图 7-4 所示的四相位。

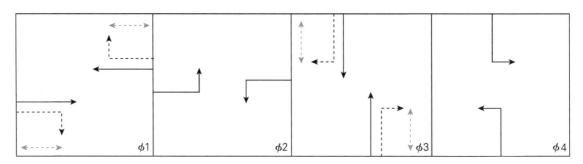

图 7-4　常规四相位的相位图

4. 设有单独行人相位的三相位

当行人流量较大,可设置单独的行人相位,如图 7-5 所示。该相位形式常被用于行人流量较大的商业中心区。

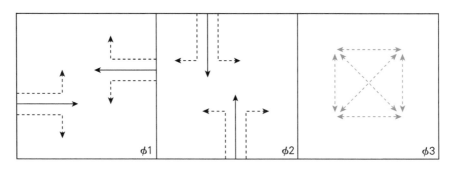

图 7-5　设有单独行人相位的三相位

7.3.2 左转相位设计

1. 相位形式

左转相位在相位设计中非常关键,它对交叉口的交通安全和运行效率影响较大,左转信号相位通常有以下几种形式。

1)直左混行。相位形式如图 7-2 所示,适用于交通量不大、视距良好的交叉口。

2)左转专用相位。相位形式如图 7-4 所示,适用于左转与直行车流冲突较大的交叉口。

3)混合相位。相位形式如图 7-6 所示,这种设置方式给左转车辆提供了相对安全的行车环境,延误也不会明显增加。

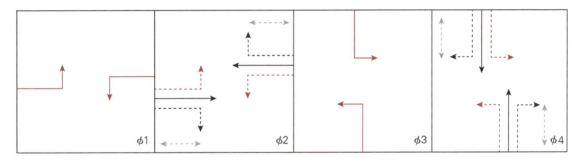

图 7-6 混合相位

4)单口放行。相位形式如图 7-7 所示,每个进口分别设置一个相位同时放行左转和直行车流,一个进口放行结束之后再放行下一进口,单口放行的相位设计方法的详细介绍见本章 7.3.5 节。

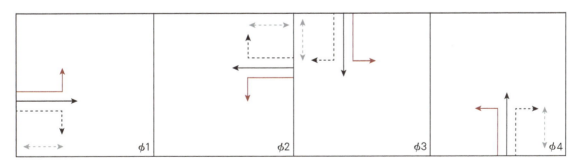

图 7-7 单口放行

2. 左转专用相位设置依据

一般情况下,采用对称放行的交叉口,在保证通行安全的前提下,应首先考虑直左混行相位,若不能满足要求,考虑设置左转专用相位。

影响左转相位选择的因素包括:交通流量、交通冲突、车速、交叉口几何条件四个方面。综合我国交通实际情况,可参照表 7-2 选取相关指标阈值,作为衡量是否设置左转专用相位的依据。

表 7-2 左转专用相位判断指标阈值汇总表

指标	阈值
左转车道数	≥2
对向直行车道数	≥3
左转流量	≥300 辆/h
左转流量与对向直行车流量乘积	>50000（一个对向直行车道） >90000（两个对向直行车道）
左转交通事故起数	≥4 起/年

结合交叉口几何条件、交通流量、交通事故数等资料，判定左转专用相位设置的流程如图 7-8 所示。

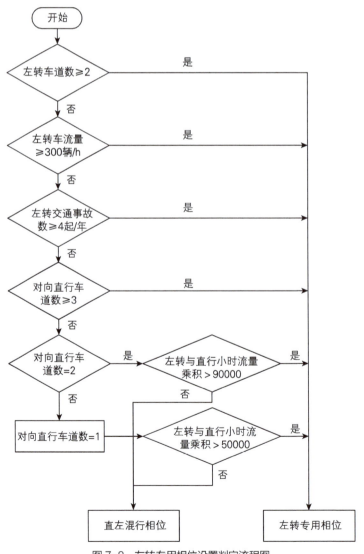

图 7-8 左转专用相位设置判定流程图

7.3.3 右转相位设计

从信号控制方面来说，右转交通流主要有两种控制方式：不设置右转专用信号和设置右转专用信号。不设置右转专用信号，即对于到达交叉口的右转交通流遵循让行控制，机动车信号灯为红灯、非机动车和行人过街相位为绿灯期间仍可继续通行。当机动车、非机动车和行人流量较小时，该做法能够减少右转车辆延误、降低油耗和污染。当流量较大时，机非冲突严重，行人非机动车过街安全性降低，机动车延误增加。

当具备以下条件时，可考虑安装右转方向指示信号灯，对右转交通流进行单独控制。

1）有两条右转专用车道。

2）行人与非机动车交通流量较大，无导流岛，右转机动车与直行非机动车及行人冲突较大。

例如，某交叉口的南进口，右转车辆与行人、非机动车冲突，需要在直行车流放行初期对右转车流进行控制，右转车辆放行时，右转方向指示信号灯的所有发光单元熄灭；禁止右转车辆通行时，右转方向指示信号灯红色发光单元启亮，如图 7-9 所示。

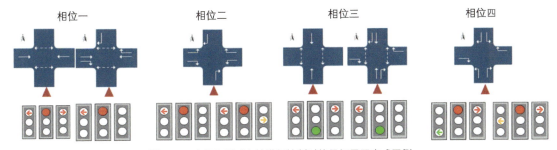

图 7-9 直行初期对右转进行控制时信号灯显示方式示例

3）当快速路出口匝道与地面交叉口进口车道并列，且内侧与外侧均设置右转专用车道时，应进行右转控制。

例如，某交叉口南进口内侧有快速路匝道出口，匝道出口的右转车辆与南进口的左转和直行车辆存在冲突，应进行右转控制，右转车辆可随相交道路的左转和直行车辆通行。南进口的车道设置及信号灯放行方式如图 7-10 所示。

4）当交叉口进口车道有辅道，且主路设有右转专用车道时，应对主路的右转专用道进行右转信号控制。

5）当右转弯视距不良，驾驶人不易注意到直行非机动车与行人时，可进行右转控制。该情况下，本方向直行时右转方向指示信号灯为红灯。

例如，某交叉口南进口由于机非分隔带影响右转车辆观察直行非机动车及行人过街情况，设置了右转方向指示信号灯，当本方向直行时，禁止同向右转车辆通行，信号灯放行方式如图 7-11 所示。

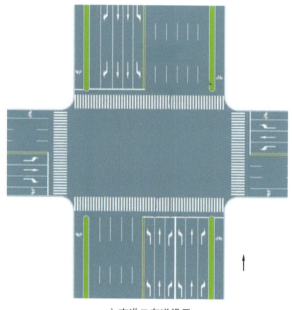

a）南进口车道设置

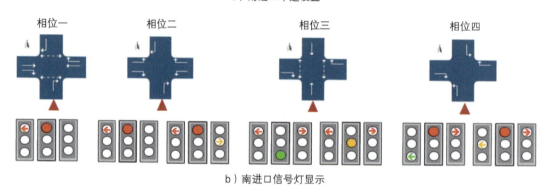

b）南进口信号灯显示

图 7-10 交叉口南进口车道设置及信号灯放行方式示例

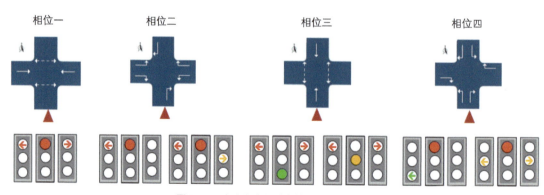

图 7-11 本方向直行时右转红灯控制示例

6）当出口车道数少于上游各进口车道同一信号相位流入的进口车道数时，应进行右转控制。信号控制相位及可采用的信号灯组合形式如图 7-12 所示。

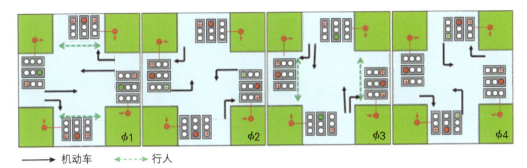

图 7-12 交叉口四相位右转控制示例

7）当路侧设有有轨电车车道或其他特殊通行车道时，右转机动车与有轨电车等存在冲突，应在直行放行时禁止右转车辆通行。

7.3.4 不对称相位设计

不对称相位又称为叠加相位（或称搭接相位、组合相位），即"信号的迟滞与早断"。就是说在某相位结束之前，提前启动另一个相位的一股或多股车流（或者说在某相位开始之前，提前结束其前一相位的一股或多股车流）。应用不对称相位的目的在于充分利用时空资源，用最小的时空资源满足不均衡交通流。但不对称相位的应用是有条件的，即某些流向交通流量存在非均衡性。

左转叠加相位设置形式如图7-13所示。

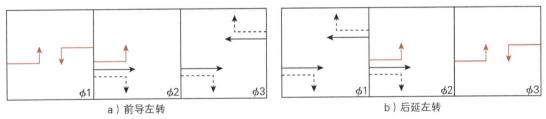

图 7-13 左转叠加相位设置示意

需要注意的是，在图7-13相位2中，需设置非机动车左转方向指示信号灯，如图7-14所示。在叠加相位放行期间，进口车道非机动车左转方向指示信号灯应设置为红灯，避免左转非机动车和本向直行车流冲突。

7.3.5 单口轮流放行相位设计

城市信号交叉口单口轮流放行是指交叉口轮流放行每个进口车道全部流向车流的一种相位放行方式。单口轮流放行

图 7-14 非机动车左转信号灯

的相位相序如图 7-15。

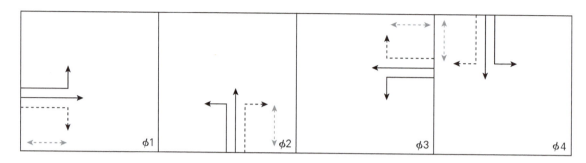

图 7-15　单口轮流放行的相位设计

单交叉口轮流放行方式一般在如下情况下使用：

1）对向两进口车道错位偏移大于 20m，或受交叉口几何条件限制，致使两个方向的左转车流行车轨迹存在冲突点或潜在危险；

2）交叉口具有明显不对称交通流特点，如早晚高峰"潮汐"现象；

3）非机动车流量特别大时，单口轮放便于设置非机动车待行区。

单口轮流放行相位使用时需特别注意以下问题：

1）左转非机动车与直行机动车冲突，因此需特别注意非机动车过街设计；

2）非机动车信号灯设置；

3）进口车道功能设置需与不同转向交通流流量相匹配。

因此，单口轮流放行时，一般需设置非机动车信号灯，引导左转非机动车采用二次过街；对于车道功能设置，可增设左转和直行共用车道，提高通行效率。表 7-3 列出了几种放行的优势与不足。

表 7-3　对称放行、单口轮放、叠加放行优势与不足一览表

放行方式	优势	不足
对称放行	1. 适用于多数交叉口 2. 可通过设置待转区提高通行能力 3. 一些新兴的交通组织方式，如综合待行区、双待叠加等，只适用于对称放行相位控制的交叉口 4. 非机动车和行人均可以采取一次过街的交通方式	1. 直行车辆排队较长时，会干扰左转车辆进入展宽段 2. 当对向交通流量差别较大，而对向车道设置相同时，会产生放行不均的问题
单口轮放	1. 信号灯设置简单，无需设置左转方向指示信号灯 2. 可设置混合车道，对交叉口进口各流向交通量变化的适应能力较强 3. 有利于和周边交叉口形成绿波协调	1. 无法单独控制左转、直行车流 2. 左转非机动车和直行机动车冲突，非机动车左转一般采用二次过街 3. 单口轮放下不同相位车流冲突较大，需要清空时间长

（续）

放行方式	优势	不足
叠加放行（搭接放行）	1. 特别适用于非对称交通流，能够提高通行效率 2. 部分交叉口叠加放行可提高绿波带宽	1. 叠加相位需考虑左转非机动车，应设置左转非机动车信号灯 2. 不固定或多变的叠加容易使驾驶人产生不适应感

7.3.6 相序设计原则

相序设计一般主要从机动车、非机动车及行人的安全和效率角度进行考虑。相序设计原则主要包括：不同方向间的相序确定原则、同一进口车道左转和直行相位放行顺序的影响因素、明确不同放行顺序的适用条件。

不同相位间能否直接相连的一个标准，是看即将结束的相位尾车能否先于下一相位头车到达冲突点。表7-4列出了对称相位中几种可能的相位衔接方式。

表7-4 相位衔接方式

衔接形式	图示	特点
直行→直行		• 包含直行车流的相位与相交道路（含直行车流）的相位连接 • 不利于下一相位直行车流通行，不建议使用
左转→左转		• 包含左转车流的相位与相交道路（含左转车流）的相位连接 • 不利于下一相位左转车流通行，不建议使用
直行→左转		• 包括直行接左转与左转接直行两种情况，兼容性相对较好，建议使用

影响左转与直行车流放行顺序的因素主要包括：交叉口几何特性与渠化形式、交通流特性、交通组织方式等。另外，相位放行顺序还应考虑驾驶人的驾驶习惯，以及尽量与周

边其他交叉口相位顺序保持一致。

1. 交叉口几何特征对相序选择的影响

左转与直行车流之间的放行顺序，主要取决于可能产生冲突点的左转车流头车（尾车）和对向直行车流尾车（头车）各自从停止线行驶到冲突点的时间。如图7-16所示，当交叉口几何特征满足对向直行车流头车与本向左转车流尾车到达冲突点的时间差，大于等于绿灯间隔时间时，可优先放行左转车流；当对向左转车流头车与本向直行车流尾车到达冲突点的时间差，大于等于绿灯间隔时间时，可优先放行直行车流。若同时满足，则可考虑其他影响因素或根据驾驶人习惯进行选择。

2. 设置左弯待转区对相序选择的影响

设置了左弯待转区的交叉口，如图7-17所示，相位顺序为先直行后左转。这种方法设置简单、使用方便，在各大中城市都有普遍应用。

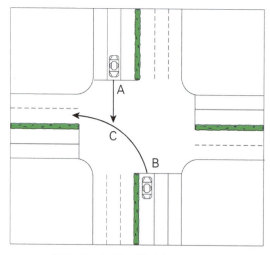
图7-16　左转与对向直行车冲突过程

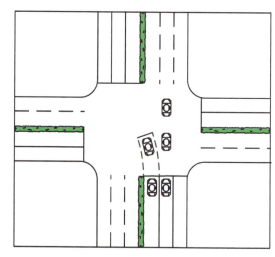
图7-17　交叉口左弯待转区示意图

3. 拓展车道对相序选择的影响

进口车道拓宽的交叉口会出现因展宽段长度不足或交通流随机特性等原因，导致某个方向的车流阻挡其他方向车流进入交叉口，出现车道阻塞的现象，如图7-18所示。可通过合理设置相序来解决，若直行车道经常被左转车队阻塞，应先放行左转车流；左转车道经常被直行车队阻塞时，应先放行直行车流，可根据车队排队长度、通行能力等指标，或拓展车道末端检测器数据，实时判断采用何种相序方案，不同时段的最优相序方案可能不同。

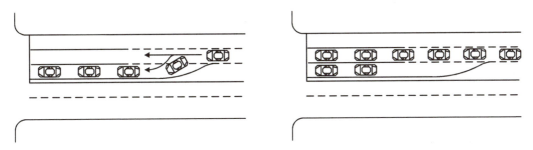

图 7-18　左转拓展车道排队阻塞示意图

4. 非机动车与行人流量对相序选择的影响

如图 7-19 所示，十字交叉口四相位对称放行方式中，行人利用机动车直行相位过街，若采用先左转后直行放行方式，可能造成绿灯末期未及时通过人行横道的行人与左转机动车流发生冲突，左转相位绿灯损失时间增加。因此，当过街非机动车和行人流量较大时，应尽量避免使用此相序方案。

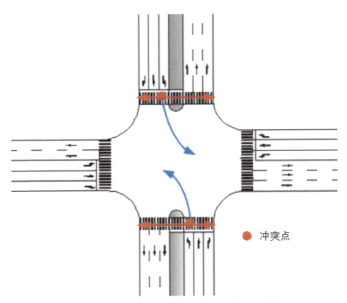

图 7-19　左转机动车流与过街行人冲突示意图

5. 单口轮流放行相序的选择

顺时针放行方式主要针对解决交叉口存在直行车流量消散速度较慢，较大的影响下个相位放行；逆时针放行方式主要针对解决交叉口存在左转车辆影响下个相位放行；若两者均存在，则需要因地制宜，具体问题具体分析。

一般来说，单交叉口轮流放行时，不同相位衔接的冲突点数量和相位损失时间不同。相位间隔时间与车流衔接组织顺序有关，逆时针放行相位间隔时间最小，对向放行、顺时针放行依次增加。

7.4 » 信号配时参数确定

7.4.1 信号周期时长确定

周期时长是决定单点定时信号控制效益的关键控制参数,增大周期时长,可提高通行能力,但延误也会随之增大。GA/T 527.1—2015《道路交通信号控制方式 第1部分:通用技术条件》中推荐的非饱和交通状态下信号周期不宜大于150s,饱和交通状态下不宜超过180s。

通常情况下,信号周期的计算可选用TRRL(韦伯斯特法)、ARRB法或HCM法等,也可采用经验值来设置初始信号周期,根据交通运行情况进行调整优化。信号配时设置应满足行人、非机动车、机动车等安全通行的基本要求。

不同时段不同类型交叉口的周期应根据实际情况进行设置,一般夜间应保证行人过街最短时间即最小绿灯时间,可选择在50~90s范围内,部分流量较小的交叉口可考虑采用黄闪信号控制;平峰一般在60~130s范围内;部分高峰期饱和度较大的交叉口信号周期选择在150~160s范围内,极端情况下不应超过180s。单点信号控制交叉口周期建议值如表7-5和表7-6所示。

表7-5 平峰期城市道路交叉口信号控制周期建议值 (单位:s)

相交道路等级	支路	次干路	主干路
支路	50~70	—	—
次干路	60~80	70~90	—
主干路	80~100	90~110	100~130

表7-6 高峰期城市道路交叉口信号控制周期建议值 (单位:s)

相交道路等级	支路	次干路	主干路
支路	60~80	—	—
次干路	80~110	90~120	—
主干路	90~120	100~130	130~160

7.4.2 绿信比及绿灯时间确定

绿灯时间的分配一般遵从等饱和度原则,即绿信比应该与相位的交通流量成正比。

1. 有效绿灯时间

有效绿灯时间是可供车辆通行的信号期间,除去损失时间后,实际用于车流通行的时间。

有效绿灯时间和绿灯显示时间的关系如图 7-20 所示。

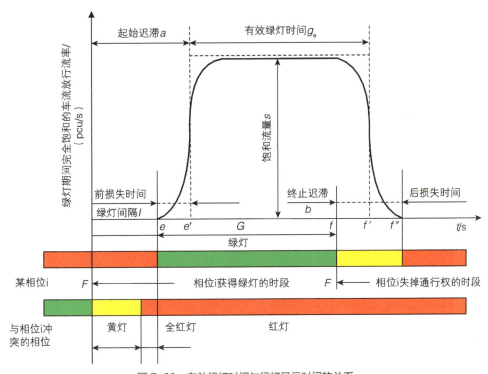

图 7-20 有效绿灯时间与绿灯显示时间的关系

2. 最短绿灯时间

确定最短绿灯时间有三条准则：

①驾驶人正常完成操作的期望时间要求。

②行人和非机动车安全过街的要求。

③排队车辆安全通过交叉口的要求，即到达交叉口的车辆恰好在一个绿灯时间内被放行完，既无滞留车辆，绿灯时间也无富余。

为确保安全，设置驾驶人基于期望的最短相位时间：主干道直行交通流最少绿灯时间不宜少于 15s，次要道路直行相位不少于 12s，左转专用相位不少于 8s。

信号控制交叉口或路段上，当有行人过街需求时，应设置最小绿灯时间以确保行人安全过街，最少绿灯时间应根据过街距离、行人步速确定，行人步速一般取 1.0m/s。非机动车最小绿灯时间不宜少于 6s。

7.4.3 绿灯间隔时间确定

绿灯间隔时间是为了确保下一相位头车到达冲突点之前，上一相位尾车已通过冲突点，避免不同相位之间车流冲突，一般由黄灯时间和全红时间组成。

1. 黄灯时间确定

GB 14886—2016《道路交通信号灯设置与安装规范》中给出的黄灯时间一般设置为3~5s，在实际应用中，多数城市一般设置为3s。

2. 全红时间确定

全红时间指本相位黄灯末至下一相位绿灯初的时间间隔。车辆要在全红信号结束之前通过交叉口，黄灯时间与全红时间之和应为相位末驶出的车辆安全通过潜在冲突点的清空时间，如表7-7所示。此外，全红时间要考虑常规公交、有轨电车等特殊车辆的通行。

实际应用过程中，全红时间一般不宜超过3s；当交叉口清空困难时，应考虑采用交叉口渠化、出口车道拓宽等方式进行改善。

表 7-7 全红时间建议值

$\triangle L_{max}$/m	< 5	5~10	10~20	> 20
全红时间 /s	0~1	1~2	2~3	3

7.5 与交叉口渠化协同设计

7.5.1 协同设计流程

单点信号控制与交叉口渠化协同设计的基本思路是，先根据现有渠化方案及交通流数据，按照本章前几节内容对信号控制方案进行优化设计，若优化方案无法满足服务水平或应用需求，则可考虑对交叉口渠化方案进行调整，再根据新的渠化方案确定信号控制方案，直至满足实际要求为止。信号控制方案实施后，还应根据交叉口实际运行状况对信号控制效果进行评价，若存在因信号配时或渠化设计不合理导致交叉口通行状况不理想，则需要对信号控制方案或交叉口渠化做进一步调整。单点信号控制与交叉口渠化协同设计流程如图7-21所示。

7.5.2 与车道协同设计

在确定交叉口信号控制方案时，需要与交叉口进口车道渠化进行整体考虑，提高交叉口通行效率，并避免出现信号控制方案与车道渠化设计不协调的问题。下面重点阐述相位相序与左转车道、掉头车道、右转车道等的协同设计要点。

第 7 章 单点信号控制

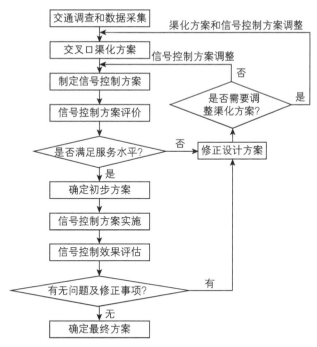

图 7-21 单点信号控制与交叉口渠化协同设计流程图

1. 左转车道

1）若交叉口设有左转专用相位，则相应的进口车道必须设置左转专用车道。根据左转车流量、进口车道数等因素，确定合适的左转车道数，但不应超过对应的出口车道数。

2）若交叉口进口车道需要设置多条左转专用车道，但由于道路空间不足，无法提供足够数量的左转专用车道时，则除了设置左转专用道外，还可设置一条直左共用车道。此时，必须将该进口车道直行和左转车流放在同一相位通行。必要条件下，还可进一步考虑借道左转、移位左转等新型交通组织措施。

3）当左转专用道长度不足导致左转车辆排队溢出至直行车道，干扰直行车流行驶时，在道路空间允许的情况下，可延长左转专用道的长度或适当缩减信号周期，以减少左转车辆排队溢出现象。

4）若交叉口对向进口车道错位设置，无法同时放行对向的左转交通流时，可以采用单进口轮放的信号相位方案。

5）因交叉口间距较短或公交站点离下游交叉口过近等原因，导致左转车辆交织区长度难以满足要求时，可在相应进口车道的右侧设置左转专用车道，同时应设置左转专用相位和信号灯。

6）若交叉口进口车道的左转和直行车流比例随时间波动较大，可考虑采用可变车道方式，动态划分左转和直行车道数量，并通过 LED 车道指示标志加以实时显示。

2. 掉头车道

1）若交叉口路段准许掉头处中心隔离带过窄，小于车辆掉头半径，则应设置掉头让行标志标线或掉头信号灯，以明确掉头车辆无先行权，必须给正常行驶的车辆让行。

2）因道路和交通条件限制，将掉头车道设置在交叉口进口的右侧车道，且不与内侧（左侧）的左转车流同一相位放行，则应设置掉头专用相位和信号灯。

3. 右转车道

1）若交叉口进口车道右转车辆与行人、非机动车冲突较为严重，必须设置右转指示信号灯。行人绿灯通行期间，禁止右转机动车通行，或行人相位较右转机动车通行相位早启动，使大部分行人和非机动车较右转车辆早通过冲突点。

2）若因道路和交通条件限制，渠化方案中右转车道未设置于机动车道最右侧，导致右转车流与直行或左转车流存在冲突，应设置右转专用信号相位和信号灯。

4. 其他车道

1）若交叉口设置可变导向车道，则应设置相应的可变车道标志、可变车道标线等，且应根据动态的车道划分方案，合理确定相应的相位相序。

2）当路段公交专用道位于道路右侧，右转车辆较少，且右转和直行车流共用一个信号相位或右转车辆不受信号控制时，则可将右侧进口车道设置为右转车辆和直行公交车辆共用。

3）当公交专用道设置在道路右侧，且相邻交叉口间距无法满足右转社会车辆与公交车交织段长度要求时，可设置专用右转相位和车道信号灯，以消除公交车辆直行与社会车辆右转之间的冲突。

7.5.3 与行人过街协同设计

当信号控制交叉口空间较大时，可借助中央隔离带或加宽中央双黄线间的间距等方法设置行人过街安全岛，并从整体上考虑行人过街安全岛与行人信号控制的协同设计。

1）当中央隔离带较宽时，道路中央的安全岛有充分的空间用于行人驻足，可对每段人行横道使用不同的行人信号灯，但每段人行横道的行人清空时间要独立设置。

2）当中央隔离带上设置的安全岛不能满足等候信号放行的行人停留需要的情况下，可设置错位行人过街安全岛，并在安全岛上增设人行横道信号灯控制行人分段过街。错位设置时宜设置为"Z"字形,以保证过街行人在安全岛内迎着第二次过街时车辆的方向走,以便及时发现对向来车,如图7-22所示。

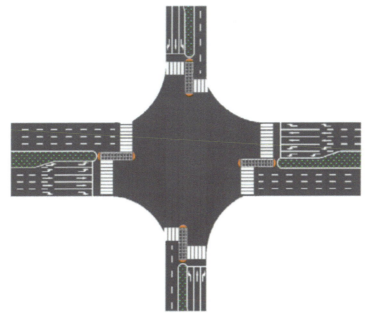

图7-22 交叉口错位行人过街安全岛

3)当交叉口行人过街交通量较大且持续时间较长时,可采用行人对角线斜穿过街的交通组织方式,并配套设置斜穿的人行横道和专用的行人过街相位。斜穿交叉口的人行横道线和其他人行横道线应配合设置。专用行人信号相位启亮时,各方向人流全部放行穿越交叉口,所有方向机动车辆必须全部停止等待。

7.5.4 与标志标线协同设计

1. 机动车待行区

1)若交叉口左转交通量较大,考虑交叉口的空间尺寸,在不影响对向直行车流通行的前提下,可在左转专用车道前方设置左转待行区,使左转车辆提前进入交叉口。根据交叉口渠化条件,左转待行区的停止线可错位设置,如图7-23所示。相位顺序应先放行直行车辆,后放行左转车辆。

2)当交叉口进口车道设有直行专用车道且直行车流较大时,为提高直行特别是直右车道的通行效率,可利用交叉口的空间设置直行待行区。当空间受限时,直行待行区可设置锯齿形停止线,如图7-24所示。实施直行待行区时,本方向的信号相位通常按照先左转后直行的方式设置。

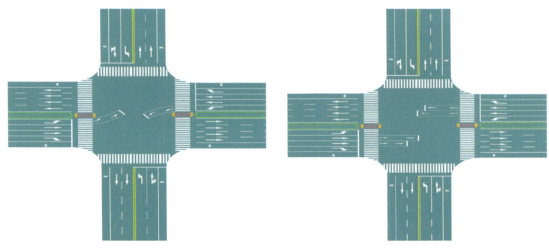

图 7-23　左转待行区设置示例　　　　图 7-24　直行待行区设置示例

2. 非机动车停驶区

1）若交叉口设有左转专用相位，非机动车直行和左转流量均较大时，在道路空间允许的情况下，可以使用材料路面或相应标线标识出非机动车左转弯专用道，左转非机动车可以利用非机动车左转专用道，在左转相位与左转机动车一起通过交叉口，减少左转非机动车对直行机动车的影响。

2）在没有设置非机动车信号灯的交叉口，非机动车一般跟随机动车信号通过交叉口。若交叉口空间较大且左转非机动车流量较低时，左转非机动车可采用二次过街的方式通过交叉口，即变左转为两次直行。

3）当交叉口非机动车流量过大时，若道路空间允许，可采用非机动车预信号控制方式。由于非机动车启动快、骑车人急于通过交叉口的特点，可将非机动车停止线前移或机动车停止线后撤设置非机动车待行区。

7.6 》其他单点控制设计

7.6.1　特殊交叉口控制

1. 畸形交叉口

畸形交叉口是指由于受到地形、城市规划、历史原因等客观因素影响而形成的几何形状不规则的交叉口。

畸形交叉口有很多种，如：三路不规则相交形成的"Y"形交叉口、四路不规则相交的"X"形交叉口、由于相交道路等级不同形成的不对称交叉口、道路错位相交而形成的双"T"形交叉口，以及由多路相交形成的各种形状不规则交叉口等。典型畸形交叉口示例如图 7-25 所示。

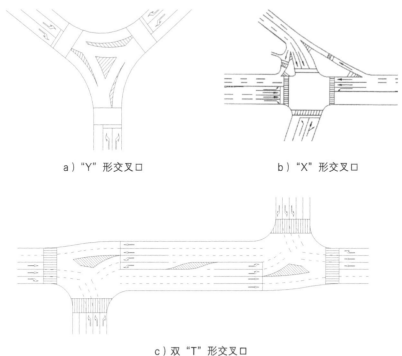

a)"Y"形交叉口　　　　b)"X"形交叉口

c)双"T"形交叉口

图 7-25　典型畸形交叉口示例

畸形交叉口是城市交通网络瓶颈，通常也是交通事故黑点。在一些畸形交叉口实际运行过程中，常规相位配时已经体现出极大的局限性。

调整交叉口交通信号控制方案是治理这类交叉口的有效手段，在一些用地紧张而交通流量分布不均的畸形交叉口中，应用非对称相位后成效显著。

2. 多路交叉口控制

多路交叉口是指由五路及以上道路相交形成的交叉口，这样的交叉口由于相交道路多，几何结构特殊，多方向交通聚集，缺乏有效的组织方式，行车次序混乱，因此其交通组织方式比一般交叉口复杂，交通冲突亦更加难以协调。交叉口控制的重点则是在时间上分离交叉口内的交通流，即做好信号控制相位的设计，减少交叉口内各交通流之间的干扰。

（1）环形交叉口

当交通流量较大时，无信号控制环形交叉口通行能力相对低于同等条件的常规信号控制交叉口，但是信号控制环形交叉口通行能力则高于无信号控制环形交叉口，车流通过更加安全、有序，如图 7-26 所示。

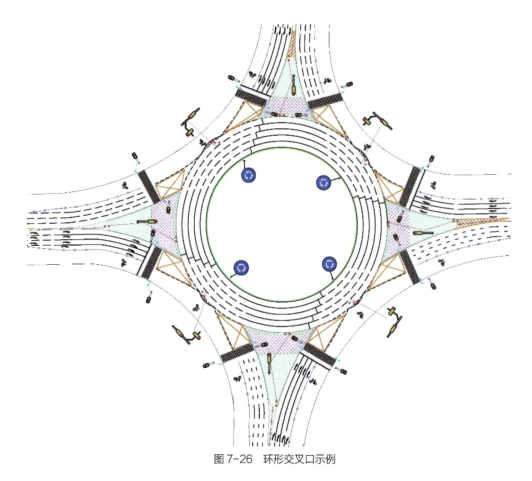

图 7-26 环形交叉口示例

环形交叉口的拥堵是由于进出环岛车流相互冲突造成的，信号控制主要通过规范各进口车道车流的通行权，将冲突的车流从时间上分离开来。

信号设计思路如下：根据调查、观测环形交叉口各支路上交通流量和流向的特征，确定配时方案。环形交叉口信号控制可以参照一般平面交叉口控制原理进行针对性的设计。

（2）五路交叉口

对于交通流量较大，未禁止流向的五路交叉口（如图 7-27 所示），交叉口信号相位设计方案可有以下思路：

1）对于进口车道只有一个车道，或是没有明确左、直、右车道的进口车道，或是交叉口内各进口车道交通流流量相差不大的情况下，宜设置五个信号相位，以交叉口内每个进口车道车辆放行为一个相位；

2）对于明确车道功能的多路交叉口，根据交通需求将任意不冲突或冲突较小的交通流作为一个相位；

3）十字交叉口信号相位一般将对向进口车道设置为同一相位，根据直行与对向左转交通的冲突情况严重与否，考虑是否将直行与左转分成两个相位设置，同时还可以考虑将多路交叉口流量相当，且相对的一个或两个进口车道看成对向进口车道。

图 7-27　五路交叉口示例

7.6.2　单点感应控制

感应信号控制是通过检测器测定到达交叉口进口车道的交通到达情况，使信号绿灯时间适应交通需求的一种控制方式。

感应控制的基本工作原理如图 7-28 所示。当一个相位启亮绿灯时，信号控制器内预设有一个初始绿灯时间，到初始绿灯结束时，若在一个单位绿灯延迟时间内无后续车辆到达，则切换相位。这个初期绿灯时间加上单位绿灯延长时间，就是最短绿灯时间 g_{min}。若

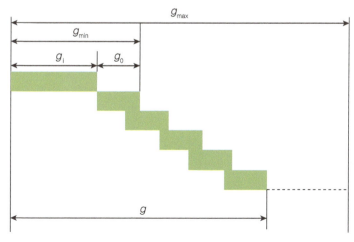

图 7-28　感应信号控制工作原理图

检测器检测到有后续车辆到达，则每测得一辆车，绿灯就延长一个预置的单位绿灯延长时间，即只要在这个预置的时间间隔内，车辆中断，则更换相位；连续有车，则绿灯连续延长。绿灯一直延长到一个预置的最大绿灯时间，即使检测到后面仍有来车，也要中断当前相位的通行权。

感应信号控制可分为两类，半感应控制和全感应控制。

1. 半感应控制

交叉口仅部分相位有感应请求的感应控制方式。半感应控制适用于主次道路相交且交通量变化较大的交叉口。按检测器的设置位置不同可分为两类：

1）检测器设置在次要道路上，这种感应控制，在平时主路总是绿灯，对次路预置最短绿灯时间，当次路上检测器测到有车时，立即改变相位，次路切换为绿灯，后续无车时，相位即切换回主路；

2）检测器设置在主要道路上，这种感应控制，在平时主路也总是绿灯，当检测器在一段时间内检测不到主路有车时，则切换相位至次路通行；当检测到主路有车辆到达时，则相位切换回主路。

2. 全感应控制

交叉口所有相位均有感应请求的感应控制方式。这种感应控制的控制机理是：当交叉口没有机动车到达时，相位绿灯时间按设定的最小绿灯时间允许，当检测有车辆到达时，对绿灯时间进行延长，直至最大绿。

7.6.3　单点自适应控制

单点自适应控制方法，根据交叉口交通流量动态变化情况和车辆检测器测定的交通参数，通过交通信号控制系统或交通信号控制机内置的优化控制算法，自动生成交通信号控制方案，或对预设的信号控制方案实时优化调整，以实现单个交叉口控制效益最大。

交通信号的单点实时自适应控制是依据检测设备获得的实时交通需求信息，独立求解并执行单个交叉口的最优化信号控制方案，同时还可以根据协调周期及相位差来优化单个交叉口的绿信比。它的控制目标是在交叉口群协调控制的基础上，充分利用交叉口的时空资源，使单个交叉口的控制策略适应交通流时间和空间的变化，在保证安全的前提下，高峰期间对于饱和度较高的交叉口应以交通疏导、减少排队为主要目标；非高峰期间，则应以减少停车次数和节省燃油消耗作为主要控制目标。

单点自适应控制主要实现如下功能：

1）交通信息的采集、处理及分析；

2）单点多时段方案控制；

3）单点交叉口自适应控制优化方案计算；

4）公交优先控制条件下的单点优化方案调整；

5）诱导条件下的单点控制方案优化计算；

6）与交叉口群控制模块协商策略优化方案计算；

7）异常状态检测与处理。

交通信号控制本质上是在适当的时刻做出正确决策。因此，交通自适应信号的优化问题可以归结为普遍意义上的决策问题。自适应信号控制优化策略主要分为基于优化的控制策略和基于规则的优化策略。

基于优化的策略主要是通过对比延误和排队长度等性能指标的优化计算。典型的基于优化的控制策略，如 SCATS 的三种绿信比方案的"投票"策略，SCOOT 信号周期的优化时间间隔随饱和度变化，绿信比的"临时性"和"永久性"调整策略等。需要说明的是，基于优化的控制策略并不是全局最优，因为它是经过多次短期优化得到的控制策略。

基于规则的策略虽然也估计性能指标，但它只依靠预先设定的规则，是通过比较设定阈值的短期决策过程。现状控制策略基于的规则主要有排队规则、流量规则、紧急规则、配合规则、安全规则等。

第8章 干线协调信号控制

Chapter Eight

本章介绍了干线协调控制的适用条件,以及协调控制中使用的基本参数:公共周期时长、绿信比、相位差,还有干线协调控制常用的表现形式:交叉口时距图。在进行干线协调控制设计的同时,还需考虑交通组织协同设计等问题,以保证干线协调控制的实施效果。

8.1 适用条件

干线协调控制有其适用条件,并不是所有道路都适合采用协调控制,适用条件主要包括:

1)协调路段上相邻交叉口距离适中,一般在800m以内,特殊情况下不宜超过1000m。

2)协调路段上横向干扰较少,或采取了路内停车管控、机非隔离、出入口管控等措施。

3)道路交通信号控制机处于联网状态,或采用GPS等其他统一校时方式。

4)通过单点信号配时确定的各交叉口周期时长相差不大,或者近似成整数比例关系。

5)路段上设有人行横道的,宜尽可能采用信号控制,并保证其信号控制方案与协调信号控制方案相适应。

8.2 设计流程

干线协调控制的信号配时设计流程可包括以下内容(图8-1)。

1. 基础数据准备

根据一定原则进行控制子区划分,确定协调车流流向及各交叉口协调相位,并根据单点信号控制方法确定各交叉口

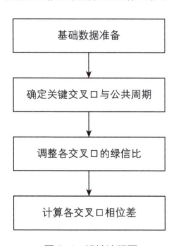

图8-1 设计流程图

单点信号控制方案。

控制子区一般采用基于交叉口关联度的方法进行划分，关联度较大的划分为同一控制子区。其中交叉口关联度是交叉口之间的物理关联特征与交通关联特征的综合反映，其主要受交叉口周期指标、交叉口间距指标、同向比例指标等影响。当相邻交叉口周期之比接近整数时，交叉口间关联度大；当相邻交叉口间距小时，车队的车流离散程度较弱，交叉口间关联度大；另外，当相邻交叉口同向比例大时，非协调车流干扰较小，交叉口间关联度大。

2. 确定关键交叉口与公共周期

根据关键交叉口判别原则选取关键交叉口，确定子区内的公共周期时长及各交叉口的实际周期时长。若多个交叉口流量比总和值大于0.9，说明公共周期过短，需重新确定公共周期时长。

3. 调整各交叉口绿信比

参考单点信号控制方法设计的各交叉口初始绿信比，并结合具体控制策略确定各交叉口各相位的绿信比以及显示绿灯时间。若多个协调相位饱和度过高，说明协调相位显示绿灯时间过少，应调整相应绿灯时长或者公共周期。

4. 计算各交叉口相位差

考虑各协调路段行程速度、路段干扰、初始排队等因素的影响，确定各交叉口的相位差。若存在某交叉口多个周期多股协调车流均不能有效协调，应重新调整该交叉口的相位差。

8.3 控制目标

目前，城市道路干线绿波协调控制主要采用绿波带最大法，以最大化协调相位的通过带宽为控制策略，在交通畅通的平低峰期能够取得较好的效果。然而在交通拥堵的高峰期，往往难以实现绿波，更多的是以截流控制为主要策略，以缓解特定区域过饱和，或避免瓶颈交叉口排队溢出，通过调整上游若干交叉口信号控制参数，以达到减少进入特定区域车辆、均衡路段排队的效果。因此，考虑到交通需求、道路条件等实际交通运行状况，干线协调控制需结合各交叉口管理需求、约束条件等形成不同情况下的协调控制策略，以保障干线协调的控制效果。

干线绿波协调的目的是确保干道上交通流的畅通性，从而减少旅行时间、停车次数和延误。这些目标主要包括：

1）车辆延误最小化。

2）停车次数最小化。

3）进口车道排队长度最小化。

4）协调联动效率最大化。

5）系统通过量最大化。

虽然上述目标都是干线绿波协调控制需要考虑的目标，但是实际情况下往往无法同时实现。因此，在实践中需根据不同的交通干道场景，选择一个最主要的目标，再选择一些次要目标。例如，在平低峰等交通需求较少的情况下，干线绿波协调控制应以提高协调车流的运行速度、减少其停车次数为主要目标，保障协调车流的运行效果。结合实际道路条件以及管理需求，常采用单向绿波控制、双向绿波控制、动态协调控制等绿波带控制方法。在高峰期等交通需求较大的情况下，干线协调控制应以最大化干线通行能力、缓解瓶颈交叉口的拥堵为主要目标，保障干线整体运行效果。结合实际道路条件、管理需求、路段长度等约束条件，常采用截流协调控制、短连接路段清空协调控制、过饱和交叉口关联协调控制等拥堵状态下的控制方法。

8.4 » 控制参数

8.4.1 公共周期

关键交叉口的确定是实施干线协调控制的基础，以关键交叉口对应的信号周期为子区内各交叉口的公共周期，可避免出现相位差随运行时间增长而变化的情况。公共周期的选取应考虑以下情况：

1）满足各交叉口的交通需求。多数情况下，可以先分别计算出各个交叉口所需的信号周期时长，然后从中选出最大周期时长，通常是以交通饱和度最大的交叉口作为整个协调控制区域的关键交叉口，而其周期时长作为公共周期。

2）半周期的设置（图 8-2）。在实际控制中，存在一些交通量较小的交叉口，其实际需要的周期时长接近公共周期的一半，这时可以将这些交叉口的周期时长定为公共周期的一半，称为半周期。实施半周期的交叉口可在保证绿波带的条件下，减少相交道路的延误。

3）大小周期的设置（图 8-2）。大小周期是两个不等的小周期组合之后的公共周期。当满足如下条件时，可考虑大小周期的设置：

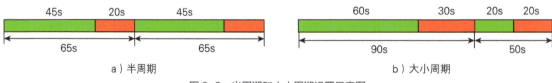

图 8-2 半周期和大小周期设置示意图

①次要流向的交通流量较小。

②主要干道的左转专用车道较短，使得交叉口如果使用公共周期会导致左转车道左转车流排队溢出而影响直行车道的通行。

③相交道路无左转专用相位。

④公共周期时长至少100s，以保证最小绿灯时间和相应的绿波带宽。

8.4.2 绿信比

绿信比的分配原则依据是否为关键交叉口分别进行确定：

1）关键交叉口的绿信比分配与单点信号控制中的分配方法相同，一般按等流量进行分配。

2）非关键交叉口绿信比计算需根据关键交叉口周期进行调整。根据不同的控制策略大致有两种调整方法：第一种分配方法是绿信比之和保持不变，绿灯时间按周期等比例扩大；第二种分配方法是增加协调相位绿信比，即按非协调相位的绿灯时间保持不变，富余时间全给协调相位，若协调相位不止一个，可根据各个协调相位的流量比分配协调绿灯时间。

8.4.3 相位差

相位差分为绝对相位差和相对相位差。绝对相位差是指各个交叉口的绿灯或红灯的起点或终点，相对于某一个标准信号交叉口绿灯或红灯的起点或终点的时间差；相对相位差是指相邻两信号交叉口的绿灯或红灯的起点或终点之间的时间差。在干线协调过程中，输入控制系统的一般为绝对相位差。

相位差通常以协调相位的绿灯启亮时刻为基准点（绿初协调），也有选择以协调相位绿灯时间的终止时刻作为相位差的计算基点（绿末协调）。主时钟、本地时钟及相位差的关系如图8-3所示。

1. 主要考虑因素

相邻交叉口间相位差的确定应考虑以下几项因素。

（1）车辆行驶速度

干道协调控制设计所涉及到的平均车速不是车辆通过某一点的瞬时速度的平均值，而是在一个区间段（从上游交叉口停车线到下游交叉口停车线）内全行程的速度平均值。考虑交通量的波动，不同时段设计的不同方案应采取不同的行程速度，可利用路段已有检测器设备获得，若路段检测器无法获得，需人工测试获得，如驾车测定。车辆跟随交通流通过交叉口，记录的通过上一交叉口停止线至本交叉口停止线的时间差，即为相对相位差，根据相对相位差和确定的基准参考交叉口，可得到各交叉口的绝对相位差。当相位差测算过程中遇有排队车辆时，需对相位差进行修正，修正方式主要依据排队长度进行调整。

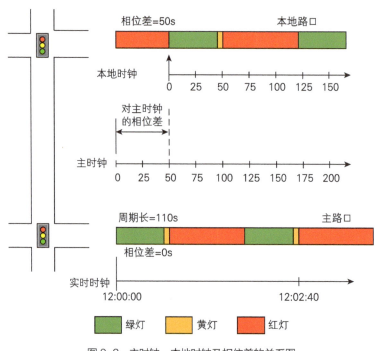

图 8-3　主时钟、本地时钟及相位差的关系图

（2）排队车辆的影响

对于协调控制的交叉口，在上游交叉口的车队到达下游交叉口时，通常会有排队车辆，从而在一定程度上影响车队在协调控制交叉口群上的连续运行，在此情况下，需要对相位差进行调整，以减少协调控制的车队不必要的停车。一般可根据排队的车辆数，结合起动损失时间、车头时距等因素，对相位差进行调整，经过调查统计发现，直行协调时，一般可按 2s/ 辆对相位差进行折减。

2. 常用计算方法

（1）交叉口时距图

干线协调控制配时方案常用时距图来表示，图 8-4 为典型的是时距图。时距图是一个可视化工具，该图使用可视化的方式表示了运动中的车辆连续通过多个信号控制交叉口构成的系统。时距图阐明了交叉口间距、信号配时和车辆运行之间的关系，输入要素主要包括各个交叉口位置、周期时长、绿信比、相位差、左转相位及限速等。在通常的应用中，横坐标表示信号配时，纵坐标表示交叉口间距。当时距图与一些辅助设计软件配合使用时，它同样可被用来获得车辆运行性能指标，例如绿波带宽、估计的车辆延误、停车次数、绿灯时间内到达车辆和车辆排队长度等。

（2）车辆运行轨迹

时距图中最重要的一个组成部分是对干线上车辆运行情况的表示。车辆运行情况使用轨迹线进行表示，并显示在相位相序图之上。在图 8-5 中，轨迹线代表随着时间增加（从左到右）向北或南移动（分别朝向图的顶端或底端）的车辆的运行情况。如果距离轴代表东西向的道路，车辆轨迹将描绘东行/西行车辆。在图 8-5 中，干道最北端的交叉口被设置在时距图的顶端，自上而下的紫色斜线代表北向南行驶车辆。

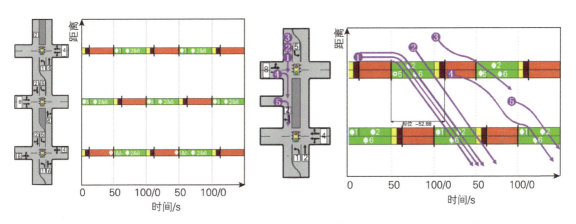

图 8-4　协调配时方案时距图　　　　图 8-5　时距图中的车辆运行轨迹

由于在时距图中建立起了距离和时间之间的关系，我们可以用车辆运行轨迹描述车辆沿着干线行驶的速度。由车辆运行的里程除以经过时间，等于车辆行驶的速度。协调控制的假定协调速度（即建议行进速度）可以是道路的最高限速、85% 位车速，或是由工程技术人员所设定的期望速度。

图 8-5 中的车辆运行轨迹（分别标记为①－⑤）描述如下：

①来自第一个交叉口的三辆车，从停止状态启动并顺利通过下游交叉口。

②车辆以建议行进速度行驶，不停车地通过交叉口。

③车辆在上游交叉口受到阻滞（未完全停车），并在下游交叉口绿灯显示期间通过交叉口。

④来自次路并行进到下游交叉口的车辆。车辆进入干线时协调相位显示为红灯。车辆在接近下游交叉口时必须减速，在轨迹上显示为斜率更加平缓。

⑤车辆来自路段沿线出入口，并顺利通过下游交叉口。

（3）绿波带

车辆轨迹显示车辆在协调控制干道上的运行过程，这些运行轨迹决定了协调控制方案的效果。在时距图中包含以下几个重要的概念：

1）绿波带：一对平行斜线（轨迹线）所标定的时间范围称为绿波带，绘制时尽可能使两条轨迹分别靠近各交叉口该信号相位绿灯时间的起点和终点。绿波带意味着无论在哪个交叉口，主要车辆在绿波带内的时刻到达，并以绿波带速度行驶，就可以顺利通过后续的交叉口。绿波带越宽，车辆连续行进并顺利通过整条干道的机会就越大。

2）绿波带宽度：平行斜线的时间宽度即为绿波带宽度，简称带宽，表示可供车辆使用以连续通过交叉口的时间（图8-6）。

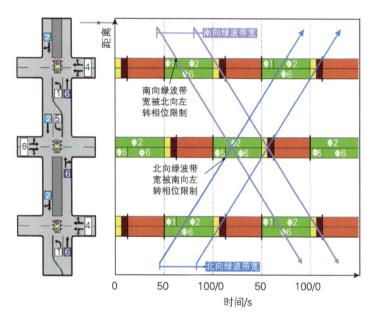

图8-6 时距图绿波带宽

3）绿波带速度：平行斜线的斜率就是车辆沿干道可连续通行的车速，称为绿波带速度，简称带速。

绿波带描述的是理想状态下的车辆连续行进过程，并未充分考虑车辆由静止起动的加速过程、相邻交叉口之间的车队离散现象、下游交叉口的车辆排队等因素。感应式协调控制下，实际的绿波带宽可能因为某些非协调相位提前切断绿灯而发生变化。另外，检测器故障将使得非协调相位无法提前切断绿灯，进而限制绿波带宽的增加幅度（低峰时段尤为显著）。但是，绿波带宽是评估若干协调配时参数（包括相位顺序、信号周期时长、绿信比、相位差）相关性的重要指标。

8.5 协调方案设计

干线协调控制设计可按照信号控制方式划分为干线定时协调、干线感应协调和干线自适应协调；按照干线协调的方向划分为单向协调和双向协调；按照控制策略划分为绿波控制和截流控制。本节将介绍单向绿波协调控制、双向绿波协调控制和截流控制。

8.5.1 单向绿波

单向绿波协调信号控制是以单方向交通流作为优化对象的干线信号协调控制方式，常用于单向交通或两个方向交通量相差悬殊的潮汐交通。

单向干线协调控制方法如下：

1）根据单点优化方法计算各个相位的周期和绿信比，并判断关键交叉口。

2）以关键交叉口周期为公共周期，确定非关键交叉口的绿信比。

3）计算相邻交叉口之间的相对相位差，即车辆通过相邻交叉口的时间差，当遇到有车辆排队时，需要对相位差进行调整。

8.5.2 双向绿波

双向干线协调信号控制是以双方向交通流作为优化对象的干线信号协调控制方式。当相邻交叉口间距相等或接近（干道行驶车速固定）时，双向干线绿波协调控制较为容易实现，特别是当相邻交叉口间的车辆行驶时间正好等于公共信号周期时长一半的整数倍时，可以获得最为理想的绿波协调控制效果。

1. 同步式干线协调控制

同步式干线协调控制是指两交叉口干线放行方向的绿灯（或红灯）信号起点（或中心点）时刻相差为0，即相对相位差为0的干线信号协调控制方式，可以分为起点同步与中心同步两种。

当车辆在相邻交叉口间的行驶时间等于信号周期时长整数倍，相邻交叉口可以组成中心同步式干线协调控制，以保证车辆连续通过相邻交叉口。

当相邻交叉口间距较短、主干道方向交通量很大、下游交叉口红灯排队车辆可能延伸至上游交叉口时，适宜将相邻交叉口组成起点同步式干线协调控制，以避免发生交叉口的交通拥堵。

2. 交互式干线协调控制

交互式干线协调控制是指两交叉口主干道放行方向的绿灯（或红灯）信号中心时刻点相差周期的一半的干线信号协调控制方式（中心交互）。当车辆在相邻交叉口间的行驶时间等于信号周期时长一半的奇数倍，相邻交叉口可以组成交互式干线协调控制，以保证车辆连续通过相邻交叉口。

3. 续进式干线协调控制

续进式干道协调控制是指根据干道上的行驶车速与交叉口之间的距离，确定合适的相位差，以协调干道上各交叉口主干道放行方向绿灯的启亮时刻，使得在上游交叉口绿灯启亮后驶出交叉口的车辆，以适当的车速行驶，可在下游交叉口绿灯期间到达。

8.5.3 截流控制

在高峰期，除短连接交叉口之外，许多非短连接路段也会出现过饱和现象甚至排队溢流的情况，此时应该以干线整体优化为目标进行关联协调控制，常采用截流协调控制。其核心思想是让车队通过交叉口时遇到红灯，通过对交通流时空分布进行调控，把交通量逐级分解到上游各个交叉口，以减缓交通流在下游的积累速度，达到缓解下游交通压力的目的。

具体方法如下所述。

1）根据实时动态检测数据，判定瓶颈交叉口的交通运行条件是否满足截流控制启动条件。若满足，则启动截流控制方案，执行步骤2；否则，执行原有信号控制方案。其中，启动条件为协调相位饱和度不小于0.9，且排队长度达到相邻交叉口路段长度的80%及以上。

2）通过截流控制范围确定方法，筛选出适于实施截流控制策略的交叉口，同时依据启动时机分析，确定截流控制启动时机。

3）进行信号控制参数优化，对公共周期、绿信比和相位差进行调整，如图8-7所示。

4）依据截流控制的具体实施方法，并结合原有信号控制方案，得到并执行基于截流控制的交通信号控制方案。

5）执行新控制策略方案后，利用动态检测数据对策略的结束条件进行判定，若满足结束条件，则结束截流控制；若不满足，继续执行基于截流控制的交通信号控制方案。具体如图8-8所示。

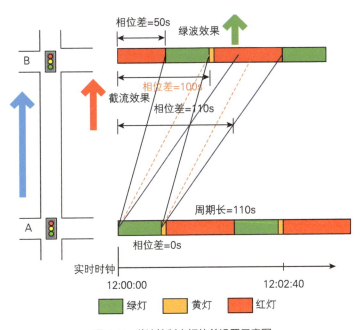

图 8-7 截流控制中相位差设置示意图

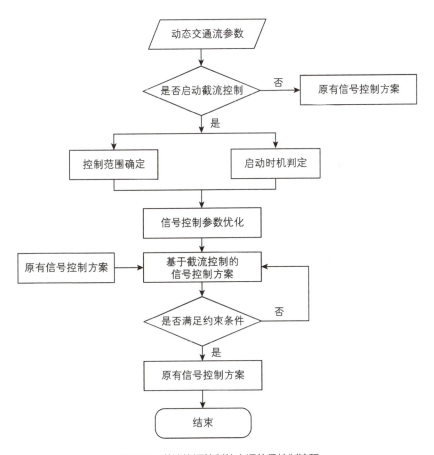

图 8-8 截流协调控制的交通信号控制流程

8.6 » 协调控制效果干扰因素

设计行程车速是进行干线协调控制尤其是绿波控制时的一个关键参量，仅当车辆的实际空间平均速度约等于设计行程车速时，干线协调控制效果才得以保证。然而，在进行干线协调信号方案配时设计的过程中，由于交通设施的干扰、交通流运行特性等因素的影响，导致协调车流行程速度偏离设计行程速度、协调方案运行效果较差，此时，需要对协调方案进行相应调整。

8.6.1 交通设施干扰

交通设施通过影响协调车流行程速度，对协调方案产生影响。当协调车流实际行程速度偏离其设计行程速度时，协调效果受到影响。当存在这类干扰时，应结合交通组织进行协同设计。来自交通设施的干扰主要包括：

1）公交站点的干扰。公交站点的设置会对协调车流产生一定的侧向干扰，如速度降低、延误增加等。当公交车流量较低时，影响程度较小；但是公交车流量较大时，该影响不可忽视，尤其是占用道路空间的路侧式公交站台。

2）人行横道（斑马线）的干扰。干线协调路段上人行横道的设置会对协调车流产生一定的横向干扰。当人行横道设置间距过短、设置数量过多时，会严重影响协调车流运行的连续性。当行人过街采用信号控制时，若其配时方案未结合干线协调方案协同设计，则会影响干线协调方案的运行效果。

3）路段出入口的干扰。干线协调路段上过多的沿线出入口会对协调车流产生一定的横向、侧向干扰，如协调车流速度降低、减速让行等。

8.6.2 交通流运行干扰

交通流运行特性对协调效果的影响是指协调车流、非协调车流本身的运行特性的产生干扰，如车型构成、交通需求波动、车队离散、转弯车流等。由于交通流运行特性产生的干扰包括：

1）车型构成的干扰。当协调车流内部存在不同车型时，不同车型的车辆在行驶速度上存在明显的差异。此时，可计算协调车流的最小速度和最大速度，以这些速度为依据确定设计协调速度，以保障不同车型均具有一定的协调效果。

2）交通需求波动的干扰。交通需求波动会影响交通流参数的变化，进而影响行程速度，因此在不同交通量时应采取不同设计协调速度。

3）车队离散的干扰。车队离散是指车队在行驶过程中头车与尾车之间的距离逐渐加大，该现象在长路段尤为严重，因此干线协调设计应尽量避免长路段。

4）初始排队的干扰。初始排队车辆因需要一定的时间清空，因此会对相位差产生一定的影响，在绿波协调设计时需要特别注意。

8.6.3 系统配置干扰

由于信号系统配置产生的干扰包括：

1）时钟同步干扰。时钟同步是保证定时干道信号协调控制方案取得预期协调控制效果的前提条件。实现时钟同步的主要手段有：信号机通信校时、GPS时钟、同步电动机、电源频率、时基协调器等。

2）方案过渡干扰。对于一个多时段干线信号协调控制系统，不同时段将执行不同的干线信号协调控制方案。在进行信号控制方案切换的过程中，需要遵循平滑过渡原则、快速过渡原则。为了避免干线信号协调控制方案切换对路网车流运行的连续性产生严重干扰，必须确保信号控制方案之间的平滑过渡。为了争取最佳的协调控制效果，应当尽快完成前后时段信号控制方案的切换。

8.7 》与交通组织协同设计

8.7.1 与沿线进出口车道协同设计

采用干线协调控制时，应综合考虑信号交叉口间距、各交叉口进出口车道数、交叉口交通流量流向分布等因素的影响，尽量实现各交叉口干线协调方向通行能力匹配，保证干线协调控制效果。

1）干线协调控制时，供绿波车流行驶的下游路段车道数应不少于上游路段。干线协调方向的连续车道应不少于两条，以满足正常行驶的车辆在绿波通行过程中超越慢行车辆的需求。在考虑交叉口渠化空间的情况下，干线协调方向进口车道可适当拓宽，以保证通行能力匹配。

2）若相邻交叉口之间的距离非常短，且相交道路上的交通量远小于主要干道方向上的交通量时，可以采用同步式的协调控制方式。

3）当干线控制的绿波车流为直行车流时，若左转交通量较大，在考虑道路空间渠化的条件下，应尽量设置左转专用道，以减少左转车流对直行车流的干扰；若左转交通量不大，且周围600m内有支路可供绕行时，则交叉口可采取禁左措施，同时对禁左交叉口周边道路的交通组织进行调整。

4）若干线协调控制的路段中含有公交车专用道或公交车流量较大时，应尽量设置港湾式公交停靠站。通常情况下，公交停靠站应设置在交叉口出口附近。

8.7.2　与路段过街行人控制协同设计

路段行人过街对干线协调控制方向的交通流有直接的影响。因此，需要对行人过街信号控制与人行横道设置进行整体考虑，降低过街行人对干线协调控制效果的影响。

1）干线协调控制路段上设置人行横道时，其间距应视道路两侧用地性质、行人过街需求和交叉口间距而定。对于商业区、居住区的集散道路，人行横道间隔 200m 为宜；对于主干道、过境公路，人行横道间隔可适当增大，一般为 300~500m；对于一般性道路，人行横道的间距控制在 200~300m 之内。

2）对于干线协调方向行人过街需求不大的路段，可设置无信号控制的人行横道，但应在充分考虑行人过街安全性前提下，谨慎设置。

3）采用信号控制的行人过街路段，应与相邻交叉口的信号相位相协调，尽量避免打断主线绿波车流，减少机动车在人行横道前的停车延误。若干线控制车流为直行车流，则路段行人过街相位可与支路相位同时段，并根据间隔距离确定相位差。若相邻交叉口采用感应控制，则需要将路段行人信号机与交叉口信号机进行联网和协调控制。

8.7.3　与沿线出入口交通组织协同设计

对于干线协调控制路段，沿线出入口的进出车辆会不同程度地干扰绿波车流，进而影响干线协调控制效果。因此，应对干线协调控制方案与出入口交通组织进行协同设计，以降低沿线出入口对干线协调控制的影响。

1）为减少干道沿线出入口车辆对干道交通流的影响，沿线车辆尽量采用"右进右出"的方式，并可设置实线、隔离护栏等交通设施。若干道有非机动车隔离带，则隔离带应连续设置，开口处渠化出空间供出入口车辆行驶；若干道无非机动车隔离带，则可通过交通标志、标线、隔离护栏等设施，规范出入口车辆行驶轨迹。

2）当干道的交通流量较低且出入口的车流量不大时，出入口的转向车辆可采用无信号控制。在不影响干线车流通行的情况下，可以直接转弯汇入干道。应在出入口的合理位置施画标线，设置让行标志牌等设施。

3）当干道沿线的几个出入口交通量较小且相距较近，且非机动车道宽度不小于 3m 时，可以使用联合出入口交通控制，采用右进右出的交通组织方式。通过渠化隔离带设置加减速车道和出入口，尽量减少对干道交通的影响（图8-9）。

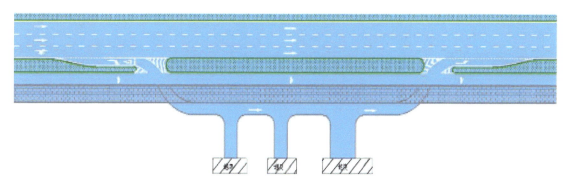

图8-9 联合出入口交通组织措施

4）若出入口的交通量较大，且难以设置渠化隔离带组织出入口车辆右进右出时，可对出入口的车辆进行信号控制，出入口的信号机与相邻交叉口的信号机联网并进行协调控制，在不干扰主线交通流运行的情况下，放行出入口车辆。

5）若道路实行单向交通或特殊交通组织情况下，车辆需要左转进出干线时，当干线控制的绿波车流为直行车流时，若左转交通量较大，可以通过网络交通组织方法，使车辆通过绕行方式，变左转为右转进出干线。适合沿线交叉口间距较小（一般不大于300m）的情况。对于某些特殊车辆（例如医院救护车、消防车等）的进出交通，允许车辆直接左转进出，但须进行优化设计。可以通过压缩车道或利用中央分隔带的宽度设置待行区，必要时可在出入口辅以感应信号控制，确保其交通安全和通行效率。

8.8 其他协调控制设计

8.8.1 干线感应协调

由于交通需求的波动性和随机性，可结合交通检测器数据对干线协调信号方案进行实时调整，执行感应式协调控制。实现感应控制主要有两种手段：

1）在干道上设置车辆感应器，监测交通流的变化，以这些测量值为基准，从预先设定的配时方案中，选择合适的控制程序。

2）实时计算最佳控制参数并据此形成控制方案。

8.8.2 干线自适应协调

干线自适应协调控制能够连续测量交通系统状态，逐渐了解和掌握对象，保证控制效果达到最优。其中，可实时检测的交通参数主要包括：交通流量、占有率、速度、交通密度、延误、饱和度、排队长度等。自适应协调控制方法如下：

1）以绿波协调控制等方案作为基础方案，利用实时检测的交通数据，实时优化交叉口的周期、绿灯时间、相位差，以实现多交叉口系统优化。

2）通过优化信号配时与协调控制方案，调整车辆在各交叉口的运行状态，如车辆的停车等待时间、车辆的停车概率等，实现对流量与流速的控制，提高单交叉口和干线的通行效率。

8.8.3 短连线清空协调

短连接交叉口是指间距短且交通关联性强的交叉口，通常取 100~200m 的距离。在高峰期，由于短连接路段上的排队车辆无法在绿灯期间清空，且经常延伸至上游交叉口形成排队溢出，最终可能导致其上游交叉口发生死锁甚至引起路网的局部拥堵。因此，需要对短连接路段进行特殊协调控制设计，以提高短连线交叉口的通行能力并清空路段滞留车辆。具体方法如下：

1）仅考虑单向清空的情况下，相位差应根据排队车辆驶出与上游交叉口车辆到达情况进行设置，使上游到达的车辆尽量多地通过下游交叉口。

2）在路段双向清空的情况下，由于随着排队车辆的增加，相位差取值减小，故双向路段清空可分别计算优化的相位差，取两者的较小值。

第 9 章 非机动车和行人过街控制

Chapter Nine

非机动车和行人是城市道路交通的重要参与者，与机动车相比，非机动车和行人是道路交通参与者中的弱势群体，较容易受到伤害。因此，在道路交通信号控制中，应首先考虑非机动车和行人的过街需求，通过采取相应的控制措施，规范非机动车和行人过街行为，改善过街交通环境，保障非机动车和行人交通安全。

9.1 设计流程

9.1.1 非机动车过街控制

首先，确定左转非机动车控制方式。对于交叉口非机动车来说，左转非机动车是非机动车控制的重点。根据交叉口所处位置、大小、交叉口各个流向的机动车和非机动车交通量，确定交叉口非机动车过街的控制方式，即确定非机动车过街采用一次过街模式还是二次过街模式。

其次，确定相位相序。根据非机动车流量确定是否设置非机动车专用相位，若无需设置专用相位，则设置为跟随机动车相位通行的方式；根据交叉口信号灯设置的实际情况，进行信号控制的相序设计。

最后，确定绿灯时间。若设置非机动车过街专用相位，则需根据机动车、非机动车流量和流向确定专用相位时间；若无专用相位，则需确定一次过街非机动车最短绿灯时间。绿灯时间的确定需与过街设施的一体化设计同步进行。非机动车过街控制主要流程如图 9-1 所示。

9.1.2 行人过街控制

对于行人过街控制的设置，主要依据过街设施所在的位置、道路横断面物理形式及对应车流量、人流量等参数进行设置。

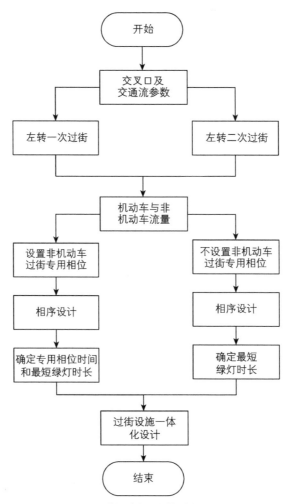

图 9-1 非机动车过街控制主要流程

首先,根据行人过街设施所在位置(路段或交叉口),考虑其横断面物理形式(道路宽度及有无中央分隔带),从而选取对应的过街控制方式。在路幅较宽、路段上下游交叉口间距较大等情况下,设置行人过街信号控制方式;对于路幅较宽,同时有中央分隔带的,设置行人二次过街控制方式。

其次,依据行人过街设施处对应的车流量、人流量,权衡各控制方式的利弊,选取适当的控制方式,以达到系统最优。路段行人信号控制依据流量分别选取固定式、感应式、协调式控制方式;交叉口处行人信号控制依据计算后的行人、机动车相位绿灯时长的关系进行设置;对于人流量较大的特殊交叉口,可设置行人专用相位控制。

最后,依据国家现行设计规范,进行具体的平面或立体过街设施设计(天桥或地道),协调其与道路其他设施(公交站台等)的关系。

行人过街信号控制主要流程如图 9-2 所示。

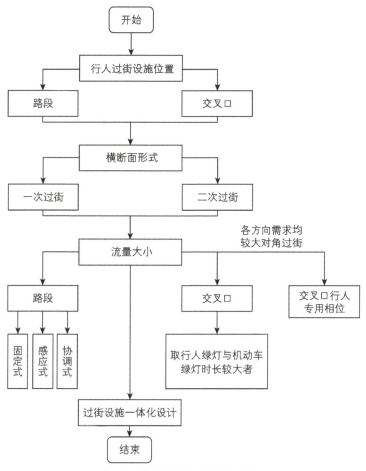

图 9-2 行人过街信号控制主要流程

9.2 非机动车过街控制

对于非机动车过街控制，主要从非机动车过街方式及相位相序、过街绿灯时间确定和非机动车与过街设施协同设计三个方面进行阐述。

9.2.1 非机动车过街方式及相位相序

对于直行非机动车而言，当交叉口设置有非机动车信号灯时，按照非机动车信号灯通行，非机动车直行信号一般设置成与机动车直行信号一致。因此，对于交叉口非机动车来说，左转非机动车是非机动车控制的重点。

非机动车过街相位相序设计主要分为：跟随机动车相位通行方式和非机动车专用过街相位通行方式两种。其中，跟随机动车相位通行时，可根据左转非机动车过街形式，分为左转一次过街和左转二次过街。

以上为非机动车常规过街方式，当交叉口机动车过街方式属于非常规方式时，比如交叉口机动车设置为单口轮放时，为减少非机动车对机动车的干扰，左转非机动车必须进行二次过街，此时非机动车过街方式及相位相序跟行人过街相同。另外，若对非机动车绿灯信号实施"早启"，左转非机动车可利用提前的时间通过交叉口，减少与直行机动车车流的冲突。

1. 跟随机动车相位通行

非机动车跟随机动车相位通行的控制方式是目前我国城市交叉口广泛采用的信号控制形式。我国城市道路现行信号控制交叉口，非机动车一般跟随相应的机动车信号灯通行；对于设置有非机动车专用信号的交叉口，非机动车按照专用信号灯指示通行。以下根据非机动车过街方式，分别说明非机动车通行相位的设置方法。

（1）左转非机动车一次过街

左转非机动车一次过街模式亦称为机动车和非机动车一体化过街模式。该过街模式下，交叉口左转非机动车与机动车以相同方式过街，这种模式比较符合交通参与者的习惯，如图9-3所示。

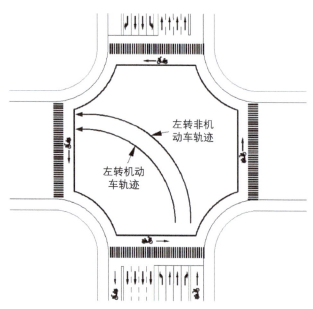

图9-3 机动车和非机动车一体化模式

左转非机动车在一次过街过程中，可分以下几种情形：

- 两相位放行

该情况下，机动车的直行、右转和左转车辆同时放行，并伴随放行同方向非机动车的直行、左转和右转车辆。如图 9-4 所示，机动车与非机动车同时放行，非机动车必须寻找机动车行车间隙进行过街。该方式主要适用于机动车流量较少、尺寸较小的交叉口。

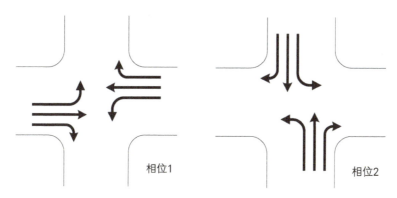

图 9-4　两相位非机动车一次过街相位设置

- **多相位放行**

此时交叉口放行相位一般为四相位，非机动车通行相位相序与机动车通行相位相序相同，避免了机动车与非机动车的交织。

（2）左转非机动车二次过街

非机动车二次过街模式亦称为非机动车和行人一体化过街模式。所有左转非机动车均通过两次直行完成左转过街，此时所有非机动车与行人过街类似，如图 9-5 所示。该放行方式条件下，必须设置非机动车信号灯。一般在横向道路非机动车进口车道前设置左转非机动车候车区，绿灯启亮后左转非机动车随直行非机动车运行至前方左转候车区内，待另一方向的绿灯启亮时再前进，即变左转为两次直行，减少交叉口内部的机非干扰。

图 9-5　非机动车二次过街示意

2. 非机动车过街专用相位

交叉口设置有"非机动车+行人"专用过街相位能够增加非机动车和行人的过街时间。"非机动车+行人"专用相位放行时，所有进口车道机动车禁止通行，待直行的非机动车以及所有方向的行人同时通行。"非机动车+行人"专用相位能够减少非机动车和行人在交叉口过街过程中与机动车的冲突，确保非机动车和行人的通行权。

（1）两相位信号控制交叉口

对于两相位放行（直行和左转机动车同时放行）的交叉口，由于左转非机动车与机动车冲突较为严重，在相位设置上有两种方式。一种为机动车放行时，非机动车和行人禁止通行，即交叉口4个进口的"行人+非机动车"在1个独立的相位同时通行，机动车全部禁行；反之，机动车通行时，所有流向"行人+非机动车"禁行。相位设置如图9-6a所示。

另外一种，即机动车放行时允许非机动车和行人通行。机动车绿灯时间内允许行人和非机动车通过交叉口，相位设置如下图9-6b所示。确保绿灯初期到达的行人和非机动车能一次性通过交叉口。

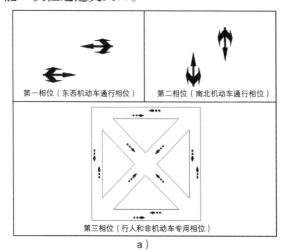
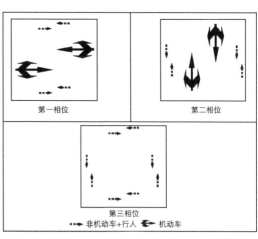

图9-6　行人+非机动车专用相位的交叉口典型相位设置

根据已有研究成果，在两相位信号交叉口设置"非机动车+行人"专用相位时需满足的条件如图9-7所示。其中，ΔC 为设置专用相位前后的交叉口机动车总通行能力差值；Δd 为设置专用相位前后的"行人+非机动车"人均延误差值。

即当两个条件均满足时，宜设置"行人+非机动车"专用相位；当两个条件均不满足时，不宜设置"行人+非机动车"专用相位；当只有其中一个条件满足，而另一个条件不满足时，则需综合考虑其他影响因素（如非机动车安全性、交叉口冲突点数量）来决定是否设置专用相位。

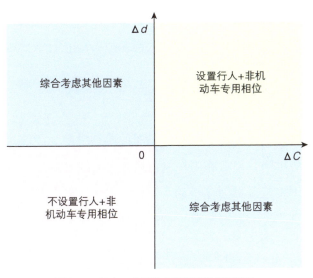

图 9-7 行人 + 非机动车专用相位设置条件

（2）典型四相位信号控制交叉口

典型四相位信号控制交叉口，在设置"非机动车 + 行人"过街专用相位时，一般为了增加非机动车和行人过街次数，也同时允许在机动车绿灯时间内同相位的非机动车穿越交叉口。典型十字交叉口"非机动车 + 行人"专用相位设置方式分别如图 9-8 所示。

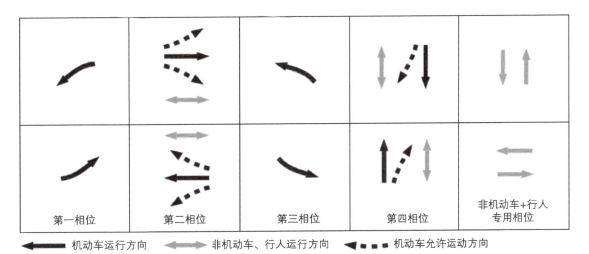

图 9-8 典型十字交叉口非机动车 + 行人专用相位设置

9.2.2 过街绿灯时间确定

1. 非机动车最短绿灯时长

在非机动车跟随机动车相位模式下，若左转非机动车采用一次过街形式，左转非机动车过街时间根据左转机动车时间进行确定，而直行非机动车过街时间与直行机动车过街时间同长；若左转非机动车采用二次过街形式，该模式下所有非机动车过街形式与行人过街形式相同，因而非机动车一般与同方向的行人同时放行，直行最小绿灯时间主要保证行人过街。

2. 专用相位绿灯时间确定

非机动车专用相位的设置必定会延长机动车的等待时间，导致机动车延误增加。因此应合理优化各相位绿灯时间，使各相位根据需求来分配绿灯时间。

非机动车过街专用相位要考虑非机动车的过街需求。对于非机动车而言，绿灯时间应满足非机动车通过各方向过街最大距离（包括允许对角通行条件下的对角距离），即：

$$t \geqslant \frac{s'_{max}}{v_f} \qquad (9-1)$$

式中　t——专用相位绿灯时间；

　　　s'_{max}——非机动车通过各方向最大通行距离；

　　　v_f——非机动车平均速度。

9.2.3　与过街设施协同设计

1. 一体化设计基本原则

根据非机动车交通的特性和交叉口混合交通流的特殊条件，非机动车在交叉口的交通管理原则是：

1）非机动车交通应该与机动车交通进行空间和时间分离，如果没有条件分离，也必须给出适当的空间，让非机动车与机动车分道行驶。

2）应采取措施使非机动车以较低的速度有序地进入交叉口。

3）应尽量使非机动车处于危险状态的时间减小到最少。

4）如果空间允许，对非机动车排队等候的地方应该提供实物隔离的措施。

5）为了简化驾驶人在交叉口的思考、观察、判断以及采取措施的过程，非机动车交通与机动车交通的冲突点应该尽量远离机动车交通之间的冲突点。

6）当非机动车与机动车在交叉口等待绿灯或通过交叉口时，应该保证满足视距要求，特别是当非机动车通过交叉口时，应尽可能使机动车驾驶人知道非机动车的行驶路线与方向。

7）当非机动车在交叉口排队等待时，应提供相应的安全停车位置。

2. 过街设施渠化设计方法

为充分利用交叉口的时间和空间资源，提高交叉口通行能力，基于非机动车交通的基本特性和非机动车在道路交叉口的交通管理原则，对过街设施进行渠化设计。

（1）设有渠化岛的交叉口非机动车过街设计

设置有渠化岛的交叉口，左转非机动车可采用二次过街（进入渠化岛）和一次过街（不进入渠化岛）等形式。

- 非机动车进入渠化岛

非机动车进入渠化岛的方式，适用于交叉口渠化岛面积足够大，能够容纳非机动车在岛上停车等候的交叉口，左转非机动车采用二次过街方式，如图9-9a所示。需要指出的是，在实际交叉口通行过程中，多数左转非机动车仍采用跟随本方向左转机动车通行的方式进行过街。

- 非机动车不进入渠化岛

非机动车不进入渠化岛的方式，适用于非机动车流量较大，特别是电动自行车较多时，渠化岛空间不足以容纳所有非机动车的情况，所有非机动车均在岛外停车等候，此时左转非机动车一般采用一次过街，如图9-9b所示。

a）非机动车进入渠化岛后通行　　　　b）非机动车不进入渠化岛

图9-9　有渠化岛的交叉口非机动车过街设计

（2）非机动车分车道通行

为规范交叉口非机动车通行秩序，可在非机动车道施划非机动车导向车道，规范不同行驶方向的非机动车通行秩序，如图9-10所示。

（3）停止线提前

根据非机动车起动快、骑车人急于通过交叉口的特点，可将非机动车停止线提前于机动车停止线。红灯期间非机动车在机动车前方待行；当绿灯启亮时，非机动车先驶入交叉口，可避免非机动车车流同机动车同时过街，相互拥挤与干扰。两条停止线之间的距离由非机动车交通量大小，以及交叉口的几何尺寸决定。

图 9-10　非机动车分车道行驶

这种设计方法可在一定程度上避免绿灯初期驶出停止线的非机动车与机动车之间产生较大的冲突与干扰，利于提高交叉口的通行能力和运行秩序。该方法适用于进口车道数为 1~2 车道、机动车为两相位控制的小型交叉口，或是单口轮流放行的交叉口。这一方法对于提高交叉口的通行能力与交通安全都是有利的，也适合左转弯非机动车流量很大的情况。但是，只有对非机动车驾驶人加强管理与教育，使非机动车做到合理停车，才能发挥其作用。

把非机动车停止线提前的交叉口设计有两种形式，如图 9-11 和图 9-12 所示。

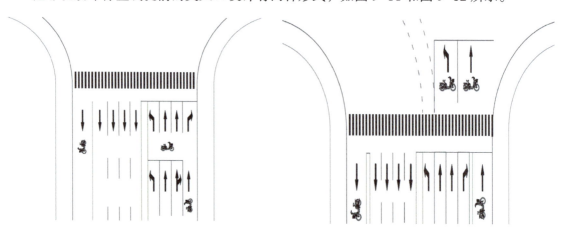

图 9-11　非机动车停止线提前法示意图一　　　图 9-12　非机动车停止线提前法示意图二

（4）附属设施设计

为了提高非机动车停车等待的舒适度，可设置非机动车等候区遮阳棚，如图 9-13 所示。遮阳棚一方面可以规范非机动车停车等候行为，减少非机动车越线停车，另外对减少非机动车闯红灯也有一定效果。

图 9-13　非机动车等候区遮阳棚

3. 冲突分离对策和方法

（1）直行绿灯期间禁止机动车右转

在早高峰和晚高峰时，非机动车流量都很大的交叉口，当机动车右转车流量较大时，右转机动车与非机动车交织严重，容易导致非机动车过街困难，从而引起交通拥挤。此时，可通过信号灯控制，机动车直行期间禁止机动车右转，从而消除高峰期间机动车与非机动车的干扰，提高交叉口通行能力。

（2）对右转机动车实行迟启控制

如果在非机动车通行的绿灯时间内，完全禁止右转机动车的通行，会导致右转车延误增加，对于右转车流量较大的交叉口会引起新的交通拥挤。非机动车在绿灯初期、中期和末期的运行特征表明，直行和左转的非机动车在绿灯中后期的密度明显比初期低，因此，可以设置右转机动车相对于冲突流向的非机动车迟启，非机动车主车流通过交叉口后，后续非机动车与右转机动车自组织穿插通行。

（3）非机动车信号的早启早断

考虑到非机动车起动快而且总是成群地通过交叉口的特点，针对机动车与非机动车的停止线在同一位置上的情形，设置非机动车专用信号灯，使其绿灯先亮，让非机动车群先进入交叉口，然后再启亮机动车绿灯信号灯，让机动车在非机动车之后通过交叉口。前后两次绿灯时间一般可相差 3~8s，具体时长可根据交叉口的交通量大小与交叉口几何尺寸而定。在绿灯尾期，为避免非机动车对下一相位机动车的影响，对非机动车信号相对于同向的机动车信号实施早断控制。非机动车信号早启早断能够一定程度上缓和交叉口内交通流交织的情况。

（4）其他方法

除了上述方法以外，还可以采取以下的一些具体措施：

1）设置立体交叉，分离交通流。

2）根据交叉口的类型和各种车流流量的大小，禁止非机动车左转或采用非机动车二次过街；在学校周边交叉口，接送学生期间，也可以考虑禁止机动车左转或右转。

9.3 行人过街控制

9.3.1 设置条件

按国家现行设计规范 GB 14886-2016《道路交通信号灯设置与安装规范》，符合下列条件之一的交叉口和路段人行横道处应设置行人过街信号控制。

1. 交叉口设置条件

1）在采用信号控制的交叉口，已施划人行横道标线的，应设置人行横道信号灯。

2）行人与车辆交通流通行权冲突，可设置人行横道信号灯。

2. 路段设置条件

在已施划人行横道的路段，符合下列条件之一时，应设置人行横道信号灯。

1）路段机动车和行人高峰小时流量超过表 9-1 所规定数值时，应设置人行横道信号灯和相应的机动车信号灯。

表 9-1 路段机动车和行人高峰小时流量

路段双向车道数/条	路段机动车高峰小时流量/（pcu/h）	行人高峰小时流量/（人次/h）
< 3	600	460
	750	390
	1050	300
≥ 3	750	500
	900	440
	1250	320

2）路段任意连续 8h 的机动车和行人平均小时流量超过表 9-2 所规定数值时，应设置人行横道信号灯和相应的机动车信号灯。

表 9-2　路段任意连续 8h 机动车和行人平均小时流量

路段双向车道数 / 条	任意连续 8h 机动车平均小时流量 /（pcu/h）	任意连续 8h 的行人平均小时流量 /（人次 /h）
< 3	520	45
	270	90
≥ 3	670	45
	370	90

路段交通事故符合下列条件之一时，应设置人行横道信号灯和相应的机动车信号灯：

1）3 年内平均每年发生 5 次以上交通事故，从事故原因分析通过设置信号灯可避免发生事故的路段。

2）3 年内平均每年发生 1 次以上死亡交通事故的路段。

不满足以上所述条件的路段或交叉口，可依据实际情况设置行人过街无信号控制。

3. 过街控制形式

交叉口和路段行人过街信号控制根据道路横断面形式可分为行人一次过街控制和行人二次过街控制。

依据行业标准 GA/T 851-2009《人行横道信号灯设置规范》，符合下列条件之一的交叉口和路段人行横道，应设置行人二次过街信号灯：

1）具有中心隔离带（含立交桥下）的路段人行横道，隔离带宽度大于 1.5m 的，应在隔离带上增设人行横道信号灯。

2）人行横道长度达到或大于 16m，应在道路中央增设人行横道信号灯，人行横道长度小于 16m 时可视情况设置。

不满足上述条件的情况设置行人一次过街控制，超出范围的情况可设置立体过街设施。

9.3.2　交叉口行人过街

1. 信号控制一般要求

交叉口行人信号一次过街方式一般与同方向直行机动车相同相位，因此，相位最短绿灯时间应满足行人过街需求。信号相位应尽量将行人流与机动车流分开，以免发生冲突。

交叉口行人一次过街信号控制相位设置的总体原则为：

1）有方向指示信号灯的交叉口，不允许机动车信号与行人信号冲突。

2）有方向指示信号灯的交叉口，人行横道绿灯相位和与之相冲突的机动车绿灯相位间应设置足够的清空时间，清空时间应根据交叉口的空间范围确定。

3）无方向指示信号灯的交叉口，人行横道信号灯相位设置应与同方向机动车信号灯相位一致。

4）无方向指示信号灯的交叉口，人行横道信号灯的绿灯可比同方向的机动车绿灯早启。

5）在过街行人较多的信号控制交叉口，一般应设置右转方向指示信号灯，对右转机动车进行控制，减少右转机动车与过街行人之间的交织冲突。

2. 行人二次过街信号控制

行人二次过街方式是在人行横道上设置行人安全岛，把人行横道分为两部分，使行人可以分两次来完成过街的一种通行方式。行人二次过街方式能够实现在不干扰或少干扰车流的前提下，减少行人过街等待时间，同时也能减少行人绿灯时间，缩短信号控制周期。具体如图9-14所示。

图9-14 交叉口行人二次过街信号控制

交叉口行人二次过街信号控制常见的控制方式有单侧独立控制和协调控制。

（1）单侧独立设置

对于行人过街需求较大的二次过街交叉口，宜采用单侧独立设置的行人二次过街控制。

行人二次过街采用单侧独立控制时，人行横道一侧以及与其对应的安全岛一侧行人信号灯始终具有相同的灯色显示，而不同侧之间可能具有不同的灯色显示，如图9-15所示，A与B，C与D始终具有相同的灯色。

单侧人行信号灯显示为绿灯时，行人可通过单侧人行过街横道。到达安全岛的行人，当另一侧人行信号灯为绿色时，可继续通过人行横道；当另一侧人行信号灯为红色时，行人在安全岛驻足等待。

单侧独立控制能够跟随直行和左转机动车的绿灯时间放行行人，行人绿灯显示时间大大高于其他控制方式，能够在更长的时段内允许更多的行人通过交叉口，适用于过街行人量较大的地点，其中央驻足区应能够提供较多的行人等待面积，中央驻足区较小的交叉口不宜采用。

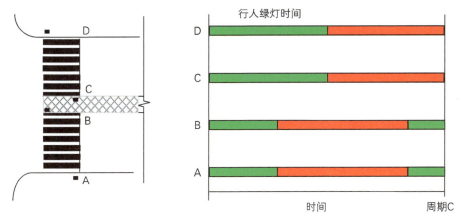

图 9-15　单侧独立二次过街控制

采用单侧独立控制时，如果两段人行横道的绿灯存在时间差，使较多行人在中央安全岛上等待，可通过以下措施进行改善：

1）通过压缩机动车道或者增加横道宽度的方法，扩大等待区域的面积。

2）在有行人流交叉过街的情况下，设置一些障碍分流引导行人。

（2）协调设置

对于路幅较宽且道路中央分隔带面积较小的交叉口，宜采用"协调二次过街"的控制方式，以确保进入交叉口的行人能够在一个周期内完成过街，减少中央驻足区等待的人数。

采用"协调二次过街"控制时，人行横道两端以及安全岛上的行人信号灯具有不同的灯色显示，如图9-16所示。该控制方式将同向机动车直行相位分割为两个阶段，第一个阶段仅允许行人穿越前半路幅至中央分隔带，第二阶段仅允许中央分隔带等待行人穿越剩余路幅至道路对侧。

"协调二次过街"控制通过缩短安全岛上的行人绿灯显示时间，减少人行横道两端的进入行人量，从而减少安全岛上驻足等待的行人量。适用于过街行人量不大、安全岛面积较小的地点。但是，当安全岛上的行人灯色为红灯、人行横道两端的行人灯色为绿灯时，人行横道两端的部分行人看到对向行人通行，会下意识地进入人行横道；同时，部分驾驶人看到人行横道两端的行人灯色为红灯时，也会下意识地起动车辆，存在一定的安全隐患。

"协调二次过街"控制方式下，凡进入安全岛的行人基本可在行人绿灯时间和清空时间内完成后半段过街，所需安全岛面积很小，安全岛设置满足最小宽度要求即可。

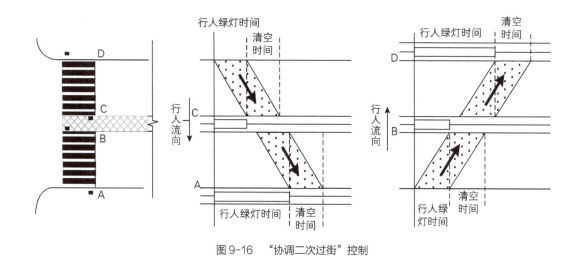

图 9-16 "协调二次过街"控制

3. 行人专用相位控制

行人专用相位一般设置在各方向行人过街需求均较大的商业街或休闲街道交叉口,采用对角过街时,必须设置行人全绿灯相位。

当所有机动车信号显示红灯时,所有人行横道都显示绿灯放行。设置行人专用相位意味着行人全绿时,机动车全红,可以消除转弯车辆对过街行人的影响。

当交叉口较小,对角线方向过街行人流量比较大时,可以设置十字交叉式人行横道,这时需要设置专用行人过街信号灯,如图 9-17 所示。

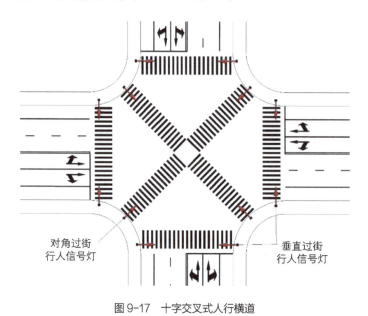

图 9-17 十字交叉式人行横道

由于给定的周期时间长度或绿波要求等约束条件的限制,设置行人专用相位可能会对机动车流产生不利影响或妨碍其正常运行。在机动车交通需求较大或设置公交优先信号的交叉口，考虑设置行人专用相位会增大信号控制延误，因此不建议设置允许行人对角线过街，或者四个进口在一个相位里同时放行的行人专用相位形式。

9.3.3 路段行人过街

1. 行人一次过街信号控制

路段行人一次过街信号控制分为固定式和可变式两种信号控制方式，其中，固定式信号控制又细分为单点固定信号控制与协调式信号控制。路段行人过街如图 9-18 所示。

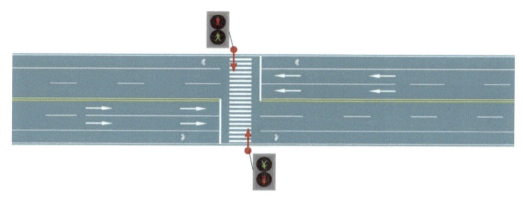

图 9-18 路段行人过街示意

（1）单点固定式信号控制

对于机动车流量、行人过街需求量较小的路段行人过街处，可选择单点固定信号控制方式。单点固定信号控制方式是设置固定的行人信号相位、周期时长等。该控制方式控制策略简单，设备成本低，可以有效地保障行人过街的安全，但是对于机动车流的干扰大，在没有行人过街需求的时段里，会造成行人绿灯时间的浪费。

固定式信号控制包括行人过街红灯和行人过街绿灯两个相位。行人过街红灯相位时，行人禁止穿越道路，机动车正常通行。行人绿灯相位包含持续绿灯和绿闪两种显示形式，行人可以穿越人行横道，所有机动车停止通行。

（2）协调式信号控制

对于采取上下游信号协调控制的主、次干道上的路段行人过街处，宜设置协调式信号控制方式。

协调式信号控制由路段上游交叉口信号控制策略决定。当放行车辆离开交叉口至进入路段起，考虑交叉口至人行横道所需的行驶时间，进而由此确定行人全绿相位的开始时间。上游交叉口协调相位红灯时长，即为行人相位可允许的绿灯时长。可变式信号控制宜设置在人流量与机动车流量较大的路段，由于车辆之间的可供穿越间隙较少，因此，采用与上下游交叉口信号协调控制模式更有利于降低信号控制引起的系统延误。

（3）按钮式过街控制

对于机动车流量偏大，行人过街需求量较小且离散性较大的路段行人过街处，宜设置按钮式信号控制方式。

按钮式行人过街信号控制条件下，根据控制需求不同，控制方案设置主要有两种方式：

一种是当无行人请求时，一直保持机动车绿灯通行或黄闪，当行人按钮触发时，经过适当时间插入行人过街相位。行人按钮触发后至人行横道信号灯启亮之间的时间，宜根据实际情况进行设置。行人过街相位的绿灯时间可根据具体情况进行设置，但应满足行人过街需求，特别是在老人和儿童过街需求量较大的路段，应增大行人过街绿灯时间。

另外一种控制方案是，设置机动车相位最大绿灯放行时间，当机动车放行时间达到最大绿灯时间时，即使没有触发行人按钮，也会运行行人过街相位；若在机动车绿灯期间触发行人按钮，则根据上周期行人相位绿灯结束时间、机动车车流运行情况等因素，插入或延时插入行人过街相位。

2. 行人二次过街信号控制

路段行人二次过街信号控制与交叉口行人二次过街原理相同，见9.3.2小节，路段二次过街多采用"Z"字形过街形式，如图9-19所示。

图9-19　"Z"字形过街形式

9.3.4　行人相位时间设置

人行横道信号灯显示分红、绿两种颜色，其中绿色包含持续绿色和绿灯闪烁，绿灯闪烁表示绿灯即将结束。交叉口与路段的人行横道信号设置方法一致。设计的总体原则是：

绿灯总时长应保证该时段红灯期间等待过街的行人安全过街所需的时间。

行人过街所需的绿灯时间，根据过街距离、行人步速、行人流量等因素进行综合确定。行人步速通常可取 1~1.2m/s，中小学、医院等老人、小孩等集中区域附近，可适当降低。

需要注意的是，通过计算得到的绿灯时间是行人正常通行所需的最小绿灯时间，在信号控制的设计过程中必须予以满足。

9.3.5 与过街设施协调设计

路段平面过街设施附近设置公交停靠站时，公交车站宜设置成背向错开形式，人行过街横道应靠近停靠站，如图 9-20 所示。

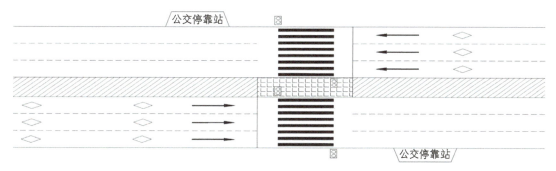

图 9-20 公交车站背向错开人行横道设置

当无信号控制的路段设置人行横道时，应在人行横道线前配合设置停止线和人行横道预告标识，并应配合设置人行横道标志，也可增设注意行人标志。

第 10 章　特殊场景信号控制
Chapter Ten

在交叉口信号控制过程中，为了适应交通流量的变化，提高交叉口的通行能力，提升交通信号控制效益，或为满足公交、有轨电车等特殊交通通行需求，往往需要采取与常规信号控制不同的特殊信号控制方式，如可变导向车道控制、公交优先控制、有轨电车优先控制、潮汐车道控制、匝道控制等。

10.1　可变导向车道通行控制

可变导向车道可依据不同时段车辆流量流向的不同特点，对流向进行灵活调控，变换交叉口进口车道的行驶方向。

10.1.1　实施基本条件

可变导向车道的实施需要在车道渠化、交通流特征等方面需要满足一定的条件，同时在相关配套设施等方面也需要有一定支撑，才能达到预期效果。

1. 道路条件

交叉口进口车道设置可变导向车道时，交叉口需同时满足以下道路条件：

1）进口车道数至少为 3 条及以上，且具备选择 1 条车道作为可变导向车道的条件。当设置可变导向车道时，其中 1 条车道的导向可变，因此当进口车道数少于 3 条时，不能实施可变车道控制。当进口车道为 3 条车道时，车道设置一般为 1 条左转、1 条可变车道、1 条直右车道。

2）导向车道及渐变段长度满足车辆排队需求，并满足驾驶人变换车道的空间。

3）同方向导向车道数不大于相应的出口车道数。导向车道为直行时，直行车道数不大于相应的出口车道数；导向车道切换为左转时，左转车道数不大于相应的出口车道数。

2. 交通流条件

一般来说，满足下列条件之一者，可考虑设置可变导向车道：

1）某一导向方向时段性流量显著变化，且直行和转向交通流呈现一定的互补性。不同时段交通流量变化显著，在某些时段直行车流显著多于左转车流；而在另外一些时段，左转车流又会明显增多，直行车流相应减少。不同时段，直行和左转车流的这种互补性，可以通过设置可变导向车道的途径加以改善。

2）某一导向方向车辆排队过长严重影响驾驶人变换车道和路段通行。如图10-1所示，左转排队过长导致直行车辆无法进入直行导向车道。

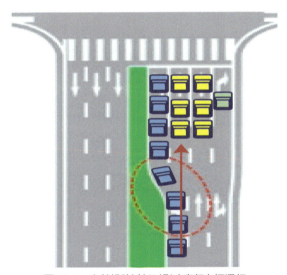

图10-1 左转排队过长时影响直行车辆通行

3）通过信号配时优化不能有效适应交通流量变化和改善车辆排队过长状况。当车辆排队较长，可通过信号配时优化的方式改善交叉口车辆通行；当采用信号配时优化，已不能对排队进行有效改善时，可通过设置可变导向车道的方式，改善交叉口交通运行条件。

3. 相位放行条件

在设置可变导向车道时，信号相位放行设置应满足以下要求：

1）交叉口进口车道方向必须具备可变车道两种变化方向分别对应的独立相位。

2）典型左转和直行可变的情况下，左转与直行相位必须分离，有左转专用车道及左转专用相位供左转车流行驶。

4. 配套设施

（1）信号灯

信号灯设计包括两种方式：

1）机动车信号灯（圆盘）+左转信号灯。不与车道对应，当车道转换，信号灯不需要切换。

2）进口的每条车道对应设置方向指示信号灯，可变车道对应的信号灯可自动根据车道功能的变化进行变化，当车道为直行时，信号灯为直行箭头灯；当车道为左转时，信号灯为左转箭头灯。

从应用效果来看，与车道对应的箭头信号灯更容易被理解和接受，但是箭头灯存在直行非机动车与右转机动车冲突的矛盾，需要妥善处理；机动车信号灯（圆盘）+左转信号灯更为规范，但不能很好指引驾驶人驶入可变车道，易引起进口车道混乱。

（2）标志标线

设置可变导向车道，交通标志标线的设置如图10-2所示。

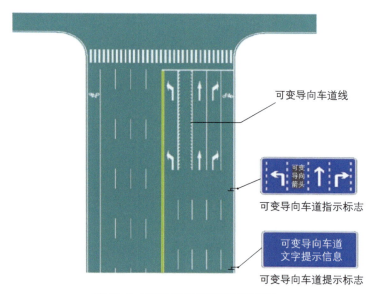

图10-2 可变导向车道标线及指示标志

在交叉口进口车道驶入段，应设置可变导向车道线，用于指示导向方向随需要可变的导向车道的位置，可变导向车道标线应符合国标 GB 5768.3-2009《道路交通标志和标线 第3部分：道路交通标线》的要求。

在进口车道渐变段与导向车道衔接处，应设置可变导向车道指示标志，可采用LED显示屏或机械翻板等形式，可变导向车道指示标志应与车道行驶方向标志颜色、规格协调一致，用于指示车道的行驶方向。

在进口车道渐变段起点以外、指路标志以内车道，宜设置提醒前方为可变导向车道的标志或路面文字标记，用于提醒、警示即将驶入交叉口的车辆。

可变导向车道停止线前方不应设置待行区。

10.1.2 切换模式确定

按照GA/T 527.5-2016《道路交通信号控制方式第5部分：可变导向车道通行控制规则》规定，可变导向车道控制模式分为定时切换模式和自适应切换模式。

1. 定时切换

定时切换模式，是按照预设方案，采用定时切换可变导向车道指示标志的方法，变换可变导向车道的导向方向。

在实际应用中，固定时段定向切换控制将不会受到交通流变化的影响，不需设置道路检测器，布设便捷、可靠性高，但其静态控制的工作原理导致其环境适应性较差，无法应对突发情况。

定时切换模式适用于以下情况：

1）进口车道出现方向性不均衡交通流的时段较为集中且流量相对稳定。

2）进口车道无法实时判别各车道的通行状态等特征。

3）采取人工或定制的特定控制方式，固定执行可变导向车道切换的通行方向，定时调整变换可变车道指示牌等。

4）交通信号控制机运行以执行多时段的固定配时方案为基础。

2. 自适应切换

自适应切换模式是根据进口车道流量流向变化情况，判别相应切换方向和顺序，自动变换可变导向车道的导向方向。

在实际应用中，自适应切换控制需要对其潜在放行流向的排队长度进行精确检测，因此需要布设较多的检测设备，适用于整体饱和度较高，且进口车道主流向不明的交叉口。

自适应切换控制模式适用于以下情况：

1）进口车道出现方向性不均衡交通流的持续时间长或覆盖全天。

2）预设可变导向车道方向的主次交通流向不明确，并且通行流量变化相对较大。

3）进口车道设置连续的交通流检测器，能够实时准确判别各车道的通行状态等特征。

4）根据进口车道交通流量流向变化，通过交通控制优化算法，实时识别主次交通流向和车道通行状态，判别切换方向和顺序等，进行自适应切换控制，并保证必要的持续运行时间。

5）信号控制技术产品支持同步动态调整可变车道指示牌、可变车道对应信号灯，保证顺序变换的车道清空间隔时间。

6）交通信号控制机支持感应或自适应控制方式，保证运行稳定性。

可变车道实施一次变换需要较长的时间。因此，对可变车道属性的变换需要克服局部扰动的影响，不能因为左转或者直行车流在短时间内出现流量增大而随意改变可变车道的属性。不同控制场景对应的可变车道信号控制切换模式如表10-1所示。

表10-1 不同控制场景对应的可变车道信号控制切换模式

序号	交叉口渠化情况	交通流特征	检测器设置	切换模式
1	场景1：进口车道向左拓宽	1. 出现方向性不均衡交通流的时段较为集中 2. 进口车道交通流量相对稳定 3. 进口车道无法实时判别各车道的通行状态等特征	不需要	定时切换
2		1. 出现方向性不均衡交通流的时段较为集中 2. 进口车道交通流量相对稳定 3. 进口车道无法实时判别各车道的通行状态等特征	不需要	定时切换
3	场景2：进口车道左右同时拓宽	1. 出现方向性不均衡交通流时段较为集中、持续时间长 2. 主要交通流向明确，但通行流量相对变化较大 3. 设置交通流检测器，能够实时判别各车道通行状态等特征	需要	自适应切换
4		1. 出现方向性不均衡交通流的时段较为集中 2. 进口车道交通流量相对稳定 3. 进口车道无法实时判别各车道的通行状态等特征	不需要	定时切换
5	场景3：进口车道未拓宽	1. 出现方向性不均衡交通流时段较为集中、持续时间长 2. 主次交通流向不明确，并且通行流量相对变化较大 3. 设置交通流检测器，能够实时判别各车道通行状态等特征	需要	自适应切换

10.1.3 控制方案设计

可变导向车道控制方案设计主要包括设计流程以及控制方案的参数确定，控制方案的参数主要包括：可变导向车道位置及形式、持续运行时间、方案切换信号显示设计等，如图 10-3 所示。

1. 设计流程

可变导向车道控制设计流程主要包括以下内容：

1）分析交叉口和拟实施可变导向车道进口车道的交通流量流向分布规律及变化特征。
2）选择进口车道的直行与转向或转向之间相互切换对象，确定可变导向车道位置。
3）确定实施可变导向车道控制的时段范围。
4）设计可变导向车道交通流检测器布设方式、采集指标与状态判别方法。
5）设计可变导向车道切换规则和切换模式。
6）设计交叉口信号控制相位相序、配时方案及控制运行计划。
7）拟定交通信号控制预期的排队状态、平均延误等效益指标，以及实施、评估、验证的方法。

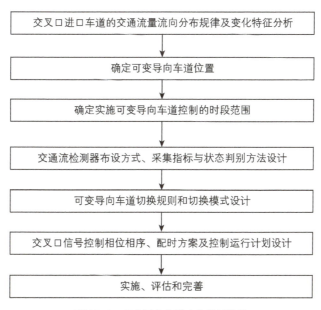

图 10-3 可变导向车道实施设计流程

2. 控制时段

信号控制时段划分需要对交叉口进行长时间的交通调查，准确掌握车流总量、流向、峰值等数据。典型划分方式见表 10-2 所示。

表 10-2 典型控制时段划分

序号	工作日时段	非工作日时段
1	夜间低峰	夜间低峰
2	早间过渡	早间过渡
3	早高峰	早平峰
4	上午平峰	上午高峰
5	午间过渡	午间过渡
6	下午平峰	下午平峰
7	晚高峰	晚高峰
8	晚平峰	晚平峰
9	晚间过渡	晚间过渡

根据划分所得到的信号控制时段，确定不同时段可变导向车道的具体方向。

3. 配时方案

（1）相位相序

信号控制方案一般包括相位、相序以及信号配时等。对于可变导向车道控制交叉口，相位相序一般与周边交叉口保持一致。典型十字交叉口四相位相序如图 10-4 所示。

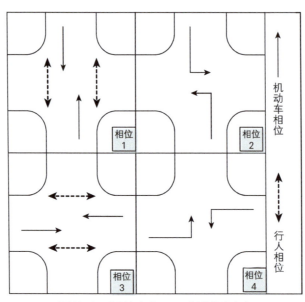

图 10-4 典型十字交叉口四相位相序方案

（2）信号配时

可变车道信号配时方案分为两大类，一类是可变车道实施前的基准信号配时方案设计；

另一类是在可变车道动态变化后相关绿信比、周期的重新计算调整。

1）基准信号配时方案设计。可变车道实施前的基准信号配时方案设计，与交叉口静态渠化时的信号配时方案设计步骤一致，均分为交通流量调查与分析、配时时段划分、相位方案设计、配时方案设计等步骤。

2）车道功能变化后的配时方案调整。当可变车道方向切换之后，进口车道导向车道的分布发生改变，相应的配时方案也应随之进行调整。新的配时方案可根据调整后进口车道导向车道及交通流量情况，对绿信比及具体配时方案进行调整。

4. 方案切换

（1）切换规则

可变导向车道的具体切换规则可根据定时切换模式和自适应切换模式分别进行确定。

定时切换：根据不同时段的交通流量流向特点，确定不同控制时段可变导向车道的方向。

自适应切换：根据道路检测器检测到的实时交通流量，在观察连续若干个周期（一般为两个周期以上）各车道的车流量的变化情况，来确定可变导向车道的方向。

（2）车道切换次序及时长

通过设置辅助标志"箭头闪烁、车道变换"，提示驾驶人即将进行导向车道放行切换。

1）直行切换为左转的过程。判断满足直行切换为左转的条件后，当左转绿灯信号即将亮起时，直行车道指示灯开始闪烁5~6s，然后切换为左转车道指示灯；但前面的信号灯依然为直行绿灯信号，然后切换为左转绿灯信号，紧接着放行左转排队车辆，如图10-5所示。

图10-5 直行切换左转示例

2）左转切换为直行的过程。在判断满足左转切换为直行的条件后，当直行绿灯信号即将亮起时，左转车道指示灯开始闪烁5~6s，然后切换为直行车道指示灯；但前面的信号灯依然为左转绿灯信号,然后切换为直行红灯信号,等直行绿灯启亮后放行直行排队车辆,如图10-6所示。

图10-6 左转切换直行示例

可变导向车道指示标志不宜频繁切换,应满足车辆变换车道需求和行车习惯。采用定时切换模式,持续时间不宜少于30min;采用自适应切换模式,持续时间不宜少于5个连续运行信号周期时长。

(3)可变车道专用信号灯切换

对于可变车道专用信号灯采用复合灯的形式,其由关灯向开灯状态转换时序不能包含黄闪和全红灯态。分析最常用四路交叉口四相位对称放行的情况下,可变车道变换时其信号灯的灯态转换过程。

假设可变车道位于南方向进口,当可变车道由直行变左转时,其灯态转换过程如图10-7所示。

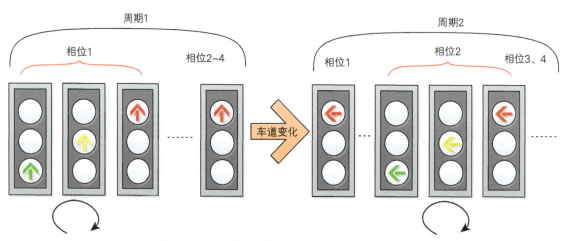

图10-7 可变车道专用信号灯变化流程图－直行变左转

当可变车道由左转变直行时，其灯态转换过程如图10-8所示。

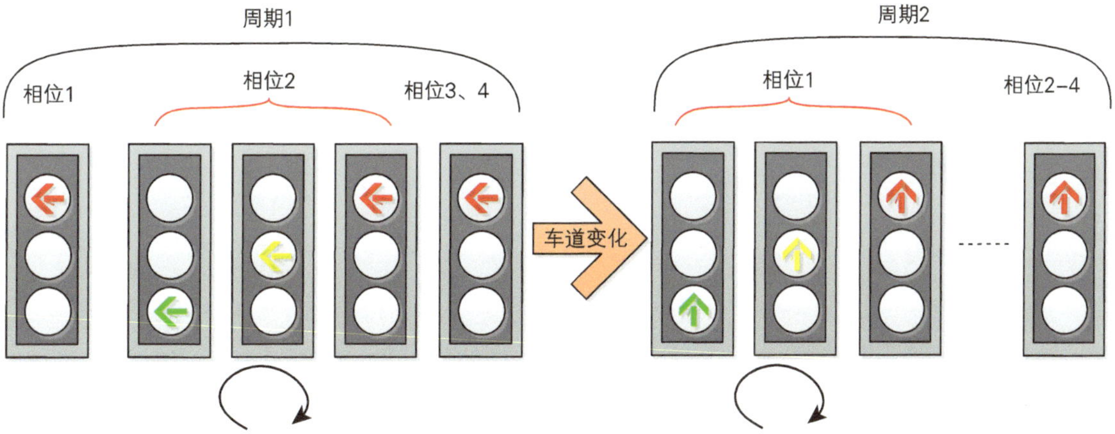

图10-8　可变车道专用信号灯变化流程图－左转变直行

5. 评估与优化

根据实施前后交通情况对实施效果进行评估，一般以排队长度作为主要评估指标。评估后根据优化的效果和存在的不足，以及新的交通流特征，对控制方案及信号配时进行优化调整。

10.2 潮汐车道通行控制

10.2.1 实施基本条件

1. 道路条件

实施潮汐车道的道路一般需要满足如下道路条件：

1）道路上机动车车道数为双向3车道以上。在交通流量较大的城市主干路上车道数通常在6条以上，至少为5条，即设置潮汐车道的路段上的非主要方向的车道数不宜小于2条，如图10-9a所示。

2）设置潮汐车道的路面上一般不存在中央分隔带或路面电车轨道。在道路形态已定且需求明确的情况下，若存在中央隔离带，可以根据实际情况进行论证符合条件后设置潮汐车道，如图10-9b所示。

3）在信号控制交叉口处，进口车道需增加车道数。

4）潮汐车道的开始与结束区应留有充足的过渡区和充分的交通处理能力。

a) b)

图 10-9 潮汐车道设置示例

2. 交通条件

实施潮汐车道的道路一般需要满足如下交通条件：

1）主要方向与次要方向交通出现时段性的流量显著性变化。

2）交通流的方向不均匀系数最低为 2/3。交通量大小与分布决定了潮汐车道的使用效率。通常情况下，两方向的交通量之比决定了潮汐车道的分配与长度设置。美国国道运输协会（AASHTO）建议：在高峰时期，当一方向的交通量占了路段断面交通量 65% 以上时，可采用潮汐车道的设置。

3）设置潮汐车道之后，主要方向和次要方向的道路通行能力能够基本满足交通需求。

10.2.2 切换控制规则

交叉口本身即是道路交通流实现合流、分流以及变换行驶方向的地方，因此冲突点很多。潮汐车道的设置，则会给交叉口带来额外的负担，故潮汐车道的设置对交叉口的交通组织提出了额外的要求。

1. 切换模式

潮汐车道切换主要有以下几种模式：

1）固定时段切换。出现双向不均衡交通流的出行时段较为集中且流量相对稳定，采取人工或定制的特定控制方式，固定执行潮汐车道切换的通行方向，定时调整潮汐车道指示牌等。

2）自适应切换。该种切换方式要求，路段各机动车道上设置连续的交通流检测器，能够实时准确判别各流向的通行状态等特征。另外，交通信号控制机支持感应控制方式，并能根据流量流向变化情况，选择执行固定配时方案，保证运行稳定性，同时能够动态调整潮汐车道指示牌、对应的车道信号灯和相交道路的左转指示标志，保证顺序变换的车道清空间隔时间。

2. 切换流程

潮汐车道通行方向切换流程主要可分为三个阶段：

1）当某方向交通流量较大，需要开启潮汐车道时，潮汐车道上方信号变为指向朝上的白色箭头（此处宜配合分车道标志进行设置）。此时车辆被允许驶入潮汐车道。注意此时应已经清空了潮汐车道内的对向车流。

2）当要终止潮汐车道的使用时，潮汐车道上方的信号灯首先变为斜指黄色箭头，该方向的车辆就不能再驶入潮汐车道，已经驶入的车辆应尽快驶离当前车道；之后车道信号灯变为红色 × 形。

3）潮汐车道两端的车道信号灯将保持一段时间全红，以便能够清空潮汐车道内的车辆，此全红时间与潮汐车道的总通行时间有关。之后，对向车辆可使用该车道通行，即完成了潮汐车道通行方向的转变。

清空车辆期间，在条件允许的情况下，交通管理部门宜通过执勤车辆或视频监控等对潮汐车道内是否有滞留车辆进行巡查，并及时督促车辆驶离，以保证通行安全。

10.2.3 控制方案设计

1. 路段交通组织方法

（1）地面标线

在潮汐车道设置过程中，一般而言为了实现车道变换，保证车辆能够顺利进出可变车道，道路上不应存在固定的中央分隔带或者路面电车轨道。

在对道路做潮汐车道改造时，需将潮汐车道的两侧的标线改为双黄虚线，此双黄虚线将潮汐车道跟其他车道分隔开，并可在潮汐车道上标注文字"潮汐车道"，潮汐车道标线如图 10-10 所示：线宽为 15cm，线段与间隔长度应与同一路段的可跨越同向车行道分界线一致，两条黄色虚线的间距宜为 10~15cm。

（2）增设指示标志

需增设潮汐车道预告提示标志如图 10-11 所示，其设置原则如下：

1）潮汐车道预告提示标志提前在潮汐车道路段前 300m 进行设置，一般应重复设置。

2）潮汐车道预报提示标志要明确写出潮汐车道的使用起止时间段。

3）提示信息要简洁、清晰，便于驾驶人快速接收信息。

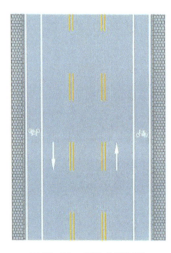
图 10-10　潮汐车道标线

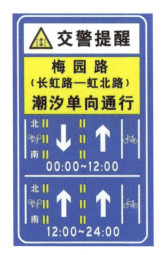
图 10-11　潮汐车道预告标志示例

（3）车道信号灯

车道信号灯一般采用门架式或者悬臂式安装，这样有利于驾驶人及时、准确接收到可变车道路权信息。车辆在驶入潮汐车道路段后，需要严格按照信号控制，将路权唯一化，避免事故发生。

车道信号灯正反面应同时设置，对于潮汐车道以外的其他车道上方，应设置车道行驶方向标志，也可统一采用 LED 屏对车道行驶方向标志和潮汐车道信号灯进行显示。

由于现行标准中车道信号灯中的绿色向下箭头与信号灯中的绿灯颜色相同，容易产生混淆，因此在实际潮汐车道设置时，可参考上海、杭州、深圳等地的做法，可将车道信号灯的设置与车道方向指示标志相互结合。潮汐车道控制灯采用红叉（×表示本车道禁止通行）与白色车道行驶方向指示箭头（↑表示本车道的行驶方向）的组合方式。该方式采用白色车道行驶方向指示箭头代替了绿色向下的车道信号灯，可在一定程度上避免与交叉口的信号灯颜色产生混淆。设置示例如图 10-12 所示。

图 10-12　车道信号灯与车道指示标志设置示例

2. 交叉口交通组织方法

设置潮汐车道时，需要对潮汐车道经过的交叉口进行相应的改造，改造内容一般包括交叉口交通标线、交通标志、信号控制灯等方面。

（1）交通标线

交叉口潮汐车道标线设置方法：潮汐车道线在交叉口出入端应设置停止线，应采用白色虚实线，长度应为潮汐车道的宽度，线宽均应为15cm，线间距宜为10~15cm，虚线的线段及间隔长度均应为0.5m，虚线应设置在交叉口中心一侧，如图10-13所示。

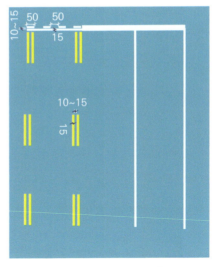

图10-13　交叉口潮汐车道线设置

（2）交通标志

1）注意潮汐车道标志。进口车道指示标志主要是指要在进口车道增加潮汐车道警告标志。横向道路进入潮汐车道路段的交叉口入口前，宜设置注意横向道路潮汐车道标志，如图10-14所示。

2）左转弯提示屏。部分交叉口可以设置左转弯提示屏，一般采用发光的图形方式显示横向的可变车道及相邻车道，同时用发光的左转箭头，指示左转车辆所应进入的车道，如图10-15所示。左转箭头所对应的方向，跟随潮汐流可变车道的方向自动同步调整。

图10-14　注意潮汐车道警告标志

图10-15　左转弯提示屏

（3）车道信号灯

交叉口车道信号灯与路段车道信号灯的形式相同，如图10-12所示。

10.3 公交信号优先控制

交叉口公交信号优先控制是指在交叉口为公交车辆提供优先通行信号，旨在实现公交车辆不等红灯或少等红灯通过交叉口。公交信号优先控制理念是在不严重影响交叉口社会车辆通行的前提下，给予公交车一定的优先通行权，达到降低公交车延误和行程时间，提高准点率和运行效率的目的。

公交优先实现形式主要有两种：一种为基于公交车辆位置信息的优先，另一种为基于公交车辆检测的优先。

1. 基于公交位置信息的优先

依靠实时获取公交车辆的 GPS 信息，当车辆进入交叉口一定范围内，根据预先设定的优先控制策略，由信号控制系统执行优先功能，实现公交车辆优先通行。基于位置信息的公交优先一般不能获取车辆的线路信息，即无法确定公交车辆在交叉口的转向信息，因此在交叉口一般是固定相位的优先（如直行）。

2. 基于公交车辆检测的优先

公交车辆检测器有多种，RFID 是其中较为常见的一种。一般需在公交车辆上安装车载设备，并在道路上设置公交车辆检测器，当公交车辆进入交叉口范围时，实现对公交车辆车载设备的检测和识别，并由通信系统与交通信号控制系统进行连接，实现对公交车辆的优先。基于公交车辆检测的优先可以识别公交线路，因此在交叉口可以有针对性地开启相应的优先相位。

10.3.1 实施基本条件

1. 道路条件

道路条件主要指交叉口是否设置公交专用进口车道。在设置专用进口车道的条件下，公交车辆不会受到社会车辆的干扰，公交车辆享有较高的道路通行权，在预测其行程时间的精度、信号优先效益，以及通行顺畅度等方面均能够获得较大幅度的提升。在无公交专用进口车道时，也能实现公交优先，但由于公交车受社会车辆的干扰，其行程时间预测精度和通行顺畅程度会略有降低。

2. 信号配时条件

信号配时条件主要包括周期、绿灯时间、相位差等参数对公交信号优先算法的约束。

对于单点公交优先信号控制，由于不用考虑联动系统下相邻交叉口的影响，无需固定周期时长，在最大周期、最小周期、最大绿灯时间、最小绿灯时间等参数的范围限制下进行配时优化即可。

对于干线公交优先和网络化公交优先，信号配时的约束则有不同，体现在以下三个方面：

1）周期约束：交叉口不仅受最大周期、最小周期的限制，还需要固定周期时长。

2）绿灯时间：各相位绿灯时间需要满足最大绿灯时间、最小绿灯时间等参数的限制。

3）相位差：在进行公交信号优先配时优化时，对绿灯时间的调整需要满足相位差的限制，不破坏原有绿波带。

3. 优先控制系统

优先控制系统是实现公交优先的基础，优先控制一般包括车辆位置信息或车辆信息的识别、通信系统以及信号优先系统。

10.3.2 响应方式

1. 绿灯延长

绿灯延长，即延长相位绿灯时间。当公交车辆到达交叉口时，若该相位的绿灯信号即将结束，这时采用延长该相位的绿灯时间，以使公交车辆有足够的时间通过交叉口。公交车辆通过交叉口后，控制系统将恢复原有的信号配时，如图 10-16 所示。

绿灯延长控制方式可用于有条件优先控制策略和绝对优先控制策略。

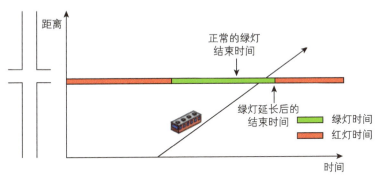

图 10-16　绿灯延长信号控制示意图

2. 红灯缩短

当公交车辆到达交叉口时，公交车辆通行方向所在的相位处于红灯状态，此时通过缩短交叉口当前绿灯相位的执行时间，使公交车辆到达交叉口时，可以以较短的等待时间甚至绿灯信号通过交叉口。该种情况下，在周期长度不变时，可以在后续执行相位相序方案中对前一相位进行绿灯补偿，如图 10-17 所示。

红灯缩短控制方式可用于有条件优先控制策略和绝对优先控制策略。

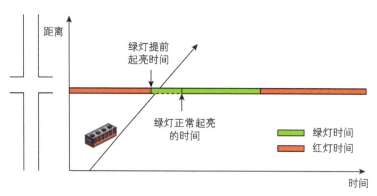

图 10-17　红灯缩短信号控制示意图

3. 相位插入

相位插入，即在正常的相位相序中为公交车辆增加一个特定的相位。当公交车辆到达交叉口时，公交车辆通行方向为红灯信号，且交叉口当前相位的下一个执行相位仍不允许公交车辆通过，这时要为公交车辆提供信号优先，必须在当前相位和下一相位之间插入一个公交专用相位。在这种控制策略下，公交专用相位的前一相位和下一相位进行调整，必要时可以对后续相位进行调整。其中后续相位包括本周期或后续几个信号周期，如图 10-18 所示。

相位插入控制方式可用于有条件优先控制策略和绝对优先控制策略。

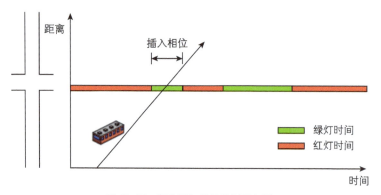

图 10-18　相位插入信号控制示意图

10.3.3　控制方案设计

公交信号优先控制方案设计主要包括设计流程以及控制方案的参数确定，控制方案的参数主要为信号控制参数，包括信号控制周期、最大绿灯时间及内置最大绿灯时间、最小绿灯时间、当前相位和相邻下一相位的损失时间等。

1. 优先控制策略

公交优先一般可分为有条件信号优先和绝对优先控制，以是否具有优先控制触发限制条件进行区分。

（1）有条件优先

有条件优先具有优先控制触发限制条件，可根据多相位公交优先请求序列、其他机动车交通流量、优先请求公交车辆数量、公交车晚点程度等信息进行设置。优先控制触发限制条件的设置可根据其他机动车通行状态、公交车类型、公交车运行状态、公交车运营信息等，判断执行不同的公交优先响应方式与信号控制特征参数，实时调整信号控制配时时长，同时兼顾交叉口通行效率，实现公交的有条件优先。公交优先响应方式一般采用绿灯延长以及红灯缩短两种控制策略。

（2）绝对优先

绝对优先不具有优先控制触发限制条件，当公交车辆检测器检测到公交车到达交叉口时，交通信号控制器将中断当前的相位信号，直接给予公交车辆通过信号；当检测器检测到公交车辆已通过交叉口后，再恢复原来的信号相位。一般通过直接插入专用相位来实现公交的绝对优先。

2. 有条件优先控制

有条件信号优先可分为两个层次。第一层次为公交优先信号控制总体流程，主要描述在每隔一定周期进行一次循环时所经过的步骤。在当前状态满足一定条件时，根据流程图中的每一个状态判别，进入相应的模块处理（包括绿灯延长模块和红灯缩短模块），绿灯延长模块控制流程和红灯缩短模块控制流程为本流程图中的子流程，为第二层次的控制流程。

（1）第一层次：公交优先信号控制总体流程

判断控制中心在 t_0 时刻是否接到公交车辆检测器发来的 i 相位的公交优先申请，若未接收，则继续原有信号配时方案；若检测到 i 相位的公交优先申请，则判断在 t_0 时刻 i 相位显示绿灯还是红灯。

若此时 i 相位正显示绿灯，则继续判断 i 相位是否在执行红灯压缩模块：

1）若 i 相位处于执行红灯压缩模块状态，则跳出红灯压缩模块处理，并保留其他相位公交优先申请，继而执行绿灯延长处理。

2）若 i 相位并未处于执行红灯压缩模块状态，则直接在 i 相位执行绿灯延长处理。

若此时 i 相位并未显示绿灯，则继续判断公交到达停车线 t_1 时刻 i 相位是否显示绿灯：

1）若 t_1 时刻 i 相位显示绿灯，则继续原有信号配时方案。

2）若 t_1 时刻 i 相位并未显示绿灯，则继续判断是否有其他相位正在执行绿灯延长模块。

3）若存在其他相位正在执行绿灯延长模块，则继续执行其他相位绿灯延长模块，保留 i 相位公交优先申请。

4）若没有其他相位正在执行绿灯延长模块，则在当前显示绿灯相位执行绿灯压缩模块。

具体的控制总体流程如图10-19所示。

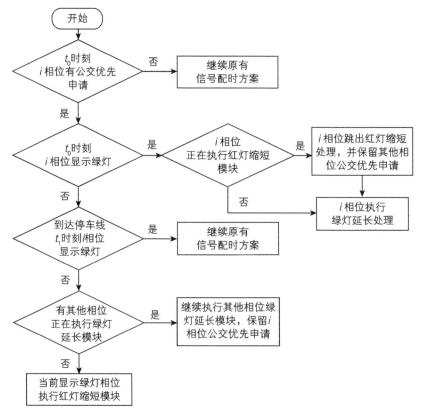

图10-19 公交优先信号控制总体流程

（2）第二层次：公交优先信号控制子流程

第二层次的控制流程包括两种类型。

1）红灯缩短模块控制流程。红灯缩短模块控制流程主要描述当前相位没有公交车到达，而其他相位有公交车到达时，需要缩短当前相位绿灯时间，提前启亮下一相位绿灯，对当前显示绿灯相位进行绿灯时间压缩的处理过程。

在红灯缩短模块中，为了避免对其他相位造成太大的负面影响，以压缩绿灯时间的设置来保障被压缩相位不会发生拥堵现象。对于下一显示绿灯相位不是公交申请相位的情况，当公交申请相位需要提前启亮绿灯时,在后续没有其他相位公交车到达情况下,就需要压缩后续相位,直至公交申请相位显示绿灯时,清除该优先申请。

2)绿灯延长模块控制流程。第二层次中另一种类型是绿灯延长模块,绿灯延长模块主要是描述当前显示绿灯相位有公交车到达时,对当前相位的显示绿灯时间进行优化的过程。

当公交车到达时,若当前相位为绿灯,则需判断车辆通过停止线所需的时间,并结合当前已放行绿灯时间和系统设置的最大绿灯时间,对公交车辆能否在当前相位通过交叉口进行判断,若能在系统设定的延长后的最大绿灯时间内通过交叉口,则执行相应的绿灯延长,直至公交车通过交叉口;否则,不执行绿灯延长,转而执行红灯缩短策略,使公交车辆在下一放行周期内通过。

3. 绝对优先控制

绝对优先一般是通过插入专用相位来实现公交优先,如图10-20所示。公交车辆在本相位红灯时间到达交叉口,且下一个相位仍不允许公交车辆放行,可在当前相位和下一相位之间插入一个允许公交车辆通行的绿灯相位。插入相位方式公交优先的实施一般是在多相位的信号交叉口,插入相位放行时,应允许与公交车辆无冲突的社会车辆通行。

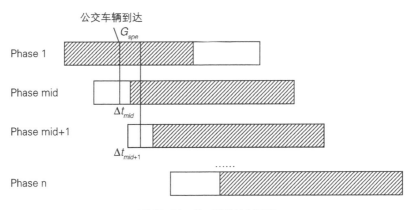

图10-20 绝对优先控制原理

绝对优先控制具体执行步骤如下。

当公交相位为红灯时,判断是否检测到公交车辆到达:若没有公交车辆到达,则切换下一相位;若检测到公交车辆到达,则执行插入专用相位操作。继续判断是否检测到公交车辆到达:

若没有公交车辆到达,则公交利用专用相位信号绿灯通过,并切换下一相位;

若有公交车辆到达,则判断是否达到专用相位最大绿灯时间,若达到了则切换下一相位;若没有达到,则继续判断是否检测到公交车辆到达,直到达到专用相位最大绿灯时间时，切换下一相位。

绝对优先的具体控制流程如图 10-21 所示。

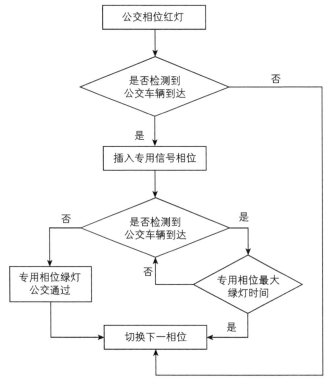

图 10-21　绝对优先控制流程

公交优先插入相位时，需注意的是插入相位最小绿灯时间，以及当检测到后续仍有公交车辆到达时的最大绿灯时间。另外，在插入相位时，必定会中断当前放行相位，因此，需考虑当前相位已放行时间是否达到相位所需的最小绿灯时间，即插入相位插入点的确定问题。

一般情况下，当交叉口信号控制周期不固定时，插入相位之后的其他相位放行时间不受影响。当交叉口信号控制周期要求固定时，一般采用"邻相损失"的原则，即插入相位的时间由当前相位和相邻下一相位的损失时间构成。因此，当周期固定时，根据"邻相损失"的原则，应满足受损相位所允许的损失范围的要求。因此，插入相位的放行时间必须满足以下要求：

1）插入相位时，相位最小绿灯时间应保证检测器检测到的公交车辆通交叉口，即单位绿灯延长时间。

2）插入相位最大绿灯时间不能超过受损相位所允许的损失范围。

10.4 有轨电车信号优先控制

10.4.1 交互控制原理

交叉口有轨电车接近检测点在检测到有轨电车接近后,通过有轨电车信号控制器给道路交通信号控制机发出优先请求,道路交通信号控制机在判断有轨电车到达停车线时刻后,选择合适的优先请求响应方式(绿灯延长、红灯缩短、插入相位),为有轨电车提供交叉口优先通行权。

有轨电车交叉口轨道信号控制器与道路交通信号控制机互联互通,社会车辆与有轨电车分别进行检测。

有轨电车检测点包括:预告、接近、占用、驶离等检测,不同检测点主要作用是对有轨电车进行检测并对其进行控制。预告检测点一般设置在距离交叉口停止线600m附近,接近检测点一般距离停止线约100~150m,占用检测点设置在靠近停止线处,驶离检测点设置在出口处。通过检测到的有轨电车到达和驶离情况,对有轨电车进行优先控制,同时将检测信息发送给道路交通信号控制机,同步控制道路交通信号。有轨电车通行信息、专用信号灯与社会车辆信号控制系统交互。有轨电车与社会车辆交互控制如图10-22所示。

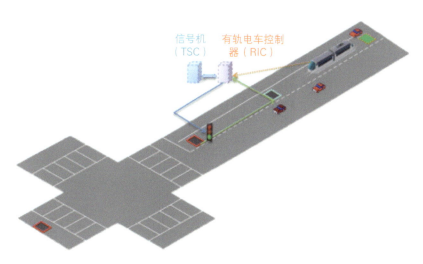

图10-22　有轨电车与社会车辆交互控制

10.4.2 响应方式

针对有轨电车优先控制整体功能,根据交通流状态和优先级别,道路交通信号控制机主要采用"绿灯延长""红灯缩短""插入相位"等基本控制策略,具体执行过程如下。

1. 绿灯延长

当判断有轨电车到达交叉口停车线时间稍晚于电车放行相位结束时间，适当延长优先请求所在相位至电车放行相位之间各相位绿灯持续时间，延后关闭电车绿灯信号，满足有轨电车不停车通过，如图10-23所示。

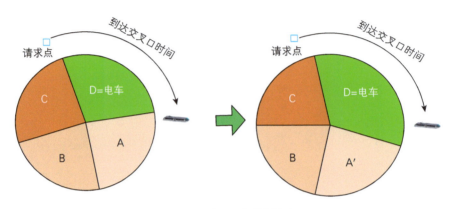

图10-23　绿灯延长控制策略

2. 红灯缩短

当判断有轨电车到达交叉口停车线时间早于电车放行相位开始时间，适当缩短优先请求所在相位至电车放行相位之间各相位绿灯持续时间，提前开启有轨电车绿灯，实现电车不停车通过或最短时间等待，如图10-24所示。

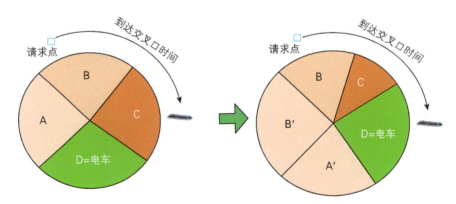

图10-24　红灯缩短控制策略

3. 插入相位

在接收到有轨电车优先请求后，经过适当的转换过渡，运行有轨电车放行相位。这种响应策略主要用在一些特殊情况，如：当有轨电车放行相位为独立的专用相位时，为了减少交叉口绿灯时间的浪费，在没有有轨电车优先请求的情况下，有轨电车放行相位不被运行，只有在接收到优先请求之后才被运行，如图10-25所示。

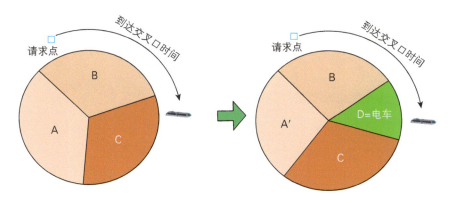

图 10-25　插入相位控制策略

有轨电车优先请求可能发生在红灯期间或绿灯期间，在不同阶段，根据请求点距停止线的距离，结合车速和当前社会车辆控制方案的放行时间，可以采取不同的优先形式。

1）红灯期间请求，需停车，可采用红灯缩短或直接插入相位。

2）红灯期间请求，不需停车，则可不触发优先。

3）绿灯期间请求，绿灯时间满足，则可不触发优先。

4）绿灯期间请求，绿灯延长通过，采用绿灯延长。

5）绿灯期间请求，绿灯延长超出允许范围，不延长，此时可采用插入相位。

10.4.3　控制方案设计

1. 设计流程

交叉口有轨电车优先通行控制方案设计的流程如图 10-26 所示。

步骤一：确定交叉口内与有轨电车产生交通冲突的社会交通流向，包括机动车、非机动车、行人各个流向，并需要考虑右转机动车流和非机动车流与有轨电车产生的交通冲突。

步骤二：在不与有轨电车产生交通冲突的社会交通流向中，选择电车通行相位时的放行流向，重点考虑将与有轨电车同向行驶的机动车加入电车通行相位的放行流向中。

步骤三：确定社会交通相位数及各相位的社会交通放行流向。在保证相位内机动车流、

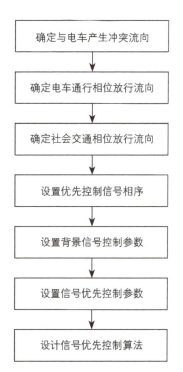

图 10-26　交叉口有轨电车优先通行控制方案设计流程

非机动车流间无严重冲突的前提下，尽可能归并社会交通放行流向，减少信号控制相位数。

步骤四：根据交叉口交通渠化和驾驶人的驾驶习惯，设置信号周期内电车通行相位和社会交通相位的排列相序。

步骤五：设置无有轨电车优先请求时的信号周期长度和各相位绿灯时间。在分配相位时间时，有针对性地提高社会交通相位绿信比，缓解有轨电车优先控制对社会交通的干扰；同时，对于存在机动车流与非机动车流交通冲突的社会交通相位，通过右转信号灯迟开等控制方式减少机非相互干扰。

步骤六：在保证交叉口社会交通的通行效率和非机动车、行人安全通过需求的基础上，设置有轨电车优先请求时绿灯延长、红灯缩短策略下的优先控制参数值。

步骤七：设计有轨电车优先请求下的交叉口信号优先控制算法，根据各相位的交通流饱和度分配红灯缩短时间，均衡交叉口交通负荷。

2. 具体设计方案

在有轨电车优先控制中，具体方案设计主要包括背景方案设计、优先控制参数设计，以及动态补偿控制、降级控制等。其中，背景方案设计主要涉及内容包括：相位、相序以及配时方案。

（1）背景方案设计

背景方案主要包括放行相位、相序、配时方案等。在进行背景方案设计之前，需对交叉口不同流向交通流进行分析，确定与电车冲突的交通流向，所有与有轨电车冲突的流向均不能与电车在同一相位内放行。

相位：根据不同交通流之间的关系，电车放行相位不能存在与电车冲突的交通流，其他相位设计方案可参看单点信号控制方案设计中相位设计方案进行设计。

相序：有轨电车通过的交叉口，其相序放行应以减少冲突或冲突距离为首要考虑因素，同时结合交叉口交通渠化和驾驶人的驾驶习惯，设置信号周期内电车通行相位和社会交通相位的排列相序。

配时方案：在确定相位和相序的基础上，结合各时段交通流量情况，对配时方案进行设置，以适应交通流需求。此时，可参考单点信号控制方案设计中配时方案设计。

（2）控制参数设置

有轨电车优先需要对相应的优先参数进行合理设置。优先参数主要包括：最小绿、最大绿、电车通过清空时间等。

最小绿的设置需要结合相位内行人和非机动车等过街需求进行合理设置。另外，在有轨电车采取红灯缩短优先控制时，其他相位不能少于最小绿。

最大绿的设置主要针对的是有轨电车放行相位，在采取绿灯延长优先控制时，不能超过最大绿。另外，在检测到有轨电车到达时，如预采取绿灯延长策略，但延长至设定的最大绿电车仍不能通过时，有轨电车将不采取优先。

有轨电车通过交叉口后，由于电车的特殊性，需要一定的清空时间，具体清空时间的设定宜根据检测器设置的位置以及清空距离和电车速度，一般不小于5s。

（3）降级控制

当有轨电车优先系统不能实现优先功能时，应能保证交叉口运行预先设定的固定配时方案。预先设定好交叉口信号控制方案包括：相位、放行相序、信号配时等，由系统在特定时段调用并运行。具体如图10-27所示。

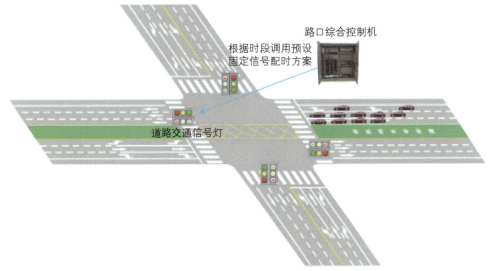

图10-27　降级定时控制示意图

在通信异常、设备故障、恶劣气候等特殊情况下，为保证通行安全，宜采用降级控制。

10.5 匝道通行控制

匝道控制一般可分为入口匝道控制和出口匝道控制。在实际应用中，入口匝道控制使用较多，其控制原理图如图10-28所示。此控制主要是通过安装在高速公路或城市快速路（统一称为高等级道路）入口匝道的交通信号灯，调整并限制由入口匝道进入主线的交通流。此控制的目标是管理交通需求以减缓交通堵塞，或提高交通流合流的效率，避免合流点拥堵或事故的发生。

入口匝道控制的基本原理是通过调节进入主线的交通量，使主线的交通需求不超过它的通行能力，从而保证主线的运行处于最佳状态。

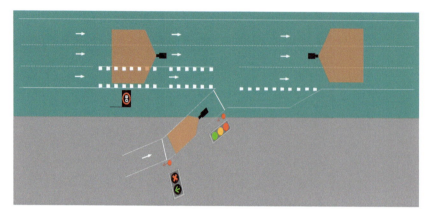

图10-28 匝道控制原理图

入口匝道控制的作用可以总结为以下几个方面：

1）减少主线上所有车辆的行程时间。

2）减少通道内全部车辆的总行程时间。

3）消除或减少车辆合流中的冲突和事故。

4）提高交通流的平稳性，减少车辆运行的不舒适感和对环境的干扰。

5）有效消除干线的交通拥挤，在一定程度上提高通行能力。

调节率是匝道控制最核心的参数，即为单位时间内允许进入主线的车辆数（辆/h）。调节率为各种匝道控制算法最常见的输出变量。其中，匝道关闭是匝道调节的一种极端情况。

10.5.1 实施基本条件

1. 道路条件

1）在通道上应该有可供使用的额外的容量，即可替换的路线、时段或运输方式。它们不仅能容纳从高等级道路上转移来的交通量，而且也能容纳原来就使用它的正常交通量。如果在通道内没有可供使用的额外容量，尽管入口匝道控制可以防止高等级道路上发生拥堵，但在别的地方将会发生拥堵，而且拥堵还有可能扩大。这些拥堵减少了匝道控制取得的效益，甚至完全抵消它，使控制的总效益为负值。因此，必须保证通道总容量大于总需求。

2）入口匝道必须提供足够的停车空间（每辆小客车需用的停车空间约为7m，依此可计算出匝道排队容量）。在实施匝道控制时，需要保证匝道上排队车辆不至延伸到匝道上游道路或平交交叉口的程度。研究认为：入口匝道的停车容量应设计为该入口匝道峰值小时驶入量的十分之一以上。但这一般会造成匝道占地面积过大的问题。解决此问题的有效手段是增加入口匝道的宽度，如尽量设置两车道以上匝道，既可以缩小占地面积，也可以提高匝道调节率。

3）入口匝道和主线的合流区也应合理设计，使车辆加速后可以安全、平顺地融入到主线车流中。

4）考虑大型货车的需求，为增强其起动性能，减小汇入时间、防止溜坡，匝道的坡度不宜过大。

5）维持入口匝道与相关交叉口的信号协调，并保障二者之间有足够长度的交织距离。

2. 交通流条件

当道路交通量趋于饱和，匝道处交通流交织严重，主线上将受各种偶然因素影响出现不同程度的交通堵塞，仅依靠主线控制本身已无法解决时，需要采用匝道控制。

3. 配套设施

（1）信号灯设置

一般应安装在匝道左侧，由于大型货车常常会遮挡一侧信号灯，最好在匝道两侧各安装一组信号灯，同时工作，互为备份。信号灯在匝道的位置要适当，至合流点必须有足够的距离，以允许车辆到达合流点时能加速到一定安全速度，信号灯至匝道入口也必须有足够的停车排队空间。

（2）标志标线

在匝道起点附近设立提前警告标志，告诫驾驶人前方匝道是否处于控制中。提前警告标志可采用"匝道调节"，提前警告标志距匝道信号灯前至少有60m以上的距离。此外，路面标记还包括停止线和把车辆引导到指定位置的标线。停止线应与信号灯保持一定距离，一般取3~4.5m。

（3）交通诱导信息提示

从系统的层面考虑从主线转移出来的交通量的问题，并加强匝道与侧道、干道、城市道路等的协调配合。运用通道控制技术，给将要使用入口匝道的驾驶人提供交通诱导信息系统，实现交通转移（分流）。不仅提供该匝道的相关信息，更重要的是给出可替换道路信息。信息的提供可由靠近入口匝道的衔接道路上的可变信息板提供。可变信息板安装位置应做到：使驾驶人有充裕时间可转移到上下游其他匝道，或者决定不再使用高等级道路而选用其他替代道路。

10.5.2 主要控制方式

匝道控制常用的方式主要有四种,包括封闭匝道、匝道定时限流控制、单点入口匝道动态控制,以及匝道和地面道路交叉口协调控制。

1. 匝道封闭控制

匝道封闭控制缺乏灵活性,一般不采用。在以下情形可以考虑匝道封闭:

1)互通式立交非常接近,交织问题十分严重的地方。

2)有较多车辆要在匝道上排队,但没有足够长度容纳排队车辆的匝道。

3)附近有良好的道路可供绕道行驶。

在高峰期间封闭匝道这种控制方法的做法有:人工设置栅栏、自动弹起式栅栏、采用"禁止驶入匝道"标志等。

2. 定时限流控制

匝道定时限流控制是一种最简单的入口匝道调节方法,属于静态调节方式。定时限流控制的入口匝道调节率是固定的,根据一天内各时段的变化而预先设定的,不需要实时的交通信息,通常根据历史交通数据估算得到。本控制算法简单,易实现、成本低,主要应用于周期为 10~30min 时间间隔的系统。但是,它不能适应交通状况的快速变化,对于交通事故、突发事件等缺乏相应的处理能力,因而控制效果较差。

3. 单点入口动态控制

单点动态控制的构成如图 10-29 所示。通过对快速路的交通指标(流量、占有率、速度、匝道排队长度等)进行实时检测,利用检测到的实时交通信息进行动态最优闭环控制。单点动态交通感应控制中,需求-容量控制(Demand-Capacity Strategy)、占有率控制(Occupancy Strategy)和 ALINEA 控制是应用最广的三种控制方法。不同的控制方法之间主要的区别是检测器设置位置不同。

1)需求-容量控制。通过检测下游占有率,对匝道控制的调节率进行调整。

2)占有率控制。通过检测上游占有率,对匝道调节率进行调节。

3)ALINEA 控制。ALINEA 是一种基于经典闭环反馈控制的匝道控制策略。此方法只需预先给定一个接近临界占有率的期望值,每个采样周期内如果实测到下游占有率低于或高于期望占有率,就调整原有的调节率,使新的调节率在每次实测到的调节率的基础上增大或减小。

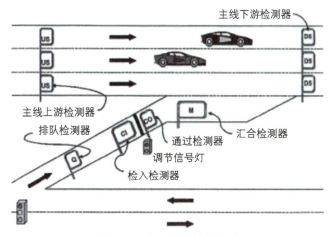

图 10-29　单点动态控制的构成

4. 地面关联交叉口协调控制

当入口匝道的长度较短或者匝道与地面道路交叉口距离较近时，入口匝道控制的排队有可能会发生溢流，并最终阻塞地面道路上游交叉口，进而引起地面道路和快速路整个系统运行效率的降低。这种情况下，需要进行地面道路关联交叉口与入口匝道的协调控制，其基本原则包括：

1）快速路主线车辆优先通行。
2）避免入口匝道的超长排队影响地面道路的正常运行。
3）高速道路和关联道路的总体效益最大化。
4）入口匝道排队溢流时，提前发布诱导策略等引导车辆选择其他路径。

10.5.3　控制方案设计

相位切换灯色显示通常包含红、黄、绿三种颜色的信号灯。在具体实施过程中黄灯相位一般取固定值 3s。基于给定的绿灯相位和信号灯周期，可估算出在此种配时方案下的匝道调节率，匝道调节率是匝道正常状态下的通行能力乘以绿信比。

不同的调节率值对应不同的绿灯相位及信号灯周期。实际的信号控制方案由控制方式与放行策略而定。

1. 单车放行

单车放行方案严格限制每个信号周期只让一辆车汇入主线。在该模式下每个信号周期的绿灯时长是固定的。根据长期观测的结果，绿灯时长一般定为 2s。此时只需根据调节率计算出一个总的信号灯周期时长，便可得到相应的红灯时长。

通常，匝道调节要保证一个最低的汇入量。实际运营时入口匝道调节率最小值是 3~4 辆 /min，最小调节率一般为每车道大于或等于 180 辆 /h。

该放行方案的优点是能最大程度减小匝道车辆汇入对于主线的扰动影响，但缺点也非常明显：限定每周期只放行一辆车缺乏灵活性。

此种放行方式无法满足巨大的入口匝道的交通需求，很容易导致匝道排队溢出，影响地面交通。再加上入口匝道通常具有一定的坡度，频繁地、起动也易带来安全问题。因此，交通需求较大的匝道不宜采取这种放行策略。

为了弥补这些缺陷，国外在实施过程中采取了 2 种改善措施：

1）提高匝道的车道数，来间接提高匝道的调节能力，如把单车道放行变为双车道单车交替放行。

2）当计算调节率值超过之前设定的限值后采用全绿灯放行。

2. 车队放行

车队放行方式与单车放行方式的指导思想类似，即事先规定好每个绿灯相位放行 n 辆车（如 $n=2$，3）。在这种情况下，按每 2s 放行 1 辆车计算，绿灯时长为放行车辆数的 2 倍。

为了避免车队放行对主线造成显著冲击，n 的取值建议不大于 4。

与之前的单车放行策略相比，车队放行策略通过增加一次性汇入的车辆数可大幅提高匝道调节能力。

3. 等周期放行

等周期放行方式让匝道调节率计算周期和匝道调节信号灯周期保持同步。只需计算绿灯相位，红灯相位可直接由周期时长与绿灯相位时长差值计算。对于一个给定的调节率值，可通过调节率值直接得到相应的绿灯相位时间。

受最小调节率值和最短红灯相位的限制，设置相应的绿灯相位限值范围。在计算过程中如果超过了限值范围，则进行截断处理，当计算绿灯时间大于取值范围上限时，以范围上限作为绿灯时间；当计算绿灯时间小于取值范围下限时，以绿灯下限作为绿灯时间。

等周期放行方式通常会比之前两种放行方式具有更大的调节能力。另外，该放行方式具有较大的灵活性，可根据不同的调节率来改变相应的红绿灯时长。但这种放行方式也存在弊病，如在一个绿灯时长放行多辆车很可能会对主线造成较大干扰。在实际应用过程中一般是通过缩短调节周期来部分消除这种影响。

第 11 章 信号控制方案实施

Chapter Eleven

信号控制交叉口的运行效率，在很大程度上取决于适合交叉口特性的信号控制方案的实施。因此，要想实现交通信号控制交叉口的安全和效率目标，交通信号控制方案的科学、规范实施是关键所在。本章主要介绍与信号控制方案实施相关的设备、实施步骤、日常维护等内容。

11.1 设备需求

交通信号控制实施涉及交通信号灯、交通检测器、交通信号机及控制系统等的设置。信号控制设备设置需依据 GB 14886-2016《道路交通信号灯设置与安装规范》、GA/T 489-2016《道路交通信号控制机安装规范》等国家及行业标准进行规范化设置。在此基础上，制定合理的交通信号控制方案，才能切实提高信号控制交叉口的运行效率。

11.1.1 信号灯组

1. 信号灯组数量

机动车信号灯和方向指示信号灯灯组的设置数量，主要考虑交叉口进口车道路段的车道数量、路段限速值、进口车道停止线与信号灯之间的距离，以及行人过街等因素。按照国标 GB 14886-2016《道路交通信号灯设置与安装规范》的设置要求，在下列情形下需考虑增设信号灯组：

1）当信号灯组合中某组信号灯需要指示的进口车道数很多，信号灯不能完全覆盖所指示车道的停止线开始至停止线后 50m 之间范围时，需要增加 1 组或多组信号灯。

2）当交叉口进口车道路段的限速在 60km/h 以上时，应当至少增加设置 2 个信号灯组合，若仍不能保证信号灯的视认范围，可以考虑增设 3 个信号灯组合。

3）当交叉口进口车道停止线与信号灯的距离大于 50m 时，应当至少增加设置 2 个信号灯组合，若仍不能保证信号灯的视认范围，可考虑增设 3 个信号灯组合。

4）当交叉口某个方向进口车道设置多个相同方向的车道，并且相同方向的车道不相邻时，可以考虑增设 1 组或多组该方向的信号灯。

5）在路段人行横道采用信号控制时，如果停止线距离较近，前面车辆驾驶人观察信号灯比较困难，这时可以在信号灯灯杆立柱上附着设置 1 组信号灯，用于辅助显示当前信号，如图 11-1 所示。

6）当立交桥下交叉口或者较大的平面交叉口设置有左弯待转区时，如果进入左弯待转区的车辆不容易观察到左转方向指示信号灯，可以考虑增设 1 个信号灯组合，或者设置单独的 1 组左转方向指示信号灯。

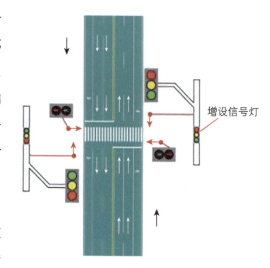

图 11-1　机动车信号灯附着设置示例

2. 信号灯组位置

（1）机动车信号灯和方向指示信号灯

信号灯组的设置位置主要考虑交叉口类型、机非分隔带、中央分隔带、导流岛等因素。具体注意事项如下：

1）当信号灯采用悬臂式安装或者柱式安装方式时，信号灯可以安装在交叉口出口左侧、出口上方、出口右侧、进口左侧、进口上方和进口右侧位置。但如果只需要设置 1 个信号灯组合时，必须安装在交叉口的出口处，通常为出口车道右侧位置。

2）T 形交叉口垂直方向的信号灯应当设置在进口车道正对路缘后 2m 以内，其他方向设置的信号灯可以参考十字交叉口的设置方法。

3）对于四路交叉的环形交叉口来说，在环岛内、环岛外层分别设置 4 个信号灯，环岛内部设置的信号灯用于控制进入环岛的车辆，环岛外层设置的信号灯用于控制驶出环形交叉口的车辆。

4）在设置有导流岛的交叉口，信号灯灯杆可以设置在导流岛上。如果右转车辆与行人或非机动车冲突较大的，可考虑在导流岛上增设控制右转方向的机动车信号灯，但不能影响其他方向的视认。

（2）人行横道信号灯

交叉口或路段上的人行横道信号灯应安装在人行横道两端内沿或外沿线的延长线、距路缘的距离为 0.8~2m 的人行道上，采取对向灯安装。

1）在道路中央设置有行人过街安全岛的交叉口或路段，若行人一次过街距离大于等于16m时，宜在行人过街安全岛上增设人行横道信号灯，采用行人二次过街控制方式。

2）允许行人等候的导流岛面积较大时，应在导流岛上安装人行横道信号灯。

（3）非机动车信号灯

1）在没有设置机动车道和非机动车道隔离带的道路，非机动车信号灯宜采用附着式安装在指导机动车通行的信号灯杆上。

2）在设置有机动车道和非机动车道隔离带的道路，且指导机动车通行的信号灯杆安装在出口右侧机动车道和非机动车道隔离带上时，当隔离带宽度小于2m时，非机动车道信号宜采用附着式安装在指导机动车通行的信号灯杆上；当隔离带宽度大于2m且小于4m时，可借用指导机动车通行的信号灯杆采用悬臂式安装非机动车灯；当隔离带宽度大于4m时，应单独设立非机动车信号灯杆，非机动车信号灯杆应采用柱式安装在出口右侧路缘线切点附近距路缘的距离为0.8~2m的人行道上。

3）当非机动车停止线与非机动车信号灯的距离大于50m时，应在进口车道增设一组非机动车信号灯，可安装在进口非机动车停止线前0.8~2m处，右侧路缘的距离为0.8~2m的人行道上，或进口非机动车道左侧的机动车道和非机动车道隔离带内。

4）在设置有导流岛的交叉口，非机动车信号灯杆可安装在导流岛上。

5）立交桥下非机动车信号灯安装在桥体上，立交桥另一侧应增设一个非机动车信号灯组。

11.1.2 信号控制机及系统

1. 功能要求

（1）交通信号控制机

交通信号机应能按照GB 14886-2016《道路交通信号灯设置与安装规范》规定的信号灯显示和灯色转换要求，控制信号灯运行状态；应具备完备的故障监测和自诊断功能，故障发生后应采取适当措施，并发出故障警示信号；信号机的控制功能应符合GB 25280-2016《道路交通信号控制机》规定的信号机分类控制功能要求。

（2）交通信号控制系统

系统应支持中文操作界面，提供图形可视化操作方式；支持参数配置、控制方案设置、运行状态监视、数据存储、故障报警等基本功能；应能通过通信网络与信号机进行实时通信，实现数据交换和交互控制；支持接入500个以上交叉口，数据存储时间应不少于2年。

2. 部署要求

安装信号控制系统前需确定软硬件运行环境是否满足要求，主要包括以下配置要求：

1）服务器和用户操作终端的数量及 CPU、内存、硬盘容量等各项性能指标是否符合系统运行要求。

2）拟安装的信号控制系统是否支持当前服务器运行软件操作系统及版本。

3）服务器网络是否已配置，并能和指挥中心进行连通。

4）各交叉口信号机是否能和指挥中心服务器进行连通。

3. 安装要求

信号机的安装位置应有利于操作者观察交叉口、路段的交通状况，避开低洼地等易积水的区域，远离电力变压器、高压输电线等强电磁场的干扰，远离易燃、易爆、腐蚀物品存放地，带有卫星授时功能的信号机应避免对卫星信号的遮挡。具体安装要求如下：

1）信号机采用地面安装方式时，为防止积水，可采取增加信号机基础高度或采用柱脚方式提高信号机位置。

2）信号机机柜的固定应牢固、稳定，垂直度允许偏差为 2‰，固定螺栓规格应不小于 $\phi 16$，必须加平垫圈和弹簧垫圈上紧，并涂上润滑脂防锈。

3）交叉口信号机设备应安装独立的接地系统，对信号控制机接地加以保护，防止雷击对设备造成的损坏或控制机因外壳漏电引起的触电事故。

4）信号灯与信号机之间的电缆应采用一灯一线的连接方式，接线应整齐有序，无绝缘皮脱落的电缆线，预留电缆应做绝缘处理后置于信号机下部，不应有裸露在信号机外的电缆。具体如图 11-2 所示。

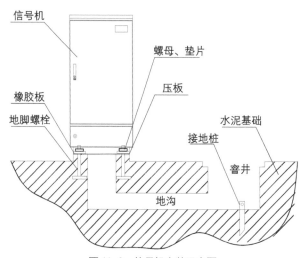

图 11-2 信号机安装示意图

11.1.3 交通检测器

交通检测器主要包括环形线圈检测器、地磁检测器、视频检测器、微波检测器等。在不同的道路、交通和天气条件下，不同的检测器技术所表现出来的技术性能也具有一定的差异，可根据不同的交通场景和控制需求选择合适的交通检测器。

1. 检测器布设

（1）环形线圈检测器

环形线圈检测器是目前应用较为普遍的交通检测器，它具有功能全面、数据准确、灵敏度高等优点。它的工作原理是在道路上埋设感应线圈，当车辆经过线圈时，由于线圈电感量的变化，车辆的通过状态变化将被检测到，同时将状态信号传输给车辆检测器。环形线圈检测器安装在道路表面切槽内，一般埋设在车道居中位置，与车道平行，距停车线距离依据交通信号机的控制原理而定。

（2）地磁检测器

地磁检测器根据检测区域磁场大小的变化来判断有无车辆经过，且车辆的行驶状态、车型等信息也从地磁变化的波形中推算出来。地磁检测器安装主要包括检测器、接收器、中继器以及数据处理器四部分内容，安装位置不能离高压电缆过近，否则，地磁检测器会受到干扰不能正常工作。

（3）视频检测器

视频检测器以高清摄像机作为前端采集设备，通过在摄像机采集视频图像上设置检测区域，当车辆进入虚拟监测区域时使图像背景灰度值发生变化，经过处理器处理，判断车辆的存在，并以此检测车辆的流量和速度等交通参数。视频检测器的安装相对简单，摄像机安装在路面上方、路中间的隔离带上，摄像机的安装高度一般在 6m 以上，通过路面检测区域参数的标定对检测器进行校准。

（4）微波检测器

微波检测器是以微波对车辆发射电磁波产生感应原理为基础，根据被检测车辆返回的回波，测算出目标车辆的交通信息。微波检测器包括两种安装方式：路侧安装和正向安装。路侧安装时，设备安装在路旁的杆件上，保持微波的投影与车道相交；正向安装时，设备安装在 L 形杆件或龙门架上，其微波束发射方向与车辆行驶放行一致。

2. 检测器比较

各类交通检测器的优缺点如表 11-1 所示。

表 11-1　各类交通检测器优缺点比较

检测器	原理	优点	缺点
环形线圈检测器	感应车辆切割磁力线产生的电流变化情况，从而检测车辆存在情况	检测精度高、成本低，填埋式设备，不受环境影响	施工需要切割路面，阻断交通；施工繁琐，要求严格；维护成本高
地磁检测器	检测车轴对磁场的扰动情况，从而检测车辆的存在	成本低，安装较方便	磁场易受到干扰，相邻车道车辆干扰较大；信息靠无线传输，可靠性差
视频检测器	根据像素阵列的变化提取车辆相应信息	可视化，施工方便，检测信息多样，精确度较高	受雾霾、恶劣天气、光线变化等因素影响较大，且摄像头经常需要清理
微波检测器	通过接收车辆的回波信号提取车辆相应信息	施工方便，检测信息多样，精确度高，不受光线、天气因素等影响	相比于视频检测不能直接得到直观信息

11.2 实施流程

现场实施是信号控制方案实施过程中最为关键的步骤，信号控制方案实施前，首先检查信号机的时钟是否发生偏差，如发生偏差，需要对信号机的时钟进行校正，确保信号机时钟一致。信号控制方案实施步骤如下所述。

1. 方案下发

根据交叉口交通流特点，选择合适的时间段下发方案，避免在高峰时段或节假日期间。

1）方案实施时，可先实施平峰方案，再实施高峰方案。

2）对于采用干线协调控制方式的交叉口，可以先从协调方向的下游开始下发方案，每次增加 1~2 个交叉口，依次向上游推进。

2. 跟踪微调

方案下发后，需要对交叉口进行跟踪微调，微调主要根据各相位的二次排队及空放时间进行调整，利用少量多次的调整方法，让交叉口逐渐接近最优。

1）对各个交叉口运行状况的观测至少包括主路左转延误、支路延误、车辆排队、行人过街需求等。

2）干线协调控制在对各个交叉口检查完毕后，还需要对干线上的协调控制效果进行检查，从而决定是否调整相位差。

3）干线协调控制方案的现场实施和观测一般最少进行 3 天，可选择工作日 2 天（如周2和周4）和周末1天，或持续更长时间。

4）除现场观测外，可利用指挥中心视频监控设备监控交叉口的运行，共同发现存在的问题。

3. 效果评估

方案一旦实施后，可根据信号交叉口的控制方式，依据行业标准 GA/T 527.2-2016《道路交通信号控制方式 第2部分：通行状态与控制效益评估指标及方法》，选择合适的单点信号控制及干线协调控制评价指标，对比信号交叉口在优化方案运行前后的变化，评判优化效果的好坏。具体如图11-3所示。

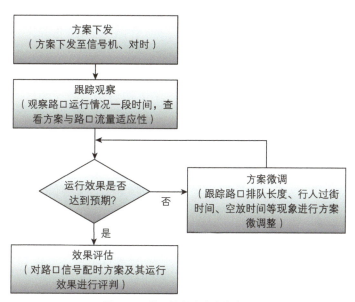

图11-3　信号控制方案实施流程

11.3 日常维护

信号控制日常维护工作与建设工作同样重要。完善的维护工作能够确保交通信号控制系统持续、稳定、高效运行，同时根据应用情况，不断地评价、改进、完善交通信号控制系统。信号控制日常维护可建立社会化服务机制，通过政府购买第三方专业化服务等方式，积极引入社会力量开展交通信号设置的管理、维护和信号控制的优化服务。

11.3.1　日常维护内容

1. 信号控制运维流程规范化

建立完善的信号巡查、配时优化业务流程和标准化的业务审核审批文档，优化配套模板，使得整个信号配时优化业务标准化、规范化、科学化，减少信号控制方案随意变更、不合理变更导致的交通拥堵和管理混乱。

2. 建立交通信号控制基础信息台账

对信号控制交叉口的基础信息进行摸查核对，建立交叉口档案资料库（一般为 EXCEL 表格文档、WORD 文档、VISIO、CAD 文档），实现交叉口基础信息管理。

3. 交通信号控制交叉口日常巡查

通过交叉口巡查、视频巡检和系统检查等方式，发现交通信号配时不合理、协调控制路段绿波效果不佳或失效等问题，如实登记巡检情况，制作巡检工作情况总结。

4. 交通信号配时方案优化

通过对交通流运行特征的分析，针对现有道路交通信号控制系统中信号配时不合理的交叉口，通过分析、仿真、方案优化等工作，提出更加科学、高效的信号配时方案并实践，解决交叉口存在的信号相位设置和配时不合理，以及绿波不协调等基本问题。

5. 交通信号控制问题收集及处置

通过微博、微信、邮件、热线电话等渠道收集市民反映的交通信号问题，及时跟进处理。

6. 大型活动及节假日保障

根据大型活动或节假日前后交通流突变的特点，及时根据交通流情况调整交通信号配时方案。

7. 中心系统日常维护

定期对系统服务器、网络设备进行检验、更换和维护，使系统保持良好的运行状态；定期对系统数据进行备份，保障系统数据安全；根据系统建设需求，对系统进行数据更新及软件升级。

11.3.2 人员需求

根据交通信号配时维护内容需求，需要以下四类岗位人员对交通信号控制系统进行维护。

1）项目经理：按照项目管理的要求管理整个信号配时优化项目。

2）交通信号优化工程师：负责交通信号控制的日常运行、控制策略及配时方案制定、信号配时优化评估等。

3）交通信号维护工程师：通常负责交通信号控制设备的故障响应和维护。

4）中心系统维护工程师：负责交通信号控制系统软件故障响应及维护。

建议交通信号控制系统每 50 个信号交叉口需要配备以上岗位工程师各 1 名，各地可根据实际情况进行调整。建议人员配置如表 11-2 所示。

表 11-2 信号系统维护人员需求建议表

岗位	1~50 信号交叉口	51~100 信号交叉口	101~200 信号交叉口	201~500 信号交叉口	501~1000 信号交叉口
中心系统维护工程师	1	1~2	2~4	2~5	3~6
交通信号维护工程师	1	1~3	3~5	4~8	5~10
交通信号优化工程师	1~2	2~4	4~7	6~9	8~12

11.3.3 交叉口巡查

为了提高对信号控制系统运行状态的动态把握和快速反应，需要定期（一般每三个月一次）对信号交叉口进行巡查。巡查以路面巡查和远程巡查相结合，其中路面巡查是指定期对辖区交叉口进行实地巡查，及时发现交叉口存在问题；远程巡查是指在控制中心利用系统故障报警功能和交通监控视频进行交叉口交通运行巡查，及时发现交叉口存在问题。

对交叉口交通信号控制方案运行情况（进口排队拥堵、进口空放）、交叉口交通冲突情况（人车冲突、车流之间的冲突）、配套设施（渠化标线、绿化遮挡）进行巡查。并整理巡查工作记录，将巡查结果反馈给项目内信号协调优化小组，进行问题处理。对交叉口的情况巡查内容主要有：

1）交通信号设施情况：巡查交叉口信号灯设施是否齐全，交通信号灯使用是否合理等情况。

2）交通运行情况：信号机设备工作状态是否正常、相位方案是否合理和配时方案是否最优等情况。

3）交通冲突情况：行人与车辆之间的冲突问题、转弯信号与行人之间的冲突问题、车辆汇流冲突问题。

4）交通安全情况：行人过街时间是否足够和相位清空时间是否充足。

5）配套设施情况：交通标志标线、倒计时器、渠化岛设置位置、车道功能划分、是否有绿化遮挡等设施的情况巡查。

第12章 信号控制效益评估

Chapter Twelve

信号控制效益评估适用于道路交通信号控制系统的设计、建设及运行效果的评估,根据控制目标和控制方式的不同,选取若干评估指标进行计算,通过前后指标对比进行效益评估,得出定量和定性评估结果,以便于交通管理部门对道路交通信号控制系统的设计、建设或控制方案等进行改进,从而提高交通信号控制系统的效益。

12.1 评估流程

信号控制效益评估一般包括基础数据调查、评估指标选取、评估指标计算和控制效益评估等主要流程,如图 12-1 所示。

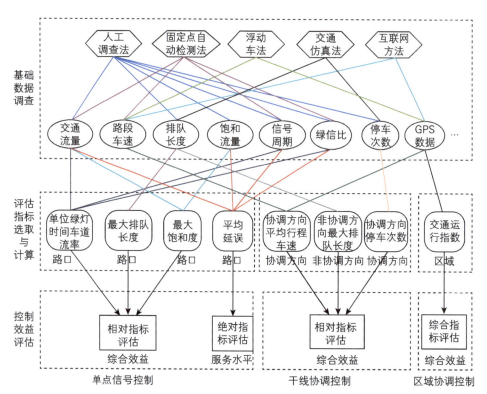

图 12-1 信号控制效益评估流程

12.2 评估指标选取

12.2.1 单点信号控制评估指标

单点信号控制评估指标见表 12-1。

表 12-1　单点信号控制评估指标表

序号	指标分类	指标	指标说明
1	通行效率	单位绿灯时间车道流率	通过采集计算连续 10 个周期以上单位绿灯时间的各进口关键车道交通流量总和来确定,主要用于评估进口车道或交叉口绿灯的放行效率 注:关键车道一般为进口流量最大的车道
2	拥挤程度	最大排队长度	通过计算绿灯启亮时刻交叉口排队最大进口车道的排队长度确定
3	拥挤程度	最大饱和度	通过计算单位时间内进口车道的交通流量与实际通行能力之比的最大值来确定,主要用于评估进口车道或交叉口交通运行的拥挤程度
4	延误程度	平均延误	通过调查计算单位时间内每车因信号控制引起的延误平均值来确定,主要用于评估交叉口的服务水平

12.2.2 干线协调信号控制评估指标

干线协调信号控制评估指标见表 12-2。

表 12-2　干线协调信号控制评估指标表

序号	指标分类	指标	指标说明
1	通行效率	协调方向平均行程车速	通过计算协调范围内的道路长度与行程时间之比来确定,主要用于判别干线协调方向的实际通行速率状况
2	拥挤程度	非协调方向最大排队长度	通过调查对比红灯启亮时刻与协调方向同向道路其他流向、与协调方向相交道路的各流向进口车道车辆排队长度来确定,主要用于判别协调控制下非协调方向的交通积压状况
3	延误程度	协调方向平均停车次数	通过抽样调查计算样本车辆通过协调范围内交叉口停车次数的平均值确定,主要用于评估干线信号的协调程度

12.2.3 区域协调控制评估指标

区域协调控制评估指标见表 12-3。

表 12-3　区域协调控制评估指标表

序号	指标分类	指标	指标说明
1	综合指标	交通运行指数	用于综合评价道路网的运行效率、拥堵状况，可按照拥堵里程比例、行程时间、延误时间三种方法进行换算，取值范围 0~10

12.3 评估指标计算

12.3.1 单点信号控制评估指标计算

1. 单位绿灯时间车道流率

单位绿灯时间车道流率指标建议采用人工调查法或固定点自动检测法，调查交叉口连续 10 个周期以上单位绿灯时间的各进口关键车道交通流量总和，然后根据式（12-1）进行计算。其中，关键车道一般为各进口交通流量最大的车道。

$$Q_E = \frac{\sum_{i=1}^{n} q_{G,i}}{\sum_{i=1}^{n} t_{G,i}} \quad （12-1）$$

式中　Q_E——单位绿灯时间通过量（pcu/s）；

$q_{G,i}$——各关键车道第 i 个周期绿灯时间交通流量和（pcu）；

$t_{G,i}$——各关键车道第 i 个周期绿灯时间和（s）；

n——指定时段内周期个数，$n \geq 10$。

2. 最大排队长度

最大排队长队指标建议采用人工调查法，多次调查该交叉口绿灯启亮时刻排队最大进口车道的排队长队，取统计平均值，计算方法见式（12-2）：

$$L_G = \max(l_{G,i}) \quad （12-2）$$

式中　L_G——绿灯启亮时刻最大排队长度（m）；

$l_{G,i}$——第 i 个进口车道绿灯启亮时刻排队长度（m）。

排队长度一般可通过观察排队车辆数量（一般小车为 1，大车为 2），乘以停车排队车辆的平均车头间距（建议取 8.0m）得到。

3. 最大饱和度

饱和度指标建议采用人工调查法或固定点自动检测法，调查分析时段内（一般为 15min）进口车道关键车道的交通流量和所在相位绿信比等参数，根据式（12-3）计算交叉口各车道最大饱和度值。该指标也可以通过交通仿真法，应用 VISSIM 等交通仿真软件进行模拟仿真，得到指标值。

$$X = \max(\frac{q_i}{C_i}) = \max(\frac{q_i}{S_i \lambda_i}) \tag{12-3}$$

式中　X——饱和度；

　　　q_i——交叉口第 i 个进口车道的交通流量（pcu/h）；

　　　C_i——交叉口第 i 个进口车道实际通行能力（pcu/h）；

　　　S_i——第 i 个进口车道饱和流量（pcu/h）；

　　　λ_i——第 i 个进口车道绿信比。

4. 平均延误

平均延误指标建议采用人工调查法或固定点自动检测法，调查分析时段内（一般 15min）该交叉口各相位关键车道的交通流量和所在相位绿信比，计算饱和度，然后根据式（12-4）、式（12-5）、式（12-6）计算关键车道平均信号控制延误，最后根据式（12-7）计算交叉口平均信号控制延误。该指标也可以通过交通仿真法，应用 VISSIM 等交通仿真软件进行模拟仿真，得到指标值。

$$d = d_1 + d_2 \tag{12-4}$$

$$d_1 = 0.5C \frac{(1-\lambda)^2}{1-\min[1,x]\lambda} \tag{12-5}$$

$$d_2 = 900T\left[(x-1) + \sqrt{(x-1)^2 + \frac{8ex}{CAP \cdot T}}\right] \tag{12-6}$$

$$d_A = \frac{\sum_i d_i q_i}{\sum_i q_i} \tag{12-7}$$

式中　d——所计算车道平均信号控制延误 (s/pcu)；

　　　d_1——所计算车道均匀延误，即车辆均匀到达所产生的延误 (s/pcu)；

　　　d_2——所计算车道随机附加延误，即车辆随机到达并引起过饱和周期所产生的附加延误 (s/pcu)；

　　　d_A——交叉口平均信号控制延误 (s/pcu)，为该交叉口各相位关键车道平均信号控制延误的流量加权值；

　　　C——周期时长；

　　　λ——所计算车道绿信比；

x —— 所计算车道饱和度；

CAP —— 所计算车道通行能力（pcu/h）；

T —— 分析时段持续时长，取 0.25 h；

e —— 单个交叉口信号控制类型校正系数，定时控制宜取 0.5；感应控制 e 随饱和度与绿灯延长时间而变，取值范围宜为 0.04~0.5。

12.3.2 干线协调控制评估指标计算

1. 协调方向平均行程车速

协调方向平均行程车速计算方法见式（12-8）：

$$\overline{V}_A = \frac{L_A}{\overline{T}_A} \tag{12-8}$$

式中　$\overline{V}_A$ —— 协调方向平均行程车速（km/h）；

L_A —— 协调方向道路长度（km）；

$\overline{T}_A$ —— 协调方向平均行程时间（h）。

2. 协调方向平均停车次数

协调方向平均停车次数指标建议采用浮动车法，调查多辆样本车辆在协调方向的停车次数，然后计算平均停车次数，计算方法见式（12-9）：

$$\overline{S}_A = \frac{1}{n}\sum_{i=1}^{n} S_i \tag{12-9}$$

式中　$\overline{S}_A$ —— 协调方向平均停车次数；

S_i —— 第 i 辆车通过所有协调交叉口总停车次数；

n —— 参与调查样本车辆数。

3. 非协调方向最大排队长度

非协调方向最大排队长度计算方法见式（12-10）：

$$L_{AR} = \max(l_{AR,i}) \tag{12-10}$$

式中　L_{AR} —— 非协调方向最大排队长度（m）；

$l_{AR,i}$ —— 第 i 个交叉口非协调方向红灯启亮时刻最大排队长度（m）。

排队长度一般可通过观察排队车辆数量（一般小车为 1，大车为 2），乘以停车排队的平均车头间距（建议取 8.0m）得到。

12.3.3 区域协调控制评估指标计算

区域协调控制评估选取城市交通运行指数这一综合指标进行计算。

城市交通运行指数用于综合评价区域内道路网的运行效率、拥堵状况，可按照拥堵里程比例、行程时间、延误时间三种方法进行换算，取值范围0~10，指数值越小越畅通，指数值越大越拥堵，具体计算方法参考国标 GB/T 33171-2016《城市交通运行状况评价规范》。

12.4 » 评估方法

依据控制目标和需求，信号控制效益评估可采用绝对指标评估，也可采用相对指标评估，通过实施前与实施后相关指标的综合对比分析，得出评估结论。

12.4.1 单点信号控制评估方法

单点信号控制评估可采用绝对指标评估（如平均延误）或相对指标评估（如单位绿灯时间车道流量变化率、最大排队长度变化率、最大饱和度变化率等）。

1. 绝对指标评估法

计算交叉口信号控制方案优化前后每车平均信号控制延误 d_A，根据表12-4得到交叉口服务水平，根据服务水平等级的变化来评估控制效益。

表 12-4 延误 – 服务水平表

服务水平	每车平均信号控制延误 d_A/s
A	$d_A \leq 10$
B	$10 < d_A \leq 20$
C	$20 < d_A \leq 35$
D	$35 < d_A \leq 55$
E	$55 < d_A \leq 80$
F	$d_A > 80$

信号控制方案实施后，如果服务水平增加越明显或者服务水平不变但延误减少越明显，说明单点信号控制效果越好；如果服务水平降低或者延误明显增加，应对单点信号控制方案进行二次优化调整。

2. 相对指标评估法

计算信号控制方案实施前后单位绿灯时间车道流量变化率、最大排队长度变化率、最大饱和度变化率,根据变化情况,以表格的方式进行定量评估。具体见表12-5。

表 12-5 单点信号控制评估表

评估时间段	评估指标	方案实施前	方案实施后	变化率
早高峰	单位绿灯时间车道流率			
	最大排队长度			
	最大饱和度			
平峰	平均延误			
	服务水平			
晚高峰	单位绿灯时间车道流率			
	最大排队长度			
	最大饱和度			

注:1. 平峰时建议选用绝对指标平均延误指标进行服务水平评估。
　　2. 高峰时建议选用相对指标单位绿灯时间车道流量或最大排队或最大饱和度等指标的变化率进行综合评估。

当单位绿灯时间车道流率增加值越大,或最大排队长队减少值越大,或最大饱和度减少值越大时,说明单点协调信号控制效果越好。

当单位绿灯时间车道流量明显减少,或最大排队长度明显增加,或最大饱和度明显增加时,应对单点信号控制方案进行二次优化调整。

12.4.2　干线协调信号控制评估方法

干线协调信号控制评估需要统筹考虑协调方向和非协调方向,建议采用相对指标评估法,选用协调方向平均行程车速变化率、协调方向平均停车次数以及非协调方向最大排队长度变化率等进行综合评估。具体见表12-6。

表 12-6 干线协调信号控制评估表

评估时段	评估指标	方案实施前	方案实施后	变化率
早高峰	协调方向平均行程车速			
	协调方向平均停车次数			
	非协调方向最大排队长度			
平峰	协调方向平均行程车速			
	协调方向平均停车次数			
	非协调方向最大排队长度			
晚高峰	协调方向平均行程车速			
	协调方向平均停车次数			
	非协调方向最大排队长度			

当非协调方向最大排队长度无明显增加时,如果协调方向平均行程车速增加越多或协调方向平均停车次数降低较多时,干线协调信号控制效果越好。

当非协调方向最大排队长度出现明显增加时,应对干线协调控制方案进行局部调整,避免对非协调方向交通流造成较大影响。

12.4.3 区域协调控制评估方法

区域信号协调控制评估采用综合指标评估(如交通运行指数),或结合拥堵里程比例、行程时间比、延误时间比等指标进行综合评估。具体见表 12-7。

表 12-7 区域协调控制评估表

评估时段	评估指标	方案实施前	方案实施后	变化率
早高峰	交通运行指数			
	行程时间比			
	延误时间比			
	拥堵里程比例			
平峰	交通运行指数			
	行程时间比			
	延误时间比			
	拥堵里程比例			
晚高峰	交通运行指数			
	行程时间比			
	延误时间比			
	拥堵里程比例			

根据信号优化前后该区域交通运行指数的变化程度进行效益评估,区域交通运行指数减少越明显,区域协调控制效果越好;当区域交通运行指数明显增加时,应对交通信号控制方案进行二次优化调整。

第三部分

应用案例篇

第13章 单点信号控制

Chapter Thirteen

单点信号控制是城市道路交通信号控制的重要组成部分，面对交通流时变特性与交叉口空间形态的差别，在当前城市众多信号控制交叉口均以单点模式运行的前提下，如何合理优化单点信号配时，已成为交通信号控制的关键基础工作。本章主要针对城市单点信号控制的各种情形，分别从相位相序优化、周期调整、联动协调等方面对单点信号控制的各种方式进行介绍。

13.1 分时段差异化控制

13.1.1 交通特征

浙江省嘉兴市的中山路–中环西路由城区最主要的南北向和东西向交通主干道构成，属于核心交叉点，4个方向的交通流量均较大，现有信号周期较长，南北向左转车辆排队较长，高峰期一个灯次难以完全通过。具体如图13-1所示。

a）东进口　　　　　　　　　　　　　　b）西进口

图13-1　中山路–中环西路现状交通运行状况

c）南进口

d）北进口

图 13-1 中山路－中环西路现状交通运行状况（续）

13.1.2 改善思路

1）平峰期间，压缩信号周期时长，提高交叉口信号周期轮换频率，提升道路通行效率。

2）高峰期间，适当增大信号周期时长，合理分配绿灯时间保证其利用率，提高道路通行能力。

3）交叉口夜间交通流量变化较大，鉴于硬件设备具备感应控制条件，故考虑夜间低峰采用感应控制方式。

13.1.3 优化方案

本交叉口距离上下游交叉口较远，交叉口间相关影响较小，道路交通流在平峰和早晚高峰期间较为稳定，因此建议日间采用单点固定配时控制，夜间采用单点感应控制。信号控制相位选用典型的四相位控制方式，如图 13-2 所示。

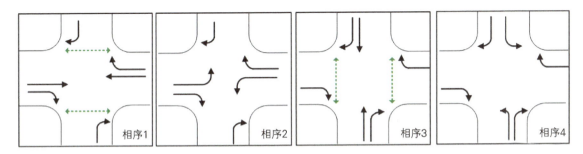

图 13-2 中山路－中环西路信号相位示意图

针对交叉口一周内的 15min 流量关系，对交叉口的信号控制时段划分为：工作日 5 个时段 + 周末 2 个时段。同时，根据时段内的交通流情况，进行了信号绿灯时间的调优，具体方案如表 13-1、表 13-2 所示。

表 13-1 中山路 – 中环西路工作日信号控制方案 （单位：s）

智能号	12	路口名	中山路（东西向）– 中环西路（南北向）							
时段	控制方式	相序	相序1		相序2		相序3		相序4	
		相位	东西直右 南北右		东西左 南北右		南直右 北直右		南北左 东西右	
		周期	min	max	min	max	min	max	min	max
22:00–07:20	感应控制		16	40	16	24	16	40	16	26
07:20–09:00	协调控制	C160		48		32		45		35
09:00–16:50	协调控制	C130		40		24		40		26
16:50–18:30	协调控制	C160		56		22		52		30
18:30–22:00	协调控制	C130		40		24		40		26

表 13-2 中山路 – 中环西路周末信号控制方案 （单位：s）

智能号	12	路口名	中山路（东西向）– 中环西路（南北向）							
时段	控制方式	相序	相序1		相序2		相序3		相序4	
		相位	东西直右 南北右		东西左 南北右		南直右 北直右		南北左 东西右	
		周期	min	max	min	max	min	max	min	max
22:00–07:20	感应控制		16	40	16	24	16	40	16	26
07:20–22:00	协调控制	C130		40		24		40		26

13.1.4 实施效果

方案实施后，早晚高峰期间，车辆基本经一个信号周期均能通过交叉口，较实施前2~3个信号周期通过，优化效果明显。平峰期间，车辆停车等待时间减少，夜间绿灯浪费时间也明显降低。

13.2 瓶颈进口重复放行

13.2.1 交通特征

1. 路口情况分析

广州市芳村大道 – 花蕾路是位于芳村区东南部的十字形路口，南北向芳村大道主要连接辖区内南北向过境车流，北侧路段及进口车道为双向6车道，南侧路段及进口车道为双向7车道；东西向花蕾路则是衔接经洲头咀隧道来往芳村与海珠车流的主干道之一，西侧路段及进口车道为双向 6 车道，东侧路段为双向 8 车道，进口拓宽为双向 10 车道，路段形状呈现喇叭状。具体如图 13-3 所示。

图 13-3　芳村大道 - 花蕾路地理位置

2. 路口交通流量分析

路口全天小时交通流量如图 13-4 所示。

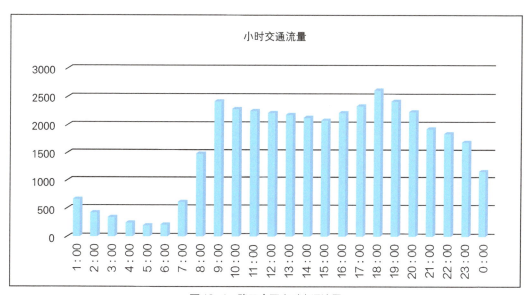

图 13-4　路口全天小时交通流量

通过统计路口全天小时交通流量,可知路口在 9:00-19:00 时段,交通流分布相对集中,单位小时交通流量均为 2000 辆以上。其中,早高峰峰值出现在 9 时,交通流量达到 2400 辆以上,晚高峰峰值出现在 18 时,交通流量达到 2500 辆以上。显示了路口在非低峰时段非通勤车流较多,通行需求始终保持在较高水平。该路口早晚高峰交通流分布如图 13-5 所示。

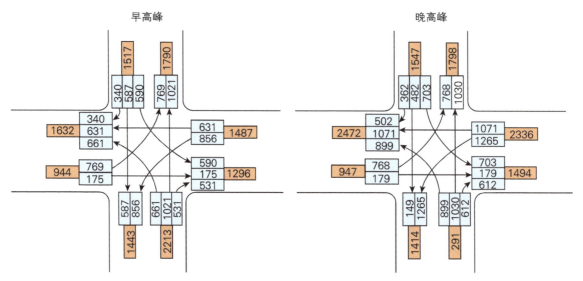

图 13-5　芳村大道-花蕾路早晚高峰交通流分布

早晚高峰期间的交通流特征如下:

1)早高峰时段,南北向交通流为路口关键车流,特别是南进口车道,单位小时交通流量超过 2300 辆,但由于进口车道交通组织与信号配时相对合理,进口车道交通流通行正常,鲜有拥堵现象。

2)晚高峰时段,大量车流从海珠经洲头咀隧道进入芳村,因此路口东进口车道车流量明显高于其他进口车道,通行需求极大。

3. 拥堵指数分析

优化前路口相交路段在早高峰及平峰时段,整体较为畅通,拥堵延时指数基本在 1.3 以下,而晚高峰时段拥堵延时指数急剧上升,峰值接近 3.5。结合晚高峰路口各进口车道交通流量分布及观察跟踪情况,可知晚高峰时段路口产生拥堵的根本原因是东进口交通流通行不畅。具体如图 13-6 所示。

4. 问题小结

路口东进口车道通行效率低下,放行时间中后期出现空放。路口东进口车道结构相对特殊(图 13-7),具体表现为:

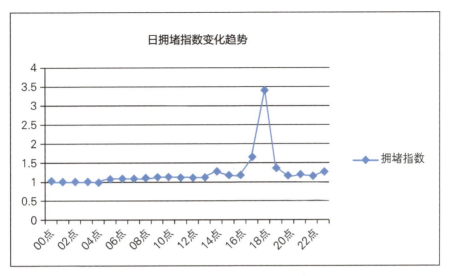

图 13-6 优化前相交路段高德拥堵指数变化情况

图 13-7 路口东进口车道呈现"少变多"分布

1）进口车道后方洲头咀隧道内道路为两车道，而进口车道展宽为 5 车道，道路几何结构呈现喇叭状，车流放行时，队首车流疏散速度明显高于后方车流。

2）隧道出口至进口车道处存在自下往上的坡度，排队后方车流因无法看清路口灯色变化导致起动损失时间增大。

综上，由于道路几何结构的特殊性，当东进口信号放行采用较高的绿信比时，因后续车流无法持续跟进造成相位中后期空放，降低了路口整体通行效率。因此，配时方案的设计应优先考虑"少量多放"的控制策略。

13.2.2 改善思路

为缓解芳村大道－花蕾路晚高峰拥堵状况，针对东进口车道前车疏散速率远大于后车的特点，拟对路口东进口车道实施"少量多放"的控制策略，通过相位的轮转，避免离散车流造成时间浪费。

13.2.3 优化方案

具体实施过程，主要是对路口实施变量控制策略，使东进口单口放行相位在一个周期出现2次，运行 A-D-B-C-D 相序，每次绿信比为原绿信比的一半，保证每次放行相位内，东进口车流通行间隙保持在正常范围内。具体如图 13-8 所示。

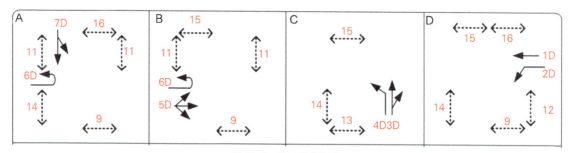

图 13-8　路口放行相位

13.2.4 实施效果

二次放行方案实施后，交叉口东进口车道排队车流单位周期通行量明显提高，通行车流间隙过大的低效率现象基本消失，平均排队长度优化率达到 50% 以上，进口车道拥堵状况得到了极大缓解。具体如图 13-9、图 13-10 所示。

图 13-9　优化前路口东进口排队情况　　　图 13-10　优化后路口东进口排队情况

对比优化前后一周的拥堵延时指数，优化后沿线路段各时段的拥堵延时指数均有所下降，全天平均下降幅度超过 10%，其中原拥堵情况最为严重的晚高峰，拥堵延时指数下降了 24.6%，降幅非常显著。具体如表 13-3、图 13-11 所示。

表 13-3 优化前后一周拥堵延时指数对比

时段	优化前	优化后	优化率
早高峰	1.157	1.103	4.7%
平峰	1.092	1.084	0.7%
晚高峰	1.617	1.219	24.6%
全天	1.243	1.118	10.07%

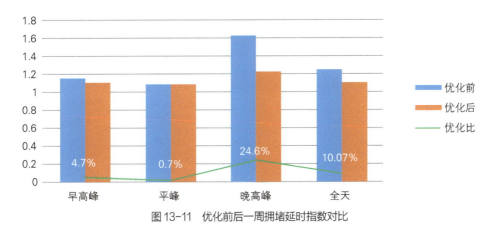

图 13-11 优化前后一周拥堵延时指数对比

13.3 双周期协调控制

13.3.1 交通特征

海口市金龙路 – 龙华路为该市国贸片区的重要路口之一，有东、西、南三个进口。早高峰时段（7:30~8:30）交叉口东进口直行、左转和南进口左转为主要车流。其中东进口有 4 个进口车道，但路段仅有直左和直右两车道，存在一个分流瓶颈位。路口北侧存在一由南向北的单行道出口，驶入车流量较低，可忽略其对路口的影响。路口渠化情况如图 13-12 所示。

金龙路 – 龙华路交叉口早高峰现状周期设置为 180s，南进口无直行，右转不受灯控；东进口的直行和左转分开放行，优化前早高峰相位相序及放行时间如图 13-13 所示。

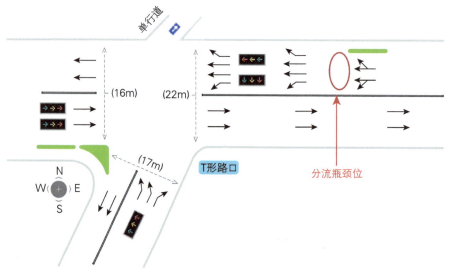

图 13-12　金龙路-龙华路路口渠化示意图

注：东、南进口右转无灯控。

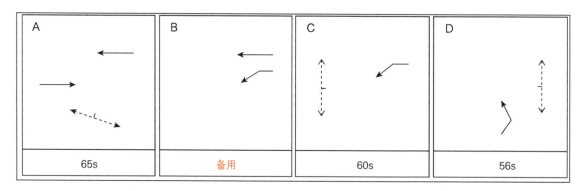

图 13-13　金龙路-龙华路路口早高峰相位相序及放行时间图（优化前）

现状主要存在以下问题：

1）路口 180 s 的周期过大，各进口的等待时间过长，导致排队车辆较长。

2）当路口东进口早高峰时段直行车辆排队过长，超过分流瓶颈点时，左转车流被截断，出现断流现象。

13.3.2　改善思路

1）路口信号周期并非越大越好，当路口路段存在瓶颈，过大的信号周期可能会造成通行时间浪费。

2）当协调控制的路口信号周期差异过大，小周期路口可采用双周期控制，但双周期的实施应考虑相位时间减少一半时，行人过街时间是否能得到保障，机动车损失时间是否在可承受范围内等因素。优化前的路口东进口早高峰运行状况如图 13-14 所示。

图 13-14　金龙路－龙华路路口东进口早高峰运行状况（优化前）

3）当双周期实施难度较大时，可考虑采用某一个或几个相位重复放行的优化方法，以减少进口排队压力。

13.3.3　优化方案

为避免车辆排队到分流瓶颈位口，在放行方式上需要考虑增加东进口通行效率，给流量较大的直行车流腾出蓄车空间。具体措施如下：

1）启用 B 相位，东进口左转与直行同时放行，避免因直行车辆排队过长影响左转车流通行，造成绿灯时间浪费，提高瓶颈处的通行效率。

2）在满足行人过街时间的前提下，路口采用双周期控制，减少各进口车辆等待时间与排队长度。优化后的相位相序如图 13-15 所示。

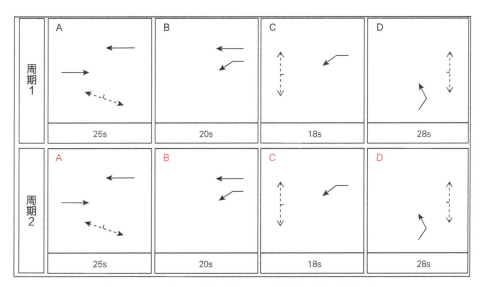

图 13-15　金龙路－龙华路路口早高峰相位相序图（优化后）

13.3.4 实施效果

1) 路口采用双周期控制后 (图 13-16), 东进口放行次数增加, 蓄车时间变短, 排队长度缩短, 瓶颈位对排队车辆的影响也随之消失, 东进口通行效率得到较大提升。

2) 早高峰南进口车辆到达比较集中, 采用双周期控制出现少量二次排队现象。该方案还存在调优的空间, 后续需要继续跟踪调整。

13.4 相位搭接放行

13.4.1 交通特征

1. 路口基础信息

图 13-16 金龙路-龙华路路口东进口早高峰车流 (优化后)

海口市国兴大道与美苑路相交成十字交叉口, 国兴大道为东西向城市主干道, 双向 12 车道, 日交通量巨大; 美苑路为南北向支路, 双向 6 车道, 交通量较国兴大道大幅降低。两条道路最右侧均已实施右转渠化, 右转车辆不受信号控制; 非机动车按人行过街信号通行。路口的基础信息示意如图 13-17 所示。

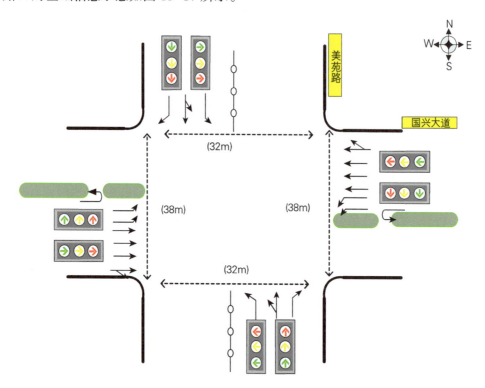

图 13-17 国兴大道-美苑路路口基础信息 (优化前)

2. 现行控制方案

国兴大道－美苑路路口采用东西直行、东西左转、南全放、北全放的四相位放行方式，如表13-4所示。

表13-4 国兴大道－美苑路现行相位方案

相位	相位1	相位2	相位3	相位4
示意图	←→	↰	↑↕	↕↓
时长	63s	33s	38s	33s

注：相位时间＝绿灯时间+3s黄灯时间。

3. 流量分析

（1）流量时变规律分析

由图13-18可知，国兴大道－美苑路路口日间流量比较平稳且处于较高水平，早晚高峰峰值相对明显。早高峰小时为8:00~9:00，晚高峰小时为17:30~18:30，路口最大通行量约为3900 pcu/h。

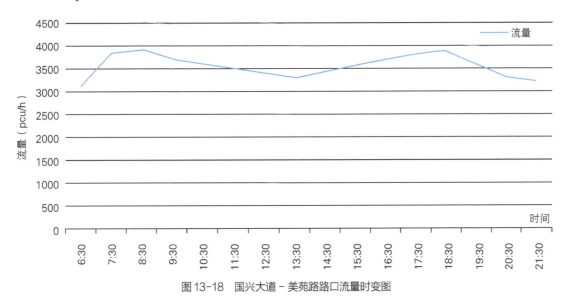

图13-18 国兴大道－美苑路路口流量时变图

（2）高峰小时流量流向分析

根据多天的观测调研，分析处理得到路口高峰时段流量流向如图13-19所示。

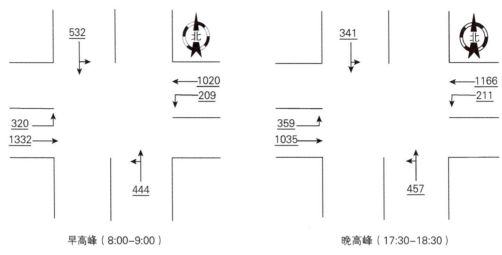

图13-19 国兴大道-美苑路早、晚高峰小时流向流量图（单位：pcu/h）

由上述流量流向图可知：

1）路口流量主要集中在东西主干道方向，南北方向相对较低。

2）东西进口左转流量不对等，西进口晚高峰左转交通量为359 pcu/h，而东进口左转仅为211 pcu/h，相差超过50%。

4. 排队车辆数分析

根据多天的调研结果，统计路口晚高峰各个进口平均排队车辆数，如表13-5所示。

表13-5 国兴大道-美苑路路口高峰时段各进口排队车辆数 （单位：辆）

序号	东进口		南进口	西进口		北进口
	直行	左转		直行	左转	
1	51	23	22	50	48	21
2	50	24	25	49	47	17
3	45	19	18	46	44	18
4	49	16	17	52	46	15
5	52	21	20	54	43	14
6	43	17	16	51	42	13
平均值	48	20	19	50	45	16

由上述平均排队车辆数据可知：

1）路口高峰时段排队情况较为严重，交叉口平均排队长度为33辆。

2）排队状况以交通流量最为集中的东西主干道方向最为严重，特别是西进口左转车流，高峰时段频频出现二次排队现象。

5. 现行方案存在的问题

早晚高峰时段，西进口左转流量超出东进口的比率达 50% 左右。而现状中，路口采用东西左转专用相位，导致东进口因车流较少造成空放，而西进口车流较大造成放行时间不足和二次排队。

同时，西进口采用直行、左转分开放行的相位设计方式，经常导致左转车流占用直行车道排队，从而阻碍直行车流的通行，降低直行方向车流的通行效率。国兴大道 – 美苑路路口流量与信号相位图见表 13-6。

表 13-6 国兴大道 – 美苑路路口流量与信号相位图

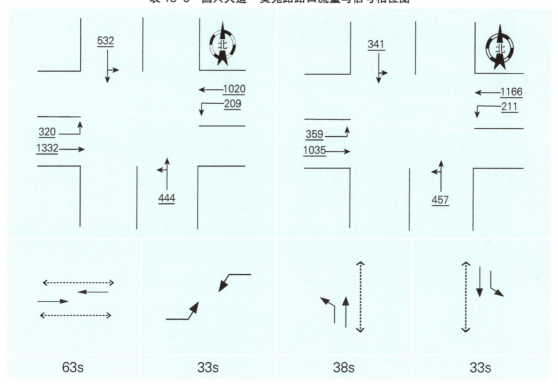

综上，现行国兴大道 – 美苑路路口的四相位放行方案存在以下不足：

1）东西左转同放的相位设计无法充分发挥 SCATS 系统的自适应调节能力；SCATS 系统本身可根据不同的车流量配置不同的放行时间，然而设置东西左转专用相位导致系统只能依据车流量较大的一方确定放行时间，限制了系统的自我调节能力。

2）东西进口左转车流不对等，导致一侧车流出现二次排队，另一侧出现空放的情况。

3）在左转专用相位期间，非机动车与行人都处于红灯状态，对行人与非机动车过街造成较大的延误。

13.4.2 改善思路

针对国兴大道－美苑路路口东西左转流量不对等，且西进口左转车流阻碍直行车流通行的路口运行特点，将左转专用相位拆开，调整相位为西全放、东西直行、东全放、南全放、北全放的五相位方案，并根据东、西左转的实际流量，确定西进口、东进口的左转放行时间。

13.4.3 优化方案

具体优化方案如表 13-7 所示。

表 13-7 国兴大道－美苑路路口优化方案

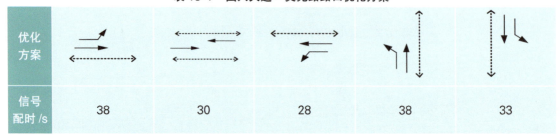

优化方案					
信号配时 /s	38	30	28	38	33

注：相位时间 = 绿灯时间 +3s 黄灯时间。

13.4.4 实施效果

对于单点控制路口，选取二次排队率、平均排队长度、平均延误、实际通行能力等交通运行评价指标对路口优化前后的运行情况进行对比评价。

1）二次排队率：一个周期内停车两次或两次以上的车辆数与该周期绿灯时间内的驶离车辆数之比。

2）平均排队长度：绿灯开始前，在停止线前停车排队的车辆数或长度。

3）平均延误：进入交叉口的每辆车的平均延误，反映交通流在交叉口的受阻与排队状况。

4）实际通行能力：现行信号控制方案下，单位时间内通过路口的车辆总数。

从表 13-8 可知，优化后的方案基本消除了二次排队现象，平均排队长度与平均延误均降低了 20%，实际通行能力提升了 8.6%，路口通行效率得到全面提升。

国兴大道－美苑路路口原控制方案东西进口采用的放行策略是先东西直行再左转，这种放行方式有严格的适用条件，即：

1）东西进口直行流量相当，相差幅度一般应为 15% 以内，否则难以避免空放或二次排队的情况。

2）东西进口左转流量相当，相差幅度一般应为 10% 以内，差异过大同样会出现空放或二次排队现象。

表 13-8　国兴大道 – 美苑路路口晚高峰优化前后各指标对比

指标	优化前方案	优化后方案	优化率
二次排队率	3%	0	−3%
平均排队长度 / 辆	28	22	−20%
平均延误 /s	46.2	37.2	−20%
实际通行能力 /(pcu/h)	3569	3876	+8.6%

直行车相对左转车通过交叉口的速度略高，因此流量差值的容许范围适当大一些。但只要流量不对等，总会存在空放或二次排队现象。而国兴大道 – 美苑路路口东西进口早晚高峰直行与左转流量均严重不对等，左转流量差异甚至超过 50%，因此原控制方案下路口的运行效率低下。

优化后的控制方案，考虑了东西进口流量不对等的现实情况，针对直行流量比左转流量大得多的特点，相位设计上优先直行车流，采用直行搭接相位有效解决了因流量不对等而造成的空放或二次排队问题，极大地提升了路口通行效率。

13.5　"外控内疏"全局控制

13.5.1　交通特征

南充市五星花园五叉环岛路口由文化路、涪江路、人民南路、模范街和人民中路交汇而成，是南充最繁忙的路口之一。路口地处闹市，周边分布着重要的医疗、教育资源，同时也是繁华商圈聚集地，路口车流量、人流量均非常巨大。经测算，该路口晚高峰时段机动车流量高达 5664 pcu/h，非机动车流量为 2456 pcu/h；路口人行隧道内日人流量约 8000~14000 人 /h。早晚高峰时段，路口都处于超饱和状态。路口车道分布、渠化设计及信号灯组编号示意如图 13-20 所示。

五星花园环岛路口全天采用一套配时方案，采用两相位设置，相位时间均为 66s，相位一放行文化路、人民南路进口；相位二放行人民中路、涪江路、模范街进口，具体如图 13-21 所示。

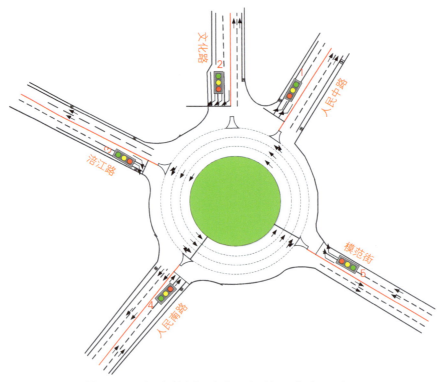

图 13-20　路口车道分布、渠化设计及信号灯组编号示意图

相位一（66s）　　　　　　　　　相位二（66s）

图 13-21　五星花园环岛路口现行相位方案

现方案主要存在以下问题：

1）路口全天只采用一套定周期控制方案，没有充分考虑各进口交通流量之间的变化差异，造成环岛内车辆冲突严重，交通秩序混乱，高峰时段常常出现拥堵，交通运行效率低下。

2）人民路建有下穿通道，人民南路出口方向路面由 3 车道缩窄为 2 车道，车流通行受道路变窄影响大；人民南路出口靠近公交站及新世纪购物广场，旁边购物广场出入口车流及路边停车对车流通行阻碍较大，车流消散缓慢。

3）文化路、人民南路及人民中路进口车辆被允许在进口处掉头，但限于道路条件，掉头车辆需要横跨 2 条车道，并且在行进过程中不断寻找间隙，时走时停，阻碍环岛内车流的疏散。

4）受环岛内部交通秩序的影响，各进口车道路段的车辆排队均较长，而以环岛为中心的 1km 范围内，五条进口车道路段都设置有 3~5 个信号控制路口（多为行人过街信号），路段内排队回溢严重，行车体验不佳。

近期，五星花园环岛路口的行人过街通道正在进行市政工程改造，行人过街将由原来的隧道通行转移到路面上来，并采用交通信号控制，为环岛控制带来了新的挑战。行人过街位置及灯组设置示意如图 13-22 所示。

图 13-22 五星花园环岛路口行人过街改造方案示意图

13.5.2 改善思路

要改善五星花园环岛路口的交通运行情况，必须综合考虑环岛周边的交通信号控制路口，从区域控制入手，环岛为枢，快速轮转；周边配合，适度控制。具体改善思路如下所述。

1. 外围路口截流

为了降低环岛路口的饱和度，需要在外围路口进行适度的截流控制，减缓各进口车流汇入环岛的速率，目标是将环岛内部的车流饱和度控制在 80% 左右。

2. 内部环岛疏散

环岛内部不加灯控，实现环岛内部不停车，保留环岛的设计优势；环岛各进口采用双向绿波协调控制，不追求最大绿波带宽，只求尽量提升行车体验，减少停车次数与停车等待时间。周边路口控制策略如图 13-23 所示。

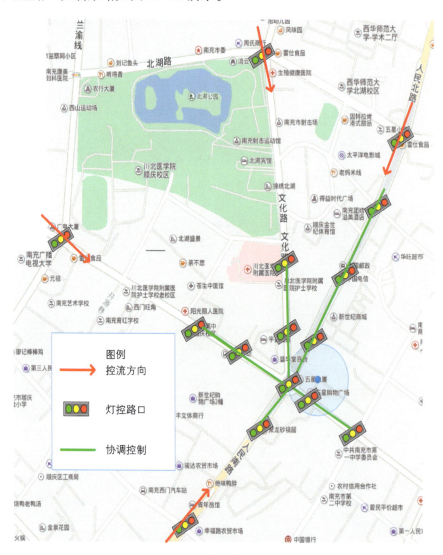

图 13-23 周边路口控制策略

13.5.3 优化方案

1）撤销人民中路、文化路、人民南路在环岛入口处的掉头标志，改成禁止掉头标志，让车辆绕环岛一圈掉头。

2）根据流量变化情况，划分多个控制时段，具体如表 13-9 所示。

表 13-9 环岛路口控制时段划分

序号	时段名称	时段（工作日）	时段（非工作日）
1	早高峰	07:30–09:00	09:00–12:00
2	平峰	06:00–07:30，09:00–14:00，15:30–16:30，19:30–22:30	06:00–09:00，19:30–22:30
3	午间高峰	14:00–15:30	12:00–13:00
4	晚高峰	16:30–19:30，14:00–19:30（周五）	13:00–19:30
5	低峰	22:30–24:00，0:00–06:00	22:30–24:00，0:00–06:00

3）精细化设计环岛信号放行策略，核心目标是减少冲突与延误，指导原则是尽量将冲突类型变为合流冲突，化远距离冲突为近距离冲突，将冲突区域控制在一个小范围内，加快冲突区域外的车辆疏散速度。此外，由于环岛内部空间较大，设计信号时还需要充分考虑道路的利用率，可适当使用重复放行策略。在此优化思路指导下，设计了具体的控制方案，如图 13-24 所示。考虑到人民中路进入环岛的流量较小，该进口采取长绿控制。

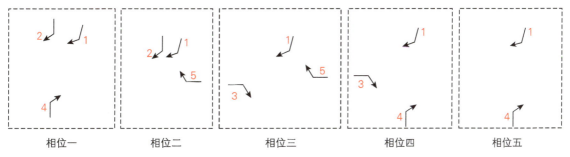

图 13-24 五星花园环岛路口优化后的相位方案

针对各时段采用不同的周期与相位时间，工作日晚高峰时段的配时信息如表 13-10 所示。

表 13-10 工作日晚高峰时段配时表 （单位：s）

时段	相位一	相位二	相位三	相位四	相位五	相位差	周期
五星花园环岛路口	8	35	24	37	22	0	126
文化路人行	37	89	–	–	–	67	126
涪江路人行	43	83	–	–	–	0	126
人民南路人行	37	89	–	–	–	67	126
模范街人行	43	83	–	–	–	0	126
人民中路人行	37	89	–	–	–	67	126

注：相位一为行人过街信号，相位二为机动车信号；相位时间包括绿灯时间+3s黄灯时间。

4）环岛进口新增的行人过街控制与环岛距离较近，宜与环岛信号采用协调控制，相位差及配时信息也如表 13-10 所示。

13.5.4　实施效果

新的控制策略下发后，经过数周的观察，环岛内交通运行情况得到极大改善，环岛内车辆运行变得有序，未出现以往高峰时段的"死锁"现象。高峰小时路口的通行能力略有提升，行人过街移至路面未对进口的车辆排队产生不良影响，路口的信控措施达到预期效果。如图 13-25 所示为路口优化前后交通运行情况对比。

a）优化前秩序（11.22 早高峰 8:10）

b）优化后秩序（12.06 早高峰 8:10）

c）优化前秩序（11.24 晚高峰 18:22）

d）优化后秩序（12.01 晚高峰 18:22）

图 13-25　五星花园环岛路口优化前后交通运行情况对比

以往在进行环岛路口优化时，通常在环岛内增设信号灯，形成两层灯控。该方法虽然对分离交通冲突、规范车流秩序、保障通行安全具有一定作用，但行车延误相应增加，通行效率有所降低。

本次南充五星花园环岛路口优化，从环岛的基本特性出发，只要进入环岛内的交通流量保持适宜范围内，环岛内的通行效率是最高的，且秩序、安全均能得到保障。基于环岛这一特性，保持环岛内无灯控，对各进口车道进入环岛的车流进行控流，确保环岛内的交通顺畅；同时，为减少冲突，采用多重复合相位，变环岛内的交叉冲突为合流冲突。方案的成功实施，为环岛路口优化提供了一种新思路。

13.6 相位拆分间隔放行

13.6.1 交通特征

广州市番禺区光明北路－榄塘路路口由光明北路、榄塘路和兴学路交汇而成，榄塘村和里仁洞村村口位置靠近交叉口，使其成为六岔不规则路口。光明北路为南北向主干道，北接新光快速路，是进出番禺区的重要通道之一，交通十分繁忙；榄塘路为东西向支路，与众多住宅小区相连通；兴学路是大型住宅小区富豪山庄的进出通道。

路口早晚高峰时段出现常发性拥堵，高峰持续时间较长，对番禺区居民出行产生较大的影响。路口渠化、车道及信号灯组设置示意如图 13-26 所示。

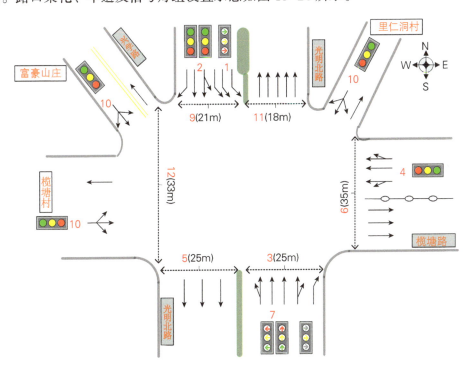

图 13-26 光明北路－榄塘路路口渠化、车道及信号灯组设置示意图

通过实地调研，光明北路－榄塘路路口早高峰（7:30-8:30）和晚高峰（17:30-18:30）时段的交通流量如图 13-27 所示。

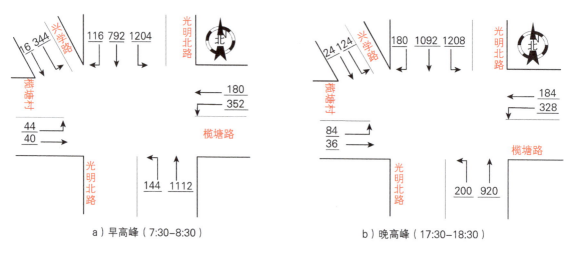

a）早高峰（7:30–8:30）　　　　b）晚高峰（17:30–18:30）

图 13-27　高峰时段交通流量图

数据显示：南北方向为关键车流方向，北进口左转流量大；西北进口（兴学路）早高峰流量比晚高峰大；东进口早晚高峰流量相当，但晚高峰流量比较集中，在路口的汇聚速度快，需要多次排队才能通过路口；榄塘村和里仁洞村流量较小（相比其他进口，进出里仁洞村的流量可忽略不计）。

路口目前采用四相位放行方式，根据交通流特点设置有低峰、平峰和早晚高峰方案。路口相位方案如图 13-28 所示，早晚高峰信号控制方案如表 13-11 所示。

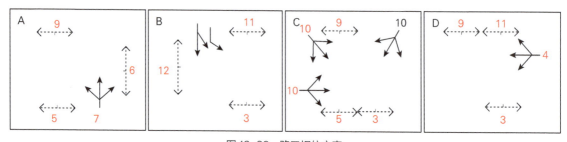

图 13-28　路口相位方案

表 13-11　路口优化前早晚高峰信号控制方案　　　　（单位：s）

序号	开始时间	结束时间	相序	周期	A	B	C	D
1	07:30	08:45	A-B-C-D	200	48	73	43	28
2	17:30	18:30	A-B-C-D	193	51	73	33	28

注：每个相位含全红时间 2s。

现方案主要存在以下问题：

1）早高峰北进口存在绿灯空放现象。

2）晚高峰东进口排队严重，车辆需要 3~4 次排队才能通过路口。

3）早晚高峰路口周期大，西北进口（兴学路）车辆等待时间长，经常出现车辆抢道现象（利用对向车道插空、占用对向车道排队），导致进口堵塞，需要进入兴学路的车辆排队回溢至路口中间，影响其他进口车辆通行，路口行车秩序混乱；兴学路仅为双向两车道，而该路段车流量较大，早晚高峰时段排队较长，车辆需要 4~5 次排队才能通过路口，通行效率较低。

13.6.2 改善思路

针对路口形态特点、交通流特性及现状控制效果，提出以下优化措施：

1）路口进口众多，保持原方案的进口轮放方式可降低相位设计的复杂度，易于被驾驶人所接受。

2）早晚高峰信号周期过大且存在进口空放问题，可适当压缩周期；东进口排队严重需要合理设置绿灯时间。

3）西北进口车辆对路口通行效率影响尤为突出，需要从缩减排队长度与减少轮放等待时间两方面入手，以时间换空间，解决路口内的冲突问题。

13.6.3 优化方案

将原方案 C 相位的时间拆分为两部分，将一部分单独分配给西北进口，对西北进口实行重复放行，同时考虑到兴学路进口仅为一条车道，长时间放行会产生"断流"现象，因此拆分后的两个相位需间隔开，待蓄聚车流后再次放行。优化后的相位如图 13-29 所示。

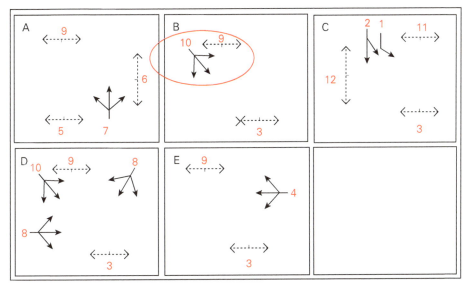

图 13-29 路口优化后的相位图

优化后的早晚高峰信号控制方案如表13-12所示。

表13-12 路口优化后早晚高峰信号控制方案 （单位：s）

序号	开始时间	结束时间	相序	周期	A	B	C	D	E
1	07:00	09:00	A-B-C-D-E	186	39	25	60	28	32
2	17:00	19:00	A-B-C-D-E	186	40	21	65	22	34

注：B、E两相位含2s全红时间。

13.6.4 实施效果

对光明北路-榄塘路路口进行优化后，路口的拥堵持续时间缩短，从原来的40min减少到28min，路口通行效率有所提高。路口的平均排队长度及二次排队指标改善情况如表13-13、表13-14所示。

表13-13 路口优化后早高峰各进口平均排队长度 （单位：pcu/h）

时段		进口					
		东进口	南进口	北进口	西进口	西北进口	东北进口
早高峰	优化前	17	20	27	2	37	3
	优化后	15	17	24	2	28	4
	优化率	11.8%	15%	11.1%	—	24.3%	—
晚高峰	优化前	22	23	30	3	35	4
	优化后	18	21	30	3	26	5
	优化率	18.2%	15%	0%	—	25.7%	—

表13-14 路口优化后晚高峰各进口车道车辆二次排队长度 （单位：pcu/h）

时段		进口					
		东进口	南进口	北进口	西进口	西北进口	东北进口
早高峰	优化前	2.1	0.3	0.3	0	13	0
	优化后	1.1	0	0.2	0	3.5	0
	优化率	47.6%	100%	33.3%	—	73.1%	—
晚高峰	优化前	8.5	1.7	1.4	0	15	0
	优化后	3.1	1.3	0.9	0	3.8	0
	优化率	63.5%	23.5%	35.7%	—	74.7%	—

优化后早晚高峰各进口排队长度都有不同程度的下降，西北进口改善最为明显；早高峰除西北进口存在二次排队外，其他进口基本能够一次清空；晚高峰西北进口和东进口仍存在二次排队现象，但二次排队的车辆数大大减少。从整体上来看，优化达到了消除冲突，提高效率的目标。

本案例采用的技术手段比较简单，但是优化方案实施效果立竿见影。拆分相位重复放行虽然不是交通信号控制里的"标准思路"，但该方法从路口的道路瓶颈和冲突矛盾出发，因地制宜，巧妙而合理地从时间和空间上分配路权，让路口的运行变得高效有序，取得事半功倍的效果。

13.7 » 自适应控制

13.7.1 交通特征

1. 路口概况

杭州解放东路–富春路交叉口位于杭州市钱江新城核心区域，附近是市民中心和 CBD 区域。交通流特点呈现过境性和到达性车流并存现象，平峰期间大部分时段双向车流量相对均衡，属于常规信号控制路口。

2. 存在问题

1）路口右转通行效率低。
2）行人过街时间不足。

13.7.2 改善思路

1）取消右转车道信号控制，提高右转车道通行能力。
2）设置直行相位绿灯时间时，兼顾行人过街最小时间。

13.7.3 优化方案

1. 设施设置

根据交通流特点，合理设计渠化、信号灯设置和检测器分布。同时，为提高右转通行效率，取消右转箭头灯，每一进口设置为左转箭头灯 + 圆盘灯，如图 13-30 所示。

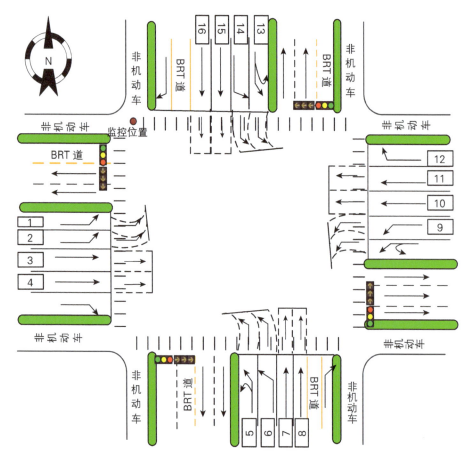

图 13-30　设施设置

2. 相位设计

信号相位按图 13-31 所示的普通四相位设计，根据信号灯设置变动，取消右转单独控制。

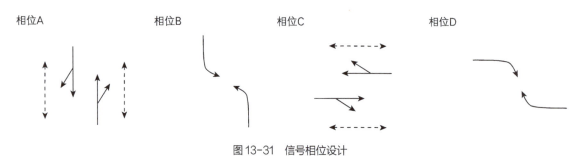

图 13-31　信号相位设计

3. 周期设置

制定该路口自适应周期方案如表 13-15 所示。

表 13-15　自适应控制周期设置方案

周期梯度名称	周期梯度值	周期梯度值范围	周期值条件
最小周期	100	20~100	—
可变最小周期 1	120	0 或 20~150	战略线圈流量
可变最小周期 2	140	0 或 20~150	战略线圈流量
主周期	160	0 或 20~240	90
最大周期	180	0 或 20~240	115

4. 绿信比方案

绿信比方案设计原则：兼顾机动车和行人需求。规划者初步设计了以下 4 套自适应绿信比方案，见表 13-16。

表 13-16　绿信比方案

方案序号	相序	绿信比（%）				备注
		A	B	C	D	
1	A-B-C-D	27	25	25	23	A 为主相位
2		27	25	27	21	A 为主相位
3		29	24	24	23	A 为主相位
4		27	25	28	20	A 为主相位

针对早晚高峰进出市民中心流量特点，制定高峰时段固化绿信比方案，见表 13-17。

表 13-17　高峰时段固化绿信比方案

时段	相序	绿信比（%）				备注
		A	B	C	D	
07:00–09:00	A-B-C-D	27	27	23	23	A 为主相位
17:00–19:00		27	29	23	21	A 为主相位

13.7.4　实施效果

1. 右转效率提升

取消右转单独控制后，右转弯等待时间减少，通行效率提升。

2. 行人过街时间保障

直行相位时间设置充分考虑了行人过街需求，保证了行人过街安全。

第 14 章 干线协调信号控制

Chapter Fourteen

随着我国机动车保有量的增加，城市干线交通拥堵问题日益严重，干线协调信号控制是解决干道交通拥堵的有效途径。本章针对城市交通干线的各种场景，分别从单向绿波协调、双向绿波协调、截流协调控制及短距离路口协调控制等方面，介绍干线协调控制在缓解交通拥堵、提高道路通行能力的相关应用。

14.1 单向绿波协调控制

14.1.1 交通特征

海口市国贸片区位于海南省海口市龙华区，为龙华区重要的商务区域，国贸片区通过玉沙路、国贸大道、金龙路，连通城市主干道滨海大道、龙昆北路、海秀快速路，片区内部采取逆时针的单向绕行方式，具体路网如图 14-1 所示。

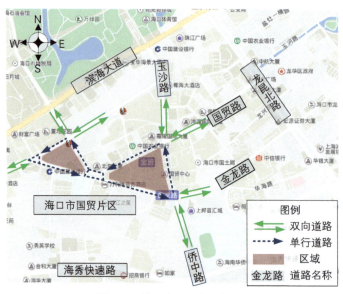

图 14-1 海口市国贸片区路网图

海口市国贸片区内交通信号控制路口点位相对密集，总长 4180m 的道路上分布 13 个交通信号控制路口，平均间距约 320m。由于路口间距短、红绿灯路口分布较为密集，存在停车次数多、停车起动造成环境污染、驾驶体验差以及高峰期排队溢流引发交通拥堵等问题。交叉口具体点位分布如图 14-2 所示。

图 14-2　海口市国贸片区交叉口点位图

14.1.2　改善思路

通过对海口市国贸片区的 13 个交通信号控制交叉口进行绿波协调控制，以达到减少停车次数、避免车辆排队溢出至上游路口的目的。具体如图 14-3 所示。

其中，对国贸区域的金龙路、玉沙路、国贸大道采取单向绿波协调，对国贸区域周边的国贸大道、侨中路、海秀路的协调策略仍以单向协调为主，兼顾对向通行需求。

14.1.3　优化方案

由于海口市国贸片区协调路口中含 13 个交通信号控制交叉口，包含十字、T 形、人行横道等交叉口，路口之间周期需求差异较大，故采取部分交叉口双周期控制，具体如表 14-1 所示。

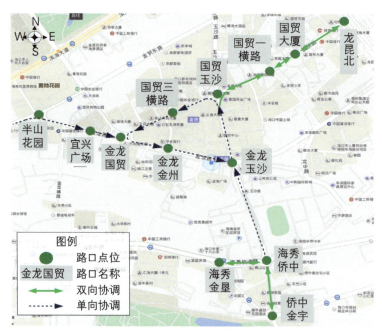

图14-3 海口市国贸片区绿波协调思路图

表14-1 海口市国贸片区协调交叉口

序号	道路名称	路口名称	路口类型	协调周期类型	协调类型
1	国贸路	龙昆北路口	人行横道	单周期	单向协调为主，兼顾对向需求
2		国贸大厦路口	人行横道	双周期	
3		国贸-一横路口	十字路口	单周期	
4		玉沙路口	十字路口	单周期	单向协调
5		国贸-三横路口	人行横道	双周期	
6	金龙路	半山花园路口	T形路口	双周期	单向协调
7		宜兴广场路口	人行横道	双周期	
8		金龙-国贸路口	T形路口	双周期	
9		金龙-金州路口	T形路口	双周期	
10		金龙-玉沙路口	十字路口	单周期	
11	侨中路	海秀-侨中路口	十字路口	单周期	单向协调为主，兼顾对向需求
12		侨中-金宇路口	十字路口	单周期	
13	海秀路	海秀-金垦路口	T形路口	单周期	

国贸片区共划分为4条线路进行绿波协调控制（图14-4），设计速度均为45 km/h，分别为：

1）海秀路：海秀–金肯路口~海秀–侨中路口。

2）侨中~玉沙~国贸路：侨中–金垦路口~海秀–侨中路口~金龙–玉沙路口~国贸–玉沙路口~国贸–国贸三横路口~国贸–金龙路口。

3）国贸路：龙昆北路口~国贸大厦路口~国贸–一横路口~国贸–玉沙路口~国贸–三横路口~国贸–金龙路口。

4）金龙路：半山花园路口~宜兴广场路口~金龙–国贸路口~金龙–金州路口~金龙–玉沙路口。

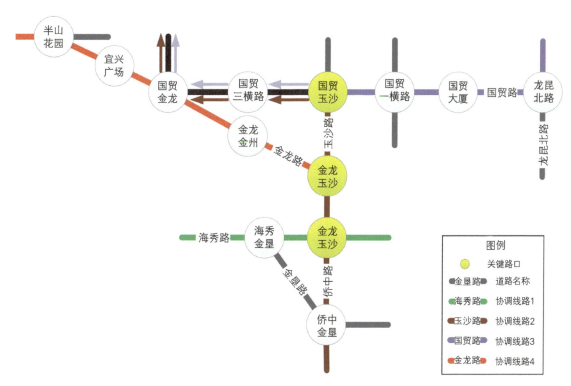

图14-4　海口市国贸片区绿波协调控制路线图

选取金龙路作为单向绿波带协调的案例进行说明。金龙路–半山花园路口、金龙路–国贸路口、金龙路–金州路口均为小周期的运行交叉口，平峰运行周期在60~90s范围内；金龙路–玉沙路为十字形交叉口，平峰运行周期在150~170s范围内。鉴于金龙路各交叉口之间周期差异较大，故对小周期交叉口采用双周期协调，如图14-5所示。

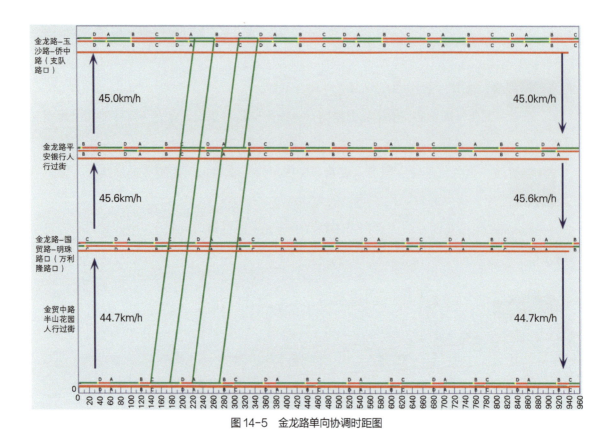

图 14-5　金龙路单向协调时距图

14.1.4　实施效果

通过对海口市国贸片区绿波协调方案下发前后的数据对比，从行程时间、停车次数上对实施效果进行对比。具体如表 14-2 所示。

表 14-2　协调效果数据对比表

序号	协调路段	方向	行程时间 /s			停车次数 / 次		
			优化前	优化后	优化率	优化前	优化后	优化率
1	海秀路（金垦路口～海秀路口）	西往东	124	36	71%	1	0	100%
		东往西	96	33	66%	1	0	100%
2	侨中～玉沙～国贸路（侨中金垦路口～海秀－侨中路口～金龙－玉沙路口～国贸－玉沙路口～国贸路－国贸三横路口～国贸－金龙路口）	南往西	446	217	51%	4	1	75%
		北往南	94	40	57%	1	0	100%
3	国贸路（龙昆北路口～国贸大厦路口～国贸－一横路口～国贸－玉沙路口～国贸－三横路口－国贸－金龙路口）	西往东	189	106	44%	2	1	50%
		东往西	325	147	55%	3	0	100%

(续)

序号	协调路段	方向	行程时间 /s			停车次数 / 次		
			优化前	优化后	优化率	优化前	优化后	优化率
4	金龙路（半山花园路口～宜兴广场路口～金龙－国贸路口～金龙－金州路口～金龙－玉沙路口）	西往东	276	126	54%	3	0	100%
	平均		221	101	57%	2.1	0.3	89%

1）海秀路：优化前东西双向各停车 1 次，优化后东西双向不停车通过。

2）侨中～玉沙～国贸路：优化前，南往西停车 4 次，北往南停车 1 次；优化后，南往西停车 1 次，北往南停车 0 次。

3）国贸路：优化前，西往东停车 2 次，东往西停车 3 次；优化后，西往东停车 1 次，东往西停车 0 次。

4）金龙路：优化前西往东停车 3 次，优化后西往东停车 0 次。

四条路段实施绿波控制之后，国贸片区内的交通运行情况得到极大改善，片区内的停车次数减少，行程时间大大缩短，交通效率明显提升。

14.2 双向绿波协调控制

14.2.1 交通特征

1. 宁东路现状交通简介

宁东路（江澄北路－市政府）是宁波市东部新城东西方向重要道路，长约 1.6km，是沟通宁波市老城区与东部新城的主要纽带，更是一条担负着宁波市未来蓬勃发展的交通要道。

目前宁东路为双向 8 车道，机非隔离，道路中央有绿化带，基础交通设施较为完善，如图 14-6 所示。

本次交通信号协调对象为宁东路沿线 4 个信号灯控制交叉口，如图 14-7 所示，即驾澄岗（宁东路/江澄北路）、驾晏岗（宁东路/海晏北路）、驾清岗（宁东路/河清北路）和市北岗（宁东路/市政府）。

双向8车道

机非隔离

行人2次过街

公交专用道

图 14-6　宁东路交通现状图

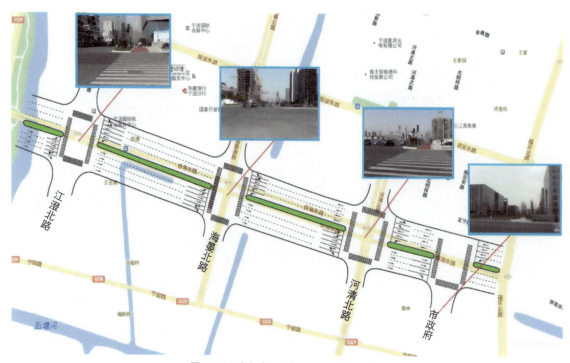

图 14-7　宁东路沿线各灯控交叉口分布图

2. 宁东路交通信号控制现状调查

（1）交叉口信号控制现状调查

宁东路协调控制交叉口交通流量、车道分布、现状相位设计和信号配时情况如表 14-3 所示。

表 14-3　交叉口现状调查表

路口位置	路口形状	路口间距/m	路口相位	南北绿灯时间/现有周期，高峰/平峰/s
宁东路-江澄北路	十字形	—	3	48/120，48/120
宁东路-海晏北路	十字形	664	2	28/40，28/40
宁东路-河清北路	十字形	596	4	34/110，34/110
宁东路-市政府	T字形	350	2	45/65，45/65

（2）现状交叉口流量调查

通过对宁东路沿线流量最大的路口（宁东路-河清北路）平峰和高峰各时段的交通流量进行调查统计，得到路口四个不同时段的小时交通流量数据，如表 14-4 所示。

表 14-4　宁东路与河清北路交叉口流量调查表　　（单位：pcu/h）

路口方向		早高峰	早平峰	午平峰	晚高峰
东	左	72	60	72	78
	直	346	264	288	330
南	左	144	72	60	156
	直	428	148	152	368
西	左	112	48	56	96
	直	420	350	372	446
北	左	32	24	30	18
	直	216	96	102	204
合计	—	1770	1062	1132	1696

（3）行人、非机动车调查

通过对宁东路典型路口和路段进行观测统计，宁东路上行人对路段机动车干扰主要来自公交站旁的人行横道，非机动车干扰较小。

3. 交通现状问题分析

尽管宁东路路面行车条件良好，通行能力较高，但仍然存在以下问题：

1）相邻交叉口间无信号协调。由于缺乏信号协调，造成停车次数偏多，调查显示，因在交叉口等待红绿灯的时间超过全程行程时间的50%以上。

2）驾晏岗、市北岗均采用两相位放行，左转车与直行车辆存在冲突。随着市政府的搬迁，宁东路交通流量将有所增加，左转车与直行车的冲突也会越来越明显。当实行双向绿波时，直行车辆速度较快，存在一定的安全隐患。

3）缺乏限速标志。宁东路通行条件好、机动车流量不大，而路段目前还没有明确的限速规定，部分机动车在此路段行驶的速度较快，易酿成事故。

4）路段中公交停靠站点附近未设置相应的人行横道提示标志标线，以及行人安全过街爆闪灯，存在一定的安全隐患。

14.2.2 改善方案

利用宁东路行车条件良好，受行人干扰较小等特点，通过设置合理的相位差，尽可能保证双向车流顺畅行驶，减少停车次数，降低交叉口延误。

1. 设计车速确定

根据调查得到的干线实际行驶车速，考虑路线特征、交叉口特征、各路段的非机动车和行人干扰情况以及流量、车速关系等因素，对实际调查资料进行分析和计算，选取设计车速为60km/h。

2. 公共周期选择

通过对宁东路沿线交通流量最大的交叉口-驾清岗（宁东路与河清北路）现状运行情况进行调查，考虑双向绿波设计的需要，计算确定公共周期为120s。

3. 相位与相位差设计

根据各交叉口间距、设计车速、周期等参数，结合采用浮动车法调查得到的相位差等数据，在优先保证由西向东全程单向绿波的前提下，通过绘制时距图，反向协调由东向西各路口之间的相位差，结合现状交叉口信号配时情况，分别设计了白天和夜间的双向绿波协调控制方案，如图14-8所示。

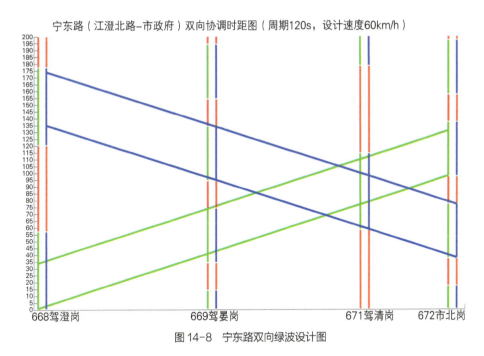

图 14-8 宁东路双向绿波设计图

从表 14-5 可以看出,各交叉口采用 120s 的公共周期,设置表 14-5 给出的相位差方案,平均车速运行在 50~60km/h 范围内时,由西向东可实现全程绿波(带宽为 34s),由东向西也可实现全程绿波(带宽为 40s)。

表 14-5 绿波设计参数

路口名称	驾澄岗	驾晏岗	驾清岗	市北岗
周期 /s	120	120	120	120
设计车速 /(km/h)	60	60	60	60
相位差 /s	0	+40	+36	+21

14.2.3 保障措施及建议

为了配合双向绿波的实施,增加或调整部分路口软硬件设施,同时在保障行人和非机动车安全通行的前提下,减少其对宁东路双向机动车流的干扰。

1. 信号周期调整

目前,驾晏岗和市北岗均为两相位设置,周期分别为 40 s 和 65 s。因此,建议对驾晏岗和市北岗实行双周期放行,与其他路口进行双向协调,提高机动车通行效率,减少路口停车等待时间。

2. 相位差调整

根据双向绿波设计图进行交叉口间的相位差协调，形成连接方案，写入信号控制系统，让信号机在不同时段自动运行相应的双向绿波方案。

3. 路段人行横道管理

为配合双向绿波的实施及出于交通安全的考虑，建议在行人过街需求较大的路段人行横道前方设置菱形人行横道预告标志，提醒过往车辆减速慢行。

14.2.4 实施效果

采用浮动车法对宁东路双向绿波实施前后的运行效果进行调研，并对调研数据进行对比分析，效果如表14-6所示。

表14-6 宁东路双向绿波实施前后效果对比

指标	实施前		实施后		成效
	由东向西	由西向东	由东向西	由西向东	
行程时间	约3.3min	约3.6min	约1.7min	约1.7min	降低约50%
行程速度	29.3km/h	26.8km/h	54km/h	53km/h	提高约94%
停车次数	2.1次	2.3次	0.3次	0.2次	停车次数减少2次
等待时间	107.6s	123.5s	4s	5s	基本无需等待

从表14-6可知，宁东路实施双向绿波后，全程行程时间降低约50%，行程速度提升约94%，车辆行驶过程中基本无需停车，极大地减少了机动车燃油消耗，降低了尾气排放，带来良好的社会效益及经济效益。

14.3 进城截流协调控制

14.3.1 交通特征

济南市将军路地处历城区西北角，是南北走向的重要干道，作为连接北部零点立交与南部全福立交及二环东路的重要通道，服务路侧居民生活区，同时保障城区内部交通与外部交通的沟通衔接。

将军路全程2.1km，共6个信号控制交叉口，由南向北依次为将军路－小清河北路、将军路－荷花路、将军路－荷花路北、将军路－华山行人过街、将军路－宋刘村工业园、将军路－华山西路，地理位置如图14-9所示。

第14章 干线协调信号控制

图14-9 将军路区位图

经调研发现，将军路具有以下交通特征。

1. 潮汐现象明显，交通流以直行为主

将军路北部是物流园区，早高峰南向北方向流量大，晚高峰北向南方向流量大，且路段中间的宋刘村工业园、华山行人过街、荷花路北三个交叉口为行人过街路口，交通流运行无横向干扰。

2. 排队现象严重，瓶颈路口负荷较重

将军路–小清河北路为该路段的交通瓶颈点，晚高峰时该路口北进口有多次排队现象，且偶尔发生溢流。另外，华山西路、宋刘村工业园两交叉口间排队长度已超过路段2/3，交通压力较大。现状交叉口排队长度如图14-10所示。

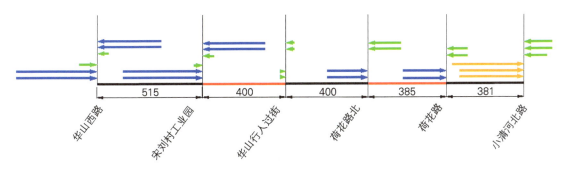

图14-10 现状交叉口排队长度示意图

经分析，将军路存在以下问题：

1）时间分配不合理，部分交叉口存在东西方向空放而南北方向绿灯时间不足的问题。

2）信号周期未统一，未采取合理的干道协调控制措施，使得车流不断积压在瓶颈路口，产生溢流，造成绿灯损失，降低通行效率。

14.3.2 改善思路

1）调整单点信号配时使其更加合理化，同时统一信号周期。

2）对将军路北向南车流实行截流协调控制，缓解瓶颈路口交通压力，提高整体通行效率，调控策略如图 14-11 所示。

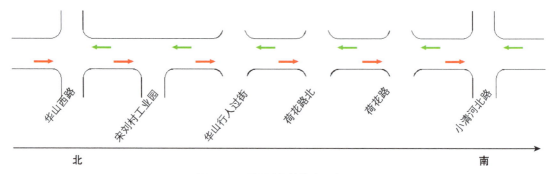

图 14-11 将军路调控策略示意图

14.3.3 优化方案

1）首先对将军路各交叉口进行单点信号配时优化，确定信号周期为 180s，优化后信号配时如表 14-7 所示。

表 14-7 优化后信号配时表 （单位：s）

交叉口	周期	南北直行	南北左转	东西直行	东西左转
小清河北路	180	52	58	37	33
交叉口	周期	南北对放	东西对放	—	—
荷花路	180	124	56	—	—
交叉口	周期	南北直行	南北左转	东西对放	—
荷花路北	180	75	72	33	—
交叉口	周期	南北直行	东西直行	—	—
华山行人过街	180	124	56	—	—

（续）

交叉口	周期	南北直行	南北左转	东西直行	东西左转
宋刘村工业园	180	113	31	36	—

交叉口	周期	南北直行	南直行	南北左转	东西对放
华山西路	180	90	8	41	41

2）北向南方向实施截流协调控制，利用模型算法及启动波与消散波的相关理论，确定各交叉口相位差。将军路由南向北各交叉口相位差如表14-8所示，截流图如图14-12所示。

表14-8　各交叉口相位差一览表

交叉口	相位差 /s
小清河北路	0
荷花路	17
荷花路北	49
华山行人过街	66
宋刘村工业园	93
华山西路	153

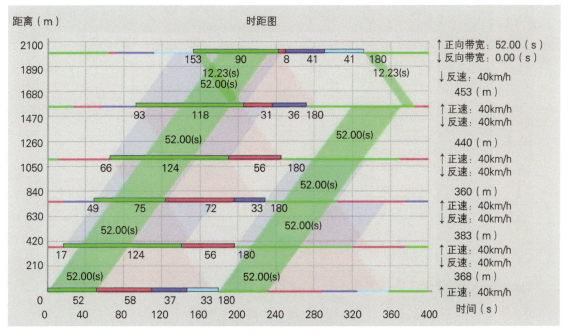

图14-12　将军路截流示意图

14.3.4 实施效果

通过信号控制优化,将军路北向南方向排队及溢流问题得到解决,各流向通行时间分配更为合理,明显改善了通道的交通运行状况,优化后的行程时间和排队长度如图 14-13 及表 14-9 所示。

经巡查,瓶颈交叉口(小清河北路)在截流协调控制前最大排队车辆数为 46 辆,截流协调控制后的最大排队车辆数为 26 辆,优化率为 43.5%;截流协调控制后,直行车辆自北向南平均行程时间由 731s 减为 452s,优化率为 38.1%。优化后的车辆排队示意如图 14-13 所示。

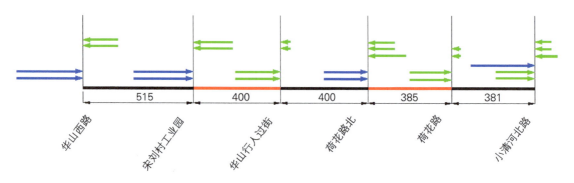

图 14-13　优化后南北方向车辆排队长度示意图

表 14-9　优化前后南北方向直行排队长度

交叉口	南进口最大排队长度/辆		北进口最大排队长度/辆	
	优化前	优化后	优化前	优化后
小清河北路	19	11	46	26
荷花路	14	6	31	28
荷花路北	23	16	29	26
华山西路行人	6	7	4	24
宋刘村工业园	43	26	56	40
华山西路	45	23	55	42

14.4 短距离交叉口溢流防控

14.4.1 交通特征

1. 交叉口概况

江厦桥,位于宁波市中心三江口,途经东西主干道中山西路,横跨奉化江,桥长

180m，东西两侧分别为江厦桥东岗和人民岗交叉口，如图 14-14、图 14-15 所示。

图 14-14 人民岗、江厦桥东岗区位图 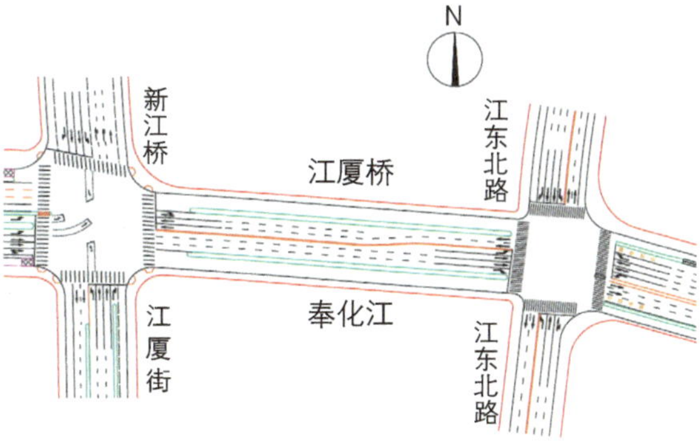　　　　图 14-15 人民岗、江厦桥东岗路口渠化图

2. 交通流及相位特征分析

江厦桥东岗和人民岗交叉口优化前相位设置及江厦桥各时段断面交通流量如表 14-10、表 14-11 所示。

表 14-10 人民岗、江厦桥东岗优化前相位设置

相位	人民岗	江厦桥东岗
A	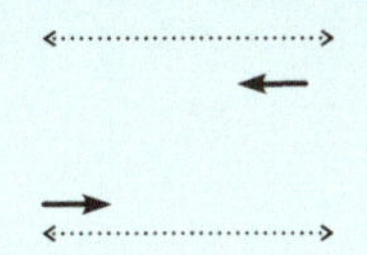 ← →	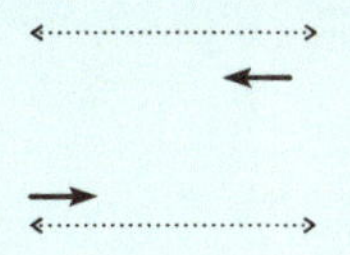 ← →
B	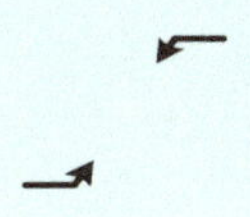 ↰ ↱	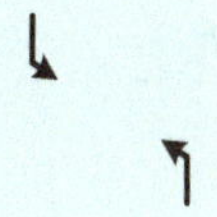 ↰ ↱
C	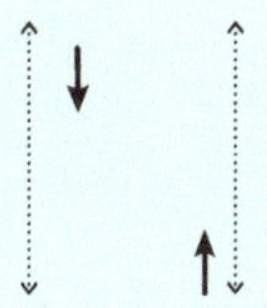 ↓ ↑	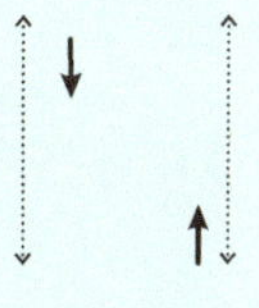 ↓ ↑
D	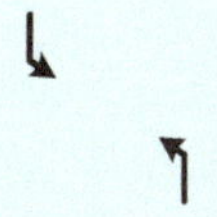 ↰ ↑	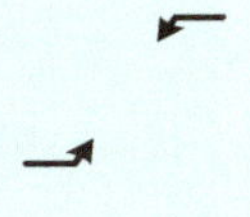 ↰ ↑

表 14-11 江厦桥各时段断面交通流量　　　　　　　　　　　（单位：pcu/h）

时段	西进口	东进口
早高峰	756	450
平峰	700	410
晚高峰	875	468

3. 存在的问题和原因

通过分析江厦桥断面交通流量情况,可知东西方向通过江厦桥的交通流量较大,且江厦桥桥长只有180m,车辆在桥面排队空间有限,易造成人民岗、江厦桥东岗排队溢出,如图14-16所示。

图14-16 江厦桥桥面排满车辆

此外,根据江厦桥断面交通流量情况,可以看出西进口交通流量明显大于东进口。在早高峰、平峰、晚高峰三个时段,西进口交通流量大约是东进口的2倍,因此位于江厦桥西侧的人民岗更容易发生排队溢出情况,需要及时进行调整。

14.4.2 改善思路

1. 优化目标

根据人民岗和江厦桥东岗的实际情况,及时疏导东西方向车流通过江厦桥,避免车辆在桥两侧排队溢出。

2. 解决思路

根据车流情况,通过改变人民岗和江厦桥东岗的放行相位,增加东西方向放行绿信比,保证东西方向车流能快速通过江厦桥;同时对人民岗和江厦桥东岗进行协调,避免车辆长时间滞留桥面导致排队溢出,影响桥两侧交叉口的正常通行。

14.4.3 优化方案

1. 相位调整

在原有4相位放行的基础上,对人民岗增加一个西进口单口放行相位,对江厦桥东岗分别增加东进口单口放行和西进口单口放行相位,在早高峰和晚高峰时段根据实际需要进行调用。

具体如表 14-12 所示。

表 14-12 人民岗、江厦桥东岗优化后运行相位情况

相位	人民岗	备注	江厦桥东岗	备注
A	← →	—	← →	—
B	↱↴	高峰时启用	↲↰	高峰时启用
C	↰	—	↲↱	—
D	↓ ↑	—	↓ ↑	—
E	↲↱	—	↰	—
F	—	—	↱→	高峰时启用

2. 同步与协调

根据人民岗和江厦桥东岗的路口间距、行车速度，计算两个交叉口的相位差，并对运行周期进行连锁与同步，保证车流平稳快速过桥，减少桥面排队长度，防止溢流。

14.4.4　实施效果

通过优化协调后，东西方向车流在人民岗和江厦桥东岗均能快速通过，滞留桥面的车辆明显减少，排队长度大幅降低，有效地防止了交叉口间排队溢出现象的发生。

14.5　错位交叉口排队疏散

14.5.1　交通特征

1. 基础信息

广州市番禺区平康路–德兴路–坑口路三路交汇形成两个相邻的 T 形交叉口，平康路

与坑口路之间的距离仅为 90 m 左右，构成近距离错位交叉口。平康路东西走向为主要车流方向。交叉口的车道及信号灯组设置情况如图 14-17 所示。

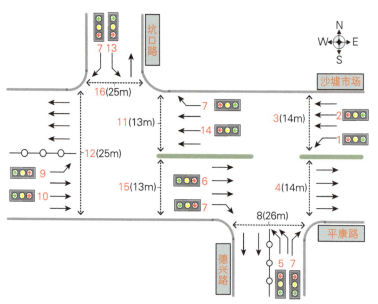

图 14-17　平康路 – 德兴路 – 坑口路基础信息图

2. 现行控制方案

平康路 – 德兴路 – 坑口路路口采用一台信号机控制 2 个 T 字形路口，全天划分了两个时段，各时段的配时及相位设计方案如表 14-13 所示。

表 14-13　平康路 – 德兴路 – 坑口路路口配时及相位设计方案

时段	方案号	相序	周期 /s	A	B	C	D	E
00:00–06:00	09	A-B-C-D-E	179	38	43	41	27	30
06:00–24:00	15	A-B-C-D-E	200	43	49	46	30	32

现行相位方案如图 14-18 所示。注：控制方案中的相位 ABCD 均放行 7 号右转灯组，为简洁起见，图中处略去。

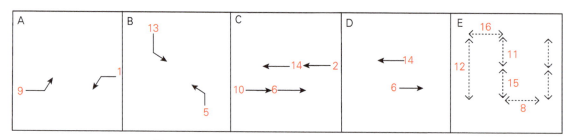

图 14-18　平康路 – 德兴路 – 坑口路现行控制方案相位图

3. 流向流量情况

路口的早晚高峰流向流量情况如图14-19所示。

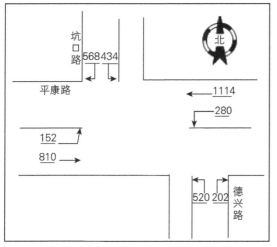
早高峰流向流量/(pcu/h)

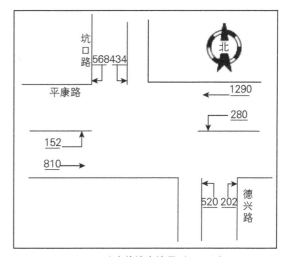
晚高峰流向流量/(pcu/h)

图14-19 平康路-德兴路-坑口路早晚高峰流向流量图

交叉口早晚高峰车辆运行情况如下：

1）早高峰主要车流方向为东西进口直行与南进口左转车流，其中东西进口直行排队较长，经常出现二次排队现象，二次排队长度约3辆；东进口左转车辆偶尔出现二次排队现象，二次排队长度约4辆；南北进口左转排队较长，易出现二次排队现象，二次排队长度约4辆。

2）晚高峰主要车流方向为南进口左转和东西进口直行，南进口左转出现二次排队现象，二次排队长度约4辆，东进口直行车流量比西进口直行车流量高约37%，东进口左转偶尔出现二次排队现象，二次排队长度约4辆。

4. 存在问题

经实地调研观察，该交叉口车辆运行效率较低，早晚高峰较为拥堵，行人闯红灯现象相对普遍。除去路口形状及车流量较大等客观因素之外，该路口的交通信号控制存在以下问题：

1）路口全天时段方案较为单一，没有根据不同时段的车流量变化制定相应的控制策略，导致路口车流全天处于饱和状态。

2）周期过大（日间周期200s），相位时间不合理，易造成东西进口直行车流及南北进口左转车流排队过长，引发二次排队现象，路口通行能力降低。

3）早高峰各进口车道车流量均较大，东进口直行车流与北进口右转车流汇入西出口（C、D相位），而西出口消散能力不足，造成拥堵现象。

4）南北向左转车流进入路口中间的东西进口直行车道待行时（B相位），南北向左转车流可能超出直行车道排队区（B相位时间过长而排队区过短），在下一个东西直行相位放行时（C、D相位），东西向直行与南北向左转产生合流冲突，影响车辆的正常行驶。

5）行人等待时间过长（日间168s），横穿马路闯红灯现象严重，设置的行人专用相位实用性不强。

14.5.2 改善思路

针对上述问题，制定如下优化思路：

1）根据现场流量调研结果，依据交通流量时变特性划分多个时段，制定不同配时方案，实现路口精细化控制。

2）取消行人专用相位，采用跟随机动车相位放行方式，不仅可以缩短路口过大的信号周期，还可大大降低行人过街等待时间。

3）交叉口间路段距离过短，可容纳排队车辆数有限，在进行相位设计时需保证路段不会阻塞溢流，因此需要巧妙处理东西向直行与南北向左转产生的合流冲突，以及东进口直行与北进口右转的合流冲突，从整体上提高路口的通行效率。

14.5.3 优化方案

优化后的路口时段划分及控制方案如表14-14所示。

表14-14 平康路－德兴路－坑口路优化方案　　　　（单位：s）

时段	方案号	相序	周期	A	B	C	D	E	F
00:00–07:30	15（平峰）	A-B-C-D-E-F	126	20	13	24	14	34	21
07:30–09:30	09（早高峰）	A-B-C-D-E-F	150	23	13	29	22	39	24
09:30–17:00	15（平峰）	A-B-C-D-E-F	126	20	13	24	14	34	21
17:00–19:00	10（晚高峰）	A-B-C-D-E-F	150	23	13	29	22	38	25
19:00–24:00	15（平峰）	A-B-C-D-E-F	126	20	13	24	14	34	21

由于相位变动需调整信号灯组的接线，故对灯组进行重新编号。路口的灯组设置及编号示意如图14-20所示。

第14章 干线协调信号控制

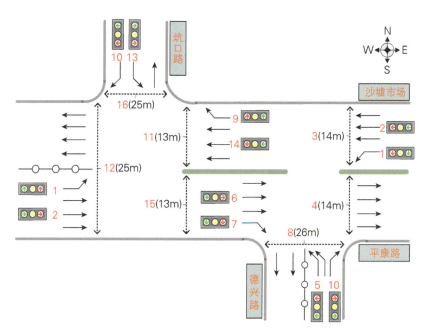

图14-20 平康路－德兴路－坑口路优化后的基础信息图

优化后的相位设计图如图14-21所示。

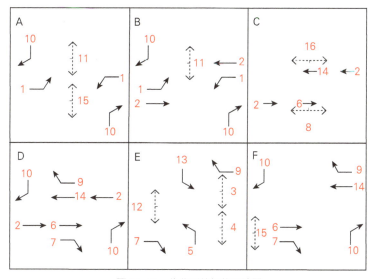

图14-21 优化后的相位设计图

优化后方案具体措施如下：

1）取消行人专用相位，采用行人与机动车同步放行方式，极大压缩了信号周期（最高150s）。

2）利用小相位B对东西进口车辆与交叉口中段等待区车辆进行衔接，充分利用道路中段空间。

3）利用C、D相位重复放行的技巧，优先东西方向车流，保障主干道的畅通，同时利用时间差缓解了东进口直行与北进口左转的合流冲突。

4）E、F相位重点考虑南北进口左转车流的通行需求，规避其与东西方向直行车流冲突，从而大大提高路口通行效率。

14.5.4 实施效果

路口优化方案下发后，选取平均排队长度、二次排队等评价指标对运行效果进行对比分析，如表14-15、表14-16所示。

表14-15 平康路–德兴路–坑口路平峰各进口平均排队长度优化前后对比

	平均排队长度/（pcu/h）							
	东进口		南进口		西进口		北进口	
	直行	左转	直行	左转	直行	左转	直行	左转
优化前	10.2	7.6	—	19	12.7	7.2	—	15.7
优化后	3.1	6.6	—	10.5	8.1	6	—	7
优化率	69.6%	13.2%	—	44.7%	36.2%	24.3%	—	55.4%

表14-16 平康路–德兴路–坑口路高峰各进口平均排队长度优化前后对比

	平均排队长度/（pcu/h）							
	东进口		南进口		西进口		北进口	
	直行	左转	直行	左转	直行	左转	直行	左转
优化前	13.6	9.5	—	21.3	12	8.3	—	17.7
优化后	5.2	8.7	—	14.5	9.2	6.5	—	12
优化率	61.8%	8.4%	—	31.9%	23.3%	21.7%	—	32.2%

由表14-15、表14-16可知，平峰及高峰时段，各进口车道车辆平均排队长度明显缩短，东西进口排队长度优化率高达69.6%，南北进口排队长度优化率高达55.4%，各个进口已基本无二次或多次排队现象，路口整体通行效率得到了较大提升。

第15章 非机动车和行人过街控制

Chapter Fifteen

非机动车和行人是我国城市混合交通的重要组成部分，而当前交叉口信号配时及方案设计仍多注重于机动车的相位参数，较少从整体上考虑非机动车和行人的实际通行需求。因此，如何有效保障行人、非机动车的通行路权，从而减少交通拥堵、提升通行效率，成为非机动车和行人过街控制所亟需解决的重要问题。本章主要从交叉口非机动车和行人的相位设置、放行方式、协调模式等方面，对其控制方法进行介绍。

15.1 大流量非机动车蓄水式放行

15.1.1 交通特征

1. 路口特征

案例交叉口位于南宁市长湖路长湖立交桥下（图15-1），由长湖路（路段为双向六车道）与厢竹大道（路段为双向四车道）相交而成，是连接南宁市城区各个方向的关键路口。

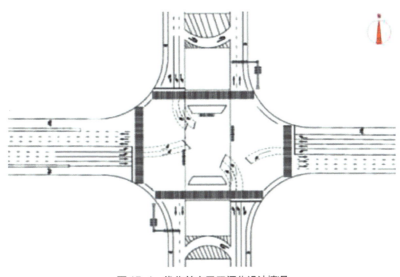

图15-1 优化前交叉口渠化设计情况

2. 交通问题分析

改善前，交叉口采用常规四相位控制（图15-2），非机动车跟随本向进口车道的机动车同步放行。由于交叉口的非机动车流量大（表15-1），"机非"冲突严重，早晚高峰时段路口平均停车次数达3次以上，交叉口行车秩序与通行效率均有待改善（图15-3）。

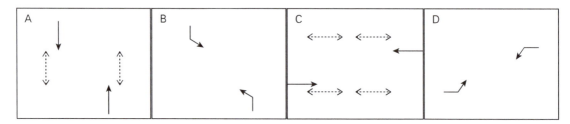

图15-2　优化前交叉口相位方案

注：非机动车跟随机动车信号放行。

表15-1　交叉口早晚高峰流量

时段	车型	东进口		南进口		西进口		北进口	
		直行	左转	直行	左转	直行	左转	直行	左转
早高峰	机动车/（pcu/h）	469	716	112	385	310	408	108	258
	非机动车/（辆/h）	916	352	1292	532	605	286	2781	1140
晚高峰	机动车/（pcu/h）	401	358	148	425	651	581	179	522
	非机动车/（辆/h）	1057	336	1542	464	467	457	1207	228

图15-3　优化前交叉口运行状况示意图

15.1.2 改善思路

1. 优化交叉口空间利用率

长湖路－厢竹大道交叉口空间巨大，可考虑在每个进口前增设非机动车前置待行区，让非机动车排队提前，加快非机动车消散。

2. 强化非机动车通行引导

设置非机动车待行区后，在非机动车进口车道处增设 LED 诱导屏，引导非机动车有序进入待行区等候。

3. 优化信号控制相位方案

增加非机动车信号灯，路口采取顺时针进口单独放行方式，且机动车灯较非机动车灯迟启亮 9s，提前疏散非机动车，提升路口通行效率。

15.1.3 优化方案

1. 渠化优化

基于上述特征与问题分析，利用长湖立交桥下的大片空置区域，设计为"非机动车待行区"。为引导骑行人规范进入待行区，在交叉口四个方向设置 LED 屏，当上一相位放行时，引导屏显示"自行车进入待行区"，当其他进口车道放行时显示"为遵守交通规则的您点赞"等内容，引导骑行人按交通规则驶入待行区（图 15-4）。

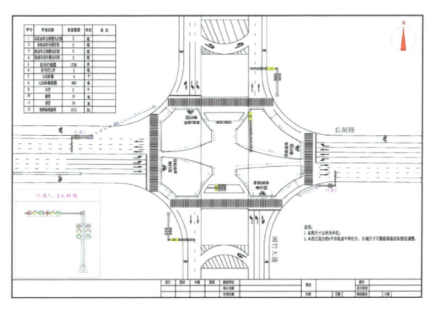

图 15-4　路口优化方案设计图

2. 信号优化

采取 4 个方向顺时针进口单独放行方式。北进口放行时（A 相位），东进口的非机动车进入待行区。在放行顺序上，非机动车先放行 9s，基本清空待行区后再放行机动车，减少"机非"冲突，改善行车秩序，提高通行效率。优化后的相位放行方案如图 15-5 所示。

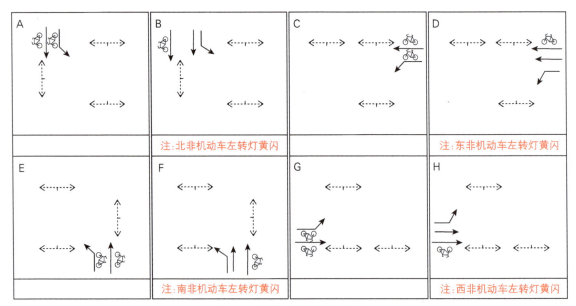

图 15-5　优化后的相位放行方案

优化后的路口信号配时方案如表 15-2 所示。

表 15-2　优化后的信号配时方案　　　　　　　　　　　　（单位：s）

序号	方案时段		周期	相位							
	开始时间	结束时间		A	B	C	D	E	F	G	H
1	00:00	06:00	157	9	38	9	42	9	39	9	38
2	06:00	07:00	192	9	42	9	53	9	48	9	49
3	07:00	08:30	218	9	48	9	76	9	51	9	43
4	08:30	11:30	192	9	42	9	53	9	48	9	49
5	11:30	13:00	202	9	43	9	53	9	49	9	57
6	13:00	14:30	220	9	47	9	70	9	55	9	48
7	14:30	15:00	220	9	47	9	70	9	55	9	48
8	15:00	17:00	192	9	42	9	53	9	48	9	49
9	17:00	19:00	248	9	54	9	58	9	63	9	73
10	19:00	19:30	190	9	51	9	51	9	43	9	45

（续）

序号	方案时段		周期	相位							
	开始时间	结束时间		A	B	C	D	E	F	G	H
11	19:30	23:00	192	9	42	9	53	9	48	9	49
12	23:00	00:00	157	9	38	9	42	9	39	9	38

15.1.4 实施效果

1. 充分利用道路空间资源，实现非机动车"蓄水"式管理

充分利用了立交桥下的"空置区域"，将非机动车集中在待行区，实现对非机动车的单独"蓄水"式放行管理。

2. 缩短了运行周期时长，减少机动车等待时间

1）早高峰时段运行周期由原来的 244s 优化为 227s，缩减了 17s；晚高峰时段运行周期由原来的 252s 优化为 248s，缩减了 4s；如图 15-6 所示。

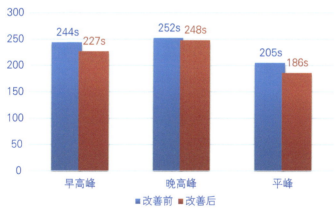

图 15-6　优化前后路口运行周期对比

2）平峰时段运行周期由原来的 205s 优化为 186s，减少了 19s，各进口车辆均无滞留现象，可一次性通过交叉口。

3. 交通冲突减少，通行能力明显提高

从路口通行能力来看，优化后早高峰单位小时通行量由原来的 2766pcu/h 提高到了 2970pcu/h，增幅为 6.98%；晚高峰单位小时通行量由原来的 3265pcu/h 提高到了 3476pcu/h，增幅为 6.40%；如表 15-3 所示。

表 15-3　优化前后机动车各方向单位小时通行量　　　　　　　　（单位：pcu/h）

时段	直行	东进口		南进口		西进口		北进口	
		左转	直行	左转	直行	左转	直行	左转	直行
早高峰	优化前	469	716	112	385	310	408	108	258
	优化后	480	744	152	424	360	452	96	262
晚高峰	优化前	401	358	148	425	651	581	179	522
	优化后	480	430	150	464	704	576	160	512

4. 机非冲突减少，交通运行有序

优化后非机动车集中于待行区提前放行，有效分离了机动车与非机动车交织冲突，从而保障路口运行安全、有序（图 15-7）。

图 15-7　优化后交叉口运行状况

15.2　独立式行人二次过街控制

15.2.1　交通特征

经十路－纬一路交叉口位于济南市槐荫区，由济南市东西主干道经十路与南北次干道纬一路相交而成，该交叉口周边是三箭瑞福苑、邮电新村、山东省新华书店宿舍等住宅小区，人流及车流量较大。交叉口地理位置如图 15-8 所示。

经调研该交叉口东西方向人行横道长度为 50 m，早高峰现状相位设计为四相位，即：

1）相位 1：东西直行。

2）相位 2：东西左转。

3）相位 3：南北直行。

4）相位 4：南北左转。

图 15-8　交叉口地理位置

行人的相位与同方向直行车辆相同，各相位的信号配时情况如图 15-9 所示。

图 15-9　交叉口现状信号配时

经调查，经十路 – 纬一路交叉口存在如下问题。

1. 行人过街时间不足

位于经十路上的人行横道，其长度达到了 50m，以行人步速 1.1m/s 计算，则行人通过交叉口的最小绿灯时间为 46s，现状信号配时仅 41s 无法满足行人一次过街需求。

2. 行人等待区规模不足

经十路东西方向行人等待区面积狭小，行人无法一次性通过人行横道时会在等待区滞留，存在交通安全隐患。

15.2.2 改善思路

为了提高行人过街安全性，增加行人过街通行能力，减小等待延误，通过相位叠加的方法，实现行人二次过街绿波放行的信号控制。即在东西方向的机动车左转相位上叠加行人相位，借用左转弯的绿灯，使行人信号灯提前启亮，实现行人一次性过街。

15.2.3 优化方案

1）经现场数据采集和统计，得到行人到达人行横道中间的时间约为27s。

2）为经十路中间两处行人信号灯（西侧朝北信号灯、东侧朝南信号灯）设置叠加相位，即在东西左转放行时间剩余27s时，两处行人信号灯启亮，当行人走到人行横道中间时，南北直行信号灯启亮，实现行人一次性不停留通过。相位方案如图15-10所示。

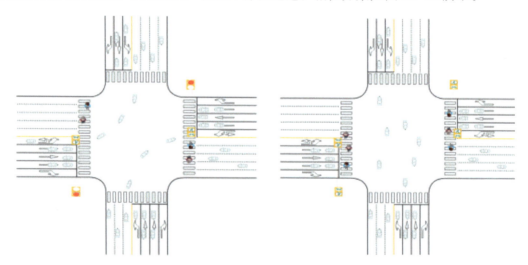

图15-10　行人借用左转时间通行示意图

15.2.4 实施效果

应用行人二次过街绿波控制方案之后，行人过街通行能力增大，如表15-4所示，通行时间由41s增加至68s（单侧），提升65.6%；单位小时行人平均通行量由214人增加至266人，提升24.3%，行人平均延误由75.6s降低至54.9s，优化率达27.4%。

表15-4　优化前后评价指标对比

评价指标	优化前	优化后	优化率
通行时间 /s	41	68	65.6%
过街行人流量 / 人	214	266	24.3%
行人平均延误 /s	75.6	54.9	27.4%

15.3 协调式行人二次过街控制

15.3.1 交通特征

1. 路口所处位置

广州大道同和街道办地理位置如图15-11所示,位于广州大道北末端,位于广州大道-同沙与广州大道-同泰路口之间。

图15-11 广州大道同和街道办地理位置

2. 路网交通环境

广州大道北位于白云区东南部,南至天河城区,往北有华南快速出入口,为南北向进出城区的主干道,日常交通量较大。

3. 路口基本情况

广州大道同和街道办为行人过街路口,南北双向6车道,东侧有同和地铁站出入口,西侧有百荟广场、金铂广场等商业区,日常过街行人较多,路口中间有宽为14m的绿化带。

该路口为行人过街路口,南北双向6车道,东西方向为小路,右进右出。路口渠化情况如图15-12所示。

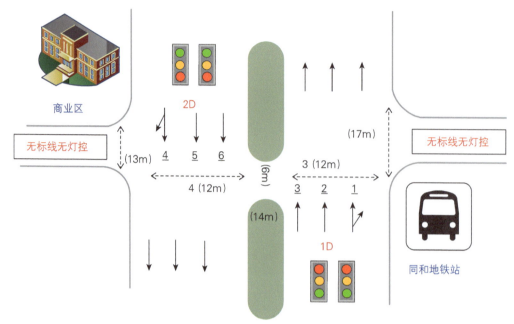

图 15-12 广州大道 – 同和路口情况

15.3.2 问题分析

广州大道 – 同和路口行人斑马线长度加上中间渠化岛宽度总计为 38m，由于靠近地铁站和商业区，日常过街行人较多，常会出现行人清空不及时的现象。现状行人过街时间设为 47s，但高峰时期仍出现行人不能及时清空的现象（图 15-13）。

高峰时期，广州大道北主干道车流较大，因此，在分配行人过街时间时，也需同时考虑主车流通行需求。

路口中央渠化岛宽度为 6m，对向行人同时放行，中央渠化岛容易形成过街瓶颈，行人容易滞留于中间渠化岛，行人闯红灯现象增加，存在较大安全隐患（图 15-14）。

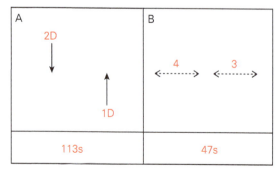

图 15-13　路口相位图

图 15-14　路口大量行人过街

15.3.3 优化方案

通过把行人一次过街拆分为二次过街，充分利用中央绿化空间，通过观察计算单侧行人通过人行横道线与渠化岛时间分别进行分配，配合相位设计使大部分行人无需在渠化岛中间等待即可实现绿波通行。对于机动车，根据车流关系，优先南往北方向，增加通行时间，提高通行效率。

优化后的路口相位图如图 15-15 所示。

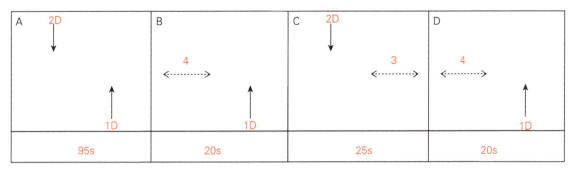

图 15-15 优化后路口相位图

15.3.4 实施效果

调整行人放行方式，改为二次过街，根据行人过街步速设置相位时间，形成行人"绿波带"。由于错开对向主流向行人过街时间，减少了对向行人在瓶颈处相遇情况，提高了行人过街效率，滞留中央绿化带的行人数相应减少。

行人改为二次过街后，减少机动车等待时间，由于广州大道，南往北为出城方向，为配合"缓进快出"策略，在相位时间设置上，可适当增大南往北相位放行时间。优化后信号周期不变（160s），而南往北的通行绿灯时间增加为 145s，较优化前的 113s 提升 28.3%。

15.4 行人专用相位过街控制

15.4.1 交通特征

1. 路口概况

平海路-东坡路路口位于杭州著名景点西湖景区周边，是杭州地铁 1 号线龙翔桥站前往西湖景区的主要线路上的一个重要路口，同时路口周边有大型商场、奢侈品名品店、苹果手机直营店等建筑物，因此本路口全天（早 7:00~晚 10:00）各时段，行人、车辆流量均十分巨大；且因本路口位于杭州市老城区，道路渠化条件有限，因此全天均处于繁忙状态。

2. 存在问题

西湖景区日均游客接待量达数十万人次，经由本路口进出西湖人流量约有 2 万人次，路口存在严重的行人过街困难、匆促等现象，有一定的安全隐患。

15.4.2 改善思路

1）根据行人流量、车流量的变化特点设置精细化的时段方案，提高路口通行效率。

2）增加行人过街专用相位（即各方向机动车停驻等待，允许各方向行人通行的专用相位）。

15.4.3 优化方案

1. 渠化设计

路口改善渠化设计如图 15-16 所示。

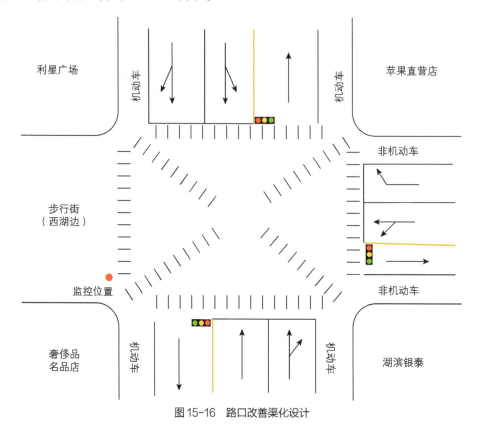

图 15-16 路口改善渠化设计

2. 相位设计

增加行人过街专用相位（B、D 相位），用于日常控制，如图 15-17 所示。

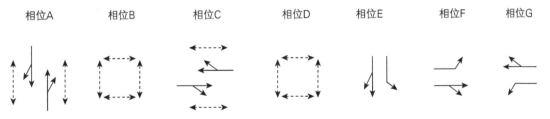

图 15-17 信号控制相位设计

3. 周期设置

制定路口 SCATS 自适应周期方案如表 15-5 所示。

表 15-5 SCATS 自适应周期方案 （单位：s）

周期梯度名称	周期梯度值	周期梯度值范围	周期值条件
最小周期	90	20~100	—
可变最小周期 1	100	0 或 20~150	战略线圈流量
可变最小周期 2	110	0 或 20~150	战略线圈流量
主周期	120	0 或 20~240	90
最大周期	140	0 或 20~240	110

4. 绿信比方案

设置 4 套自适应绿信比方案，见表 15-6。从 B、D 相位的绿信比可以看出该路口行人过街流量相对较大。

表 15-6 自适应绿信比方案

方案序号	相序	绿信比（%）						备注
		A	E	B	C	F	G	D	
1	A-E-B-C-F-G-D	29	skip	20	30	skip	skip	21	A 为主相位
2		32	skip	20	28	skip	skip	20	A 为主相位
3		29	skip	21	30	skip	skip	20	A 为主相位
4		32	skip	18	30	skip	skip	20	A 为主相位

15.4.4 实施效果

优化前由于行人和机动车相互交织影响，通行效率低下；优化方案增加了行人专用相位，使行人和机动车流分离，减少路口交织，兼顾通行效率和安全。优化前后效果对比如图 15-18 所示。

a）行人流和车流互相影响
（通行效率不高）

b）行人流与车流分离
（兼顾效率与安全性）

图 15-18　优化前后效果对比

第16章 特殊场景信号控制

Chapter Sixteen

由于受到城市早晚高峰通勤需求的方向性差异、同一进口不同转向车流的时变特点，以及公交优先理念等各方面因素的影响，导致特殊需求的信号控制广泛存在，并成为城市交通管控的重要难题。本章主要从可变导向车道控制、潮汐车道通行控制、公交优先信号控制、有轨电车优先信号控制以及匝道通行控制等方面，对相关控制场景进行介绍。

16.1 可变导向车道控制

16.1.1 交通特性

1. 交叉口特性

本例交叉口为十字交叉口（图16-1），西向东禁直、禁左，由淮海路出来的车辆全部右转进入青年路；由东进口出来的车辆全部右转进入青年路，北进口右转进入淮海路的车辆需要在路口上游提前进入辅道，不能在交叉口右转；交叉口北进口车道渠化为"2左转+4直行（包括一个公交专用车道，有护栏隔开）"，南进口车道渠化为"1左转+5直行+1右转"，设有天桥用于行人过街。

2. 交通运行特征分析

南北向车流量极大，东西向右进右出。该路口为青年路快速路结束后的第一个信号灯控制交叉口，故南进口主要承接来自青年路快速路上的车流，尤其早高峰流量较大。北进口来自发展大道及二环线自东向西左转汇入的车流。

3. 存在的问题及原因

南进口仅有一个左转+掉头车道，且由南进口左转进入淮海路的车流时间分布不均衡，常出现左转排队过长，3~5个周期难以通过的情况（图 16-2）。

图 16-1　交叉口所处位置图　　　　　　　图 16-2　南进口左转排队过长

16.1.2　改善思路

1. 总体思路

针对上述特征分析该交叉口的相位较为简单，仅南北直行、南北左转两个相位，因有过街天桥，行人对交通运行影响较小；由于南北方向直行车流极大，主要保证南北直行方向的绿信比时间，同时减缓南左转的排队过长问题。

2. 优化改善目标

解决南进口左转车流排队过长问题，提高交叉口通行能力。

3. 对应解决方法

路口车道渠化+信号配时方案。本例中使用了可变导向车道，针对左转车流量的时变特点，将南进口第二车道分时段作为左转直行可变车道；其次对相应信号配时方案进行调整。

16.1.3　优化方案

根据现场观察及流量数据分析，发现左转车流量在早高峰、晚高峰、午高峰这三个时段均有明显的增加，故在这三个时段将第二车道设置为左转专用车道（图 16-3）。

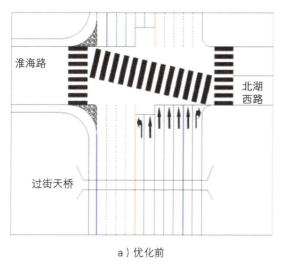 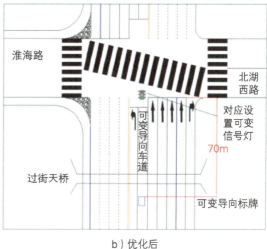

a）优化前　　　　　　　　　　　　b）优化后

图16-3　路口优化前后示意图

在距离南进口停车线70m处设置可变导向车道牌，在交叉口对应设置可变车道信号灯，通过信号机对两种设备进行校时，以保证同时切换。

可变车道采用固定时段切换的方式，其中左转的时段为07:00~09:15、11:00~12:00、16:30~17:10，其他时段为直行。

16.1.4　实施效果

通过可变导向车道的设置，早、午、晚高峰期左转车辆排队长度明显下降，通过在交叉口进行5次实地测试，在保证南北车流放行的前提下，左转车辆基本都能在2个信号周期内通过交叉口。优化后放行效果如图16-4所示。

16.2　潮汐车道通行控制

16.2.1　交通概况

1. 区位特征

深圳市深南大道南新至南山大道路段，位于南山区南头片区，东西向深南大道西接宝安区、东达福田区，是南山区连接东西向的主要通勤走廊，承载了大量的区域跨境通勤车辆和货运车辆。该路段沿线信号灯控路口有深南大道-南新路口、深南大道-南山大道路口，两个路口相距约370 m，路口间距较小，但路段交通流量较大，早高峰潮汐现象明显（图16-5），存在交通出行压力大、排队长和事故频发等问题。

图 16-4 左转车辆排队过长问题得到缓解　　　图 16-5 潮汐车道区域位置

2. 基础特征

深南大道 – 南新路为 T 形路口，东侧双向 11 车道，分别是 5 条进口车道、6 条出口车道，其中最外侧两条直行车道走辅道不受灯控；西侧双向 10 条车道，分别是 6 条进口车道、4 条出口车道；南侧双向 4 车道（图 16-6）。西方向和南方向均有右转渠化，行人通过人行天桥过街，不存在人车交织问题。

深南大道 – 南山大道路口为标准十字形路口，东面和西面均为双向 11 条车道，分别是 6 条进口车道、5 条出口车道；南面和北面均为双向 7 条车道，分别是 4 条进口车道、3 条出口车道（图 16-6）；四个方向均设有右转渠化岛。

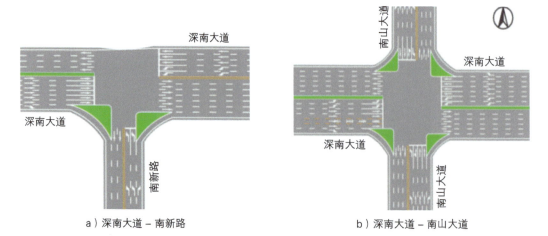

a）深南大道 – 南新路　　　　　　　b）深南大道 – 南山大道

图 16-6 深南大道南新和南山路口的车道分配情况

深南大道 – 南新路口配时采用 3 相位放行方案，早高峰期周期为 125s，绿信比分配比为 0.28∶0.44∶0.28；平峰期周期约为 110s，绿信比分配比为 0.27∶0.46∶0.27。深南大道 – 南山路口配时采用 5 相位放行方案，全天周期基本在 180s，绿信比分配比为 0.17∶0.24∶0.25∶0.17∶0.17。相位结构如图 16-7、图 16-8 所示。

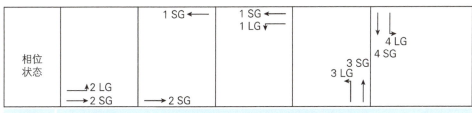

图 16-7　深南大道-南山路口相位放行情况

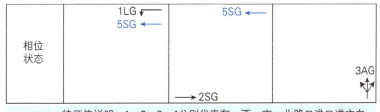

图 16-8　深南大道-南新路口相位放行情况

3. 问题分析

（1）早高峰深南大道西往东方向交通压力大，双向通行速度差异明显

工作日早高峰时段，深南大道西往东方向从 8:00 至 21:00 处于缓行至拥堵状态，早晚高峰严重拥堵。早高峰西往东方向平均速度约为 13 km/h，东往西方向早晚高峰交通较通畅；早高峰东往西方向平均速度为 40 km/h，早高峰双向速度比大于 3，双向行车速度差异明显。工作日西往东方向最拥堵时段为早上 8:00，速度为 11 km/h；工作日东往西方向最拥堵时段为 17:00，速度为 32.7 km/h。具体如图 16-9、图 16-10 所示。

图 16-9　深南大道（南新路-南山大道段）速度时变图

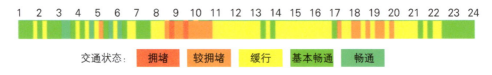

图 16-10 深南大道（南新路 - 南山大道段）西往东方向交通运行状态时间剖面图

（2）早高峰路段潮汐现象明显

早高峰（7:00-9:00）路段潮汐现象明显，西往东方向流量为 3024 pcu/h，东往西方向为 1973 pcu/h，西往东方向处于交通拥堵状态，东往西方向有 2 条直行车道不受灯控，交通畅通，如图 16-11 所示。

（3）早高峰深南大道西往东溢流严重

通过视频巡查，发现早高峰时段深南/南新路口、深南/南山大道路口西进口因东行车流量过大，经常发生交通过载性溢出，排队长达深南前海跨线桥，影响西面月亮湾立交的正常通行，路段交通压力巨大，如图 16-12 所示。

 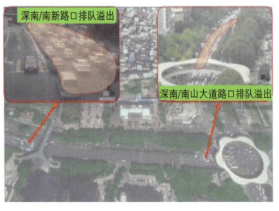

图 16-11 深南大道 - 南山大道早高峰路口西面车流潮汐现象　图 16-12 深南大道（南新路 - 南山大道段）西进口溢出

16.2.2 改善思路

基于路口交通状态识别，采用"时空一体化综合优化策略"，从信号配时和交通组织改善两个方面对路段进行潮汐车道管控，针对高峰期和平峰期，分时段采用差异化管控策略，提高通行能力。

16.2.3 优化方案

在信号配时参数配合调整的同时，重点从改善交通组织和微创新两方面对路口实行针对性的综合改善措施，具体改善方案如下。

1. 深南大道 – 南新路口东进口交通组织优化

东进口现状进口车道分配为 2 左 3 直，最右侧 2 条直行车道不受灯控。为提高路口东进口通行能力，将东进口最左侧车道设置为潮汐车道，第三条车道设置为可变车道，早高峰时段潮汐车道启用为西往东出口车道功能，可变车道启用左转车道功能，从而在不影响东面左转前提下提高路口东进口通行能力，如图 16-13 所示。

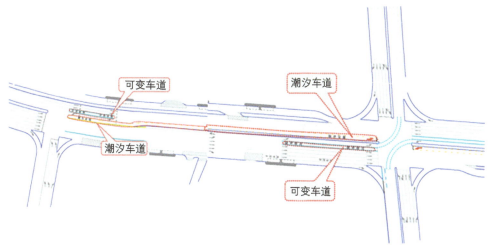

图 16-13　深南大道 – 南新路口东进口交通组织优化方案

2. 深南大道 – 南山路口西进口交通组织优化

将深南大道 – 南山路口西出口最内侧车道设置为潮汐车道，同时将西进口第二条车道设置为可变车道，早高峰时段潮汐车道启用为西面左转进口车道，可变车道启用为直行车道，增加路口东面直行车道数，如图 16-14 所示。

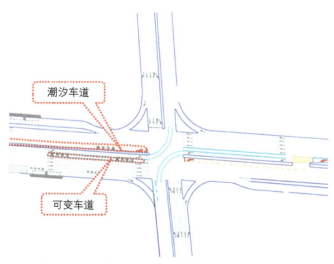

图 16-14　深南大道 – 南山路口西进口交通组织优化方案

3. 信号精准控制实现潮汐车道运行保障

为保障潮汐车道的安全启用，特别设计了潮汐车道的过渡相位（图 16-15）。在潮汐车道启用前的过渡相位，禁止西进口车流进入待启用的潮汐车道，同时对深南－南新路口西进口左转给予充足的配时以清空潮汐车道内滞留的西行车辆（图 16-16）；在潮汐车道即将结束的过渡相位中，禁止东进口车流再次进入潮汐车道，同时对深南－南山路口东进口左转给予充足的配时，以清空潮汐车道内滞留的东进口车辆（图 16-17）。

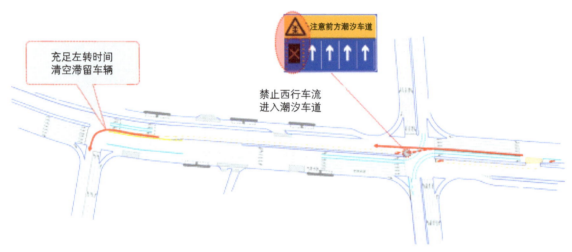

图 16-15　潮汐启用前过渡相位放行方式

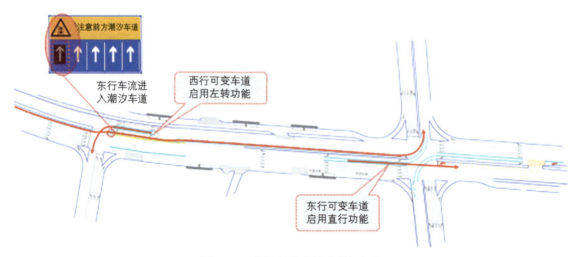

图 16-16　潮汐启用过程相位放行方式

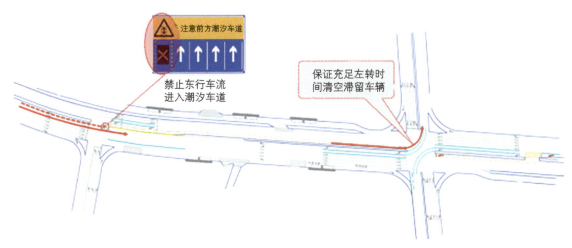

图 16-17 潮汐结束前过渡相位放行方式

4. 平峰期采用协调控制，提高路段通行效率

由于路段中的两个路口属于近距离路口，平峰期交通压力相对较小，且不受民警手动控制的影响，下游路段信号灯控路口相距较远，为提高通行效率，需要对路口进行协调控制。目前，深南大道－南新路口平峰期周期为110s，深南大道－南山大道路口周期为180s，周期相差较大，采用一个周期内两次放行的方式进行协调，协调周期为180s，协调速度为40km/h，协调方案如图16-18所示。

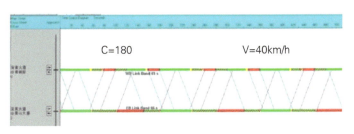

图 16-18　深南大道（南新路－南山大道段）协调方案

16.2.4　实施效果

实施潮汐车道微创新交通组织方式后，深南－南山路口通行能力显著提升。深南－南山路口启用潮汐车道后整体通行能力提升了5.1%；深南－南新路口启用

图 16-19　潮汐车道实施前后指标对比

潮汐车道后整体通行能力提升了14.2%，深南－南新路口西进口早高峰排队长度由原来623m缩短至200m左右，交通拥堵状况得到显著改善，如图16-19、图16-20所示。

图 16-20　潮汐车道实施前后情况对比

16.3 » 公交信号优先控制

上海延安路公交信号优先系统工程实施范围为申昆路－中山东二路（外滩），涉及黄浦、静安、长宁和闵行四个区沿线 48 个信号控制交叉口、5 处独立信号控制的路段行人过街和 4 处独立信号控制路段掉头，平均交叉口间距 343m；另外 25 组站点（2 组首末站、23 个中途站），一般设置在路口进出口车道口，平均站点间距 740m；如图 16-21 所示。

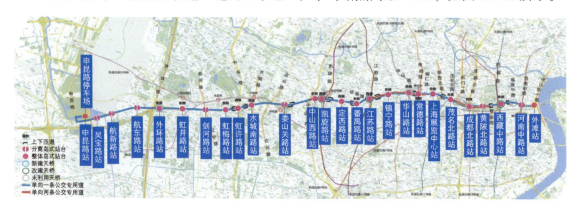

图 16-21　延安路中运量公交信号优先建设范围

16.3.1 交通特征

1. 交叉口服务等级较低、南北方向交通量较大

根据现状流量调查,并结合信号灯相位分析,延安路现状交叉口早高峰时段,服务水平多为 D 级或 E 级,特别是延安路 – 江苏路交叉口受下匝道影响,服务水平为 F 级,延误接近 2min。在这里将南北方向视为次要相位。

沪青平 – 延安路沿线各主要交叉口交通情况如表 16-1 所示。

表 16-1　沪青平 – 延安路沿线交叉口交通情况

交叉口名称	进口方向	高峰小时流量 /(pcu/h)	流量比	次要相位流率比	服务水平
沪青平 – 外环路	东进口	616	0.09	0.53	E
	南进口	1174	0.18		
	西进口	2529	0.38		
	北进口	2298	0.35		
延安路 – 虹许路	东进口	4048	0.36	0.26	D
	南进口	1651	0.15		
	西进口	4202	0.38		
	北进口	1214	0.11		
延安路 – 古北路 – 虹桥路	延安东进口	919	0.11	0.4	E
	虹桥东进口	1329	0.17		
	南进口	945	0.12		
	延安西进口	1500	0.19		
	虹桥西进口	943	0.12		
	北进口	2389	0.29		
延安路 – 中山西路	东进口	1300	0.23	0.52	F
	南进口	1638	0.29		
	西进口	1456	0.25		
	北进口	1355	0.23		

（续）

交叉口名称	进口方向	高峰小时流量/(pcu/h)	流量比	次要相位流率比	服务水平
延安路-江苏路	东进口	2792	0.3	0.38	F
	南进口	1602	0.17		
	西进口	3047	0.32		
	北进口	2022	0.21		
延安路-成都北路	东进口	919	0.2	0.49	D
	南进口	670	0.15		
	西进口	1404	0.31		
	北进口	1561	0.34		
延安路-河南南路	东进口	818	0.19	0.63	D
	南进口	1646	0.39		
	西进口	763	0.18		
	北进口	1061	0.24		

从延安路沿线主要交叉口交通情况可以看出，研究区域南北向交通量较高。其中，沪青平-外环路、延安路-中山西路、延安路-成都北路、延安路-河南南路次要相位交通量接近甚至超过了东西相位。因此，延安路中运量信号优先不应以绝对优先为目标，而应以统筹兼顾社会车辆、次要相位交通拥堵情况和公共交通的通行效率为目标。

2. 交叉口饱和度统计

对沿线49个信号控制交叉口的高峰饱和度进行分析，42%的交叉口（23个）在高峰时期饱和度均小于80%，有58%的交叉口在高峰时期饱和度均高于80%，如图16-22所示。

16.3.2　改善思路

本例的改善思路是通过建立基于车联网的延安路公交优先系统示范工程，掌握一套基于公交专用道、延安路公交优先系统等的综合技术手段，实施公交优先的建设流程，提高公交车辆的运行效率和可靠度，增加地面公交的吸引力，减少公交延误。公交优先控制策略分为被动优先、主动优先和实时优先。被动优先策略基于历史数据进行优化，包括绿波信号控制、道路渠化设置等，减少公交车在路口及路段的延误；主动优先和实时优先策略则基于实时数据对控制方案进行动态优化。无论是主动优先还是实时优先控制策略，都需要实时检测数据的支持来实现控制方案的动态优化。

第 16 章 特殊场景信号控制

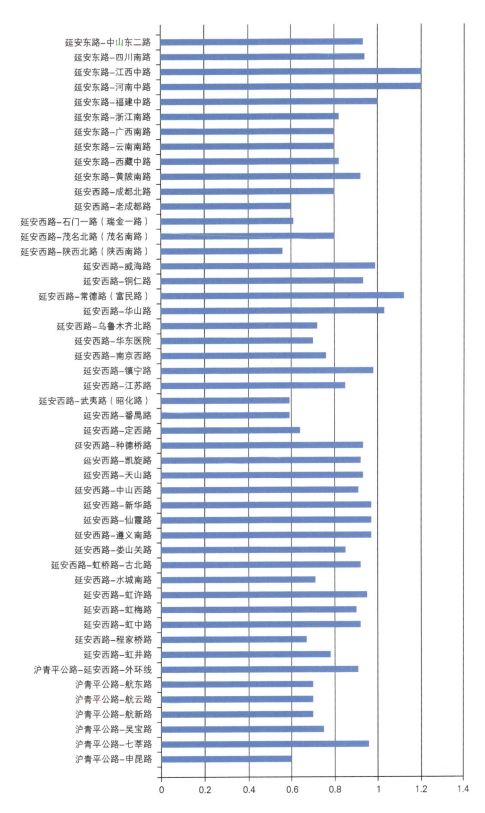

图 16-22 延安路沿线交叉口饱和度

16.3.3 优化方案

1. 协调优先方案

延安路公交协调优先方案是基于中运量公交的运行特征、停站时间、站点位置、背景交通状况等因素，结合中运量公交调度计划、平均运营车速等调度信息，在现有的交通信号配时协调方案的基础上，对其公共周期、绿信比及相位差等参数进行微调，生成一套或多套离线中运量公交干线"优先通行"协调控制方案，实现中运量公交在干线任意两个站点之间的多个交叉口的"绿波通行"，既不干扰交叉口的正常运转，也减少中运量公交在交叉口的停车等候时间，如图 16-23 所示。

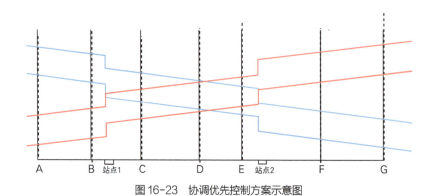

图 16-23 协调优先控制方案示意图

延安路全线根据 SCATS 信号控制系统绿波子区设计，在统筹兼顾社会车辆和中运量公交的情况下，对每个子区系统的协调路口、周期与相位差等参数进行调整，目前全线协调路口划分为 14 个协调绿波子区，子区系统包括路口最多的有 8 个，最少的有 2 个，如图 16-24 所示。

图 16-24 协调控制子区示意图

2. 主动优先方案

主动优先的设计思路为,在各交叉口的现状信号配时方案(周期、相序、绿信比)的基础上,综合考虑中运量公交站点位置、道路交通组织方案(平面渠化设计)、高峰小时饱和度等要素,因地制宜地为每个交叉口设计适应该交叉口交通特征的信号优先方案和优先参数,并设计面向不同中运量公交运行状态、道路交通状态下的实时信号优先控制流程。

中运量公交在交叉口无信号优先时的行驶轨迹示意图如图16-25所示。

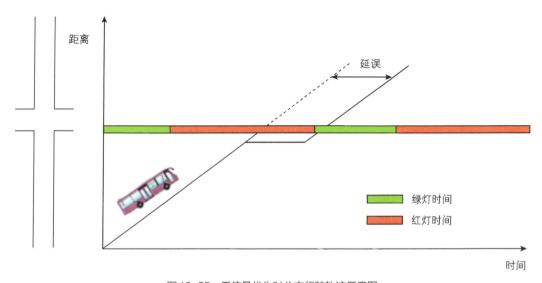

图16-25 无信号优先时公交行驶轨迹示意图

主动优先控制策略主要包含以下三种类型:

1)绿灯延长。

2)绿灯提前。

3)相位插入。

主动优先控制策略的实施,在一定程度上会对其他社会车辆造成一定的影响,因此主动优先控制策略实施应根据中运量公交延误、满载率以及路口交通状态等因素综合判断,是否进行主动优先,以达到既为最需要优先的中运量公交进行优先,又最大程度减少对社会车辆影响的目的。

依据现状交通组织方案、交通流运行现状,主要根据饱和度、路口两侧是否有公交站点以及调头开口的情况,设计了各交叉口的主动优先控制方案,如图16-26所示。

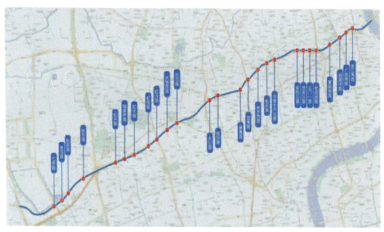

图 16-26　实施主动优先控制方案

16.3.4　实施效果

1. 单点优化效果

（1）延安西路 – 虹桥路 – 古北路

延安西路 – 虹桥路 – 古北路交叉口是一个六路交叉口，交叉口的交通组织较复杂，且该交叉口位于古北核心商务区，交通流量大，交叉口服务水平为 E 级。现状交通组织方案中，西向东方向，虹桥路只能与延安西路相接，东向西方向，延安西路只能与虹桥路相接，部分方向被禁。

由于现状信号方案中无公交所属相位，不能通过延长和提前达到公交优先目的，因此，对于中运量公交增加延安路东西直行相位，采用插入相位的执行方案，插入相位时间为 17s，中运量公交相位插入在古北路南北直行之后，延安路 – 虹桥路双向直行之前，减少因延安路 – 虹桥路绿灯末期拖尾巴的影响，有利于中运量公交的正常通行。具体如图 16-27、图 16-28 所示。

开通上线初期，延安西路 – 虹桥路 – 古北路交叉口社会交通流量特别大，与上下游路口协调以社会交通为主，根据对中运量公交运行的实际观察，结合中运量公交到达路口相位分布的数据分析，中运量公交一般在 A 或 B 相位到达路口，等待时长约为 150s。在对延安西路 – 虹桥路 – 古北路所在协调子区的分析后，并综合考虑对社会交通的影响，增大了虹桥 – 古北路口的相位差，中运量公交和社会车辆尽量在 E 或 F 相位到达，中运量公交触发插入相位通过路口，减小 71 路在路口的延误，有效地提高了路口的通行效益。

（2）申昆路 – 高虹路

本方案设计施工范围不包括申昆路 – 高虹路，由于信号机品牌不同，无法与沪青平－申昆路口采用协调控制进行优化，经过总队的协调，该路口已经列入总队的虹桥枢纽 SCATS 信号机技术运行服务项目，路口的信号机已改造为 SCATS 信号机，与沪青平公路－申昆路协调控制，将进一步提升中运量公交提高中运量公交的通行效率。

（3）延安东路－四川南路

在该路口增加设置专用灯，最外侧道改为专用道，专用灯早亮于社会灯，中运量公交提前起动通过路口，变换到出口最内侧道至外滩点掉头，减少路口延误。

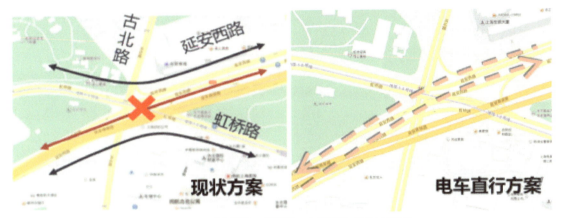

图 16-27　延安西路－虹桥路－古北路交叉口优化方案

图 16-28　优化前后相位设置

2. 协调优化效果

对沿线多个协调子区的中运量公交运行数据深化评估，发现分路段分时段中运量公交行驶、停靠站、驾驶人操作等运行规律，对公共周期及相位差等参数进行微调。在水城南路－娄山关路段、遵义南路－中山西路－凯旋路段与凯旋路－番禺路段，在分析检测设备采集的运行数据的基础上，通过调整相位差，尽量使得中运量公交双向不停车通过两站之间，减少了中运量公交的停车次数,提高了中运量公交的行程速度。

3. 主动优先效果

根据当前主动优先方案中运量公交在路口的实际运行情况,对请求和响应数据深化评估分析,优化了算法程序与相关参数,以使得设计层面的相关因素得到实际应用,提高策略请求响应比与中运量公交实际通过率。

随着信号优先系统不断地调整优化,主动优先策略的响应执行率逐步提高,目前响应率达到81%左右,整体执行情况相对比较稳定,达到设计要求。

4. 车辆运行情况

71路上线后,对社会交通产生时间损失、道路线形损失与路中专用道设置等损失,但是从该线路开通试运行以来,没有对沿线道路的社会交通造成很大的压力,有些路段的社会交通也得到了改善,如遵义路－中山西路段。

目前,中运量71路平均运营车速(包括中途站耗时)为17.5km/h,早高峰全程平均运营车速为17.1km/h,晚高峰全程平均运营车速为16.9km/h。相较运营的第一个月,分别提高了0.9km/h和2.0km/h。随着各项措施的优化,车速发生明显提高。早高峰单程平均时耗为61min,晚高峰单程平均时耗为62min,平均水平达到设计单程时耗65min的目标。

16.4 » 有轨电车优先控制

16.4.1 交通特征

苏州有轨电车一号线从龙安路站开始,经太湖大道、建林路、华山路、湘江路、何山路、珠江路、金山路,至苏州乐园,全线18.19 km,沿线共17个路口。

太湖大道－纵四路－横一路路口为典型的有轨电车沿线短连接交叉口(图16-29)。有轨电车横穿纵四路,沿太湖大道南侧、横一路北侧路侧直行布设,太湖大道与横一路间距60m左右。有轨电车在东进口处设有站台,需进行电车出站与有轨电车优先控制的一体化设计。

早晚高峰期间,交叉口社会交通流量分布如图16-30所示,太湖大道－纵四路－横一路路口社会交通以东西直行为主流向,有轨电车行车方向与交叉口社会交通主流向保持一致,有轨电车优先对社会交通的主流向影响不大。

第16章 特殊场景信号控制

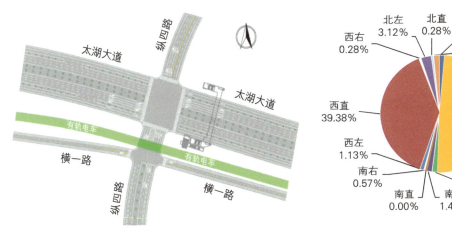

图16-29 太湖大道-纵四路-横一路路口示意图

图16-30 高峰期间社会交通流量分布

太湖大道-纵四路-横一路路口存在的主要问题是太湖大道与横一路间距较短,且有有轨电车线路横穿,若太湖大道-纵四路南进口排队车辆超过5辆,将导致排队溢出占据有轨电车通行区域,阻碍有轨电车正常通行,极大地影响有轨电车优先控制的实施效果。同时,纵四路-横一路北进口的排队车辆空间也极为有限,易引起排队溢出至太湖大道,导致交叉口主流向的通行效率急剧下降。

16.4.2 改善思路

改善思路为采用1台信号机控制2个路口的方式,通过信号控制方案优化将两个路口的信号灯进行联动,简化信号控制相位数量,优化连续通过两个路口交通流的通行效率,保障纵四路短连接路段内排队车辆不会溢出。

针对这一总体思路,太湖大道-纵四路-横一路路口采用电车上行方向感应信号优先+单点定时+动态补偿,电车下行方向出站请求优先+单点定时+动态补偿的有轨电车信号优化控制策略,其中:

感应信号优先策略为:路口有轨电车检测器在检测到有轨电车后,通过有轨电车路口信号控制系统给社会交通信号控制系统发出优先请求,社会交通信号控制系统在判断有轨电车到达停车线时刻后,选择合适的优先请求响应策略(绿灯延长、红灯缩短、插入绿灯),为有轨电车提供路口优先通行权,如图16-31所示。

出站请求优先策略为:有轨电车在站台上下乘客完成后,人工触发请求信号,通过有轨电车路口信号控制系统给社会交通信号控制系统发出优先请求,社会交通信号控制系统在判断有轨电车到达停车线时刻后,选择合适的优先请求响应策略(绿灯延长、路口优先通行权),如图16-32所示。

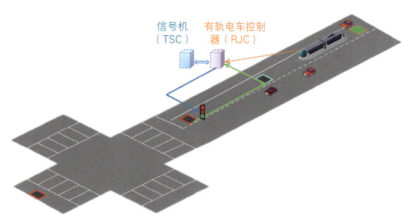

图 16-31　感应信号优先路口示例图

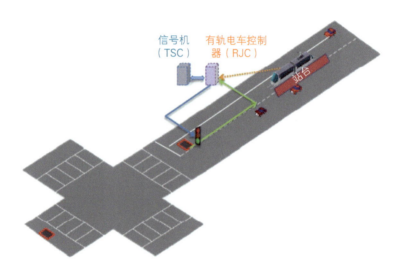

图 16-32　出站请求优先路口示例图

单点定时策略为：根据路口的交通流变化情况，通过预先设定好路口信号控制相位、放行顺序、信号配时等，平衡各流向交通流间的负荷，形成固定的信号控制方案，由系统在特定时段调用并运行。

动态补偿策略是在运用红灯缩短策略为有轨电车提供路口优先通行权后，根据各非有轨电车相位的压缩时间（即相位持续时间的减少值）和路口各流向的饱和度状况，在下一周期内给予非有轨电车相位时间补偿，提高其通行效率以均衡路口各流向间的交通负荷。

16.4.3　优化方案

采用 1 台信号机控制 2 个路口的方式，将 16 个机动车灯组，与有轨电车组合成的 8 个相位简化为 4 相位控制，如图 16-33 所示。

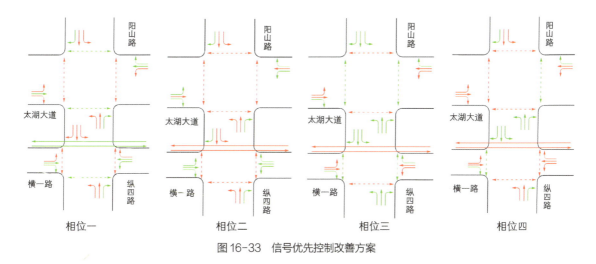

图 16-33　信号优先控制改善方案

其中，早晚高峰的周期长度为 120s，相位一为 54s，相位二 23s，相位三 24s，相位四 19s。

16.4.4　实施效果

为进一步验证上述方案的有效性，在有轨电车一号线的试运行过程中，统计上述信号优先控制方案实施前后的有轨电车平均延误及社会车辆平均延误，并进行前后对比分析，测试场景如图 16-34 所示。

图 16-34　实际测试运行

有轨电车优先实施前后参数对比情况如表 16-2 所示。

表 16-2　有轨电车优先实施前后参数对比

评价项	实施前	实施后	评价效果
有轨电车延误 /s	15.3	1.5	降幅 90.2%
有轨电车服务水平	B	A	提升一等级
社会车辆延误 /s	17.4	20.4	升幅为 17.2%
社会车辆服务水平	B	C	下降一等级

从表 16-2 中可以看到，信号优先控制实施前后的实际数据对比中，有轨电车的车均延误平均值由 15.3s 下降为 1.5s，降幅为 90.2%；同时，优先控制执行下的社会交通的车均延误平均值由 17.4s 上升为 20.4s，升幅为 17.2%。相较于交叉口有轨电车服务水平由 B 级提升为 A 级，社会车辆服务水平由 B 级下降为 C 级，整体来看，并未下降到拥堵的 E、F 级服务水平，处于可接受范围内。

16.5 匝道通行控制

16.5.1 交通特征

上海市对内环武夷路上匝道实施了匝道调节控制，内环武夷路上匝道与中山西路 – 武夷路交叉口相衔接，具体如图 16-35、图 16-36 所示。

武夷路上匝道两车道斜坡段约 270m，单车道平坡段约 110m。当匝道排队到匝道入口处时，匝道上可供约 100~110 辆小汽车排队。

图 16-35　内环武夷路上匝道

图 16-36　内环武夷路上匝道调节控制

中山西路 – 武夷路交叉口信号周期时长 185s，采用三相位控制，上匝道流量中，约有 14% 来自地面交叉口的左转流量，68% 来自地面交叉口的直行流量，约有 18% 来自地面交叉口的右转流量，如图 16-37 所示。

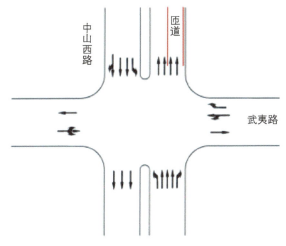

图 16-37　中山西路 – 武夷路交叉口渠化

16.5.2　改善思路

随着经济的快速发展，快速路的交通压力日益严重，交通阻塞现象屡见不鲜，快速路服务水平大大降低。为了减少快速路交通拥挤，根据国外实际应用的成功经验，最有效、可行的城市快速路交通拥堵问题解决方法就是实行入口匝道控制，通过控制进入快速道路的交通量使得整个路网上的交通流量分布合理，充分利用其通行能力。

依照主线、匝道的交通状态，设置合理的阈值，对应采取"开放 – 调节 – 关闭"三种不同控制策略。匝道控制的效果体现在打破流入主线的长列车队，可有效降低匝道对主线的影响，降低主线拥堵时间。

16.5.3　优化方案

将交通流状态分为 3 种：自由流、拥挤流、阻塞流。采用主线下游占有率、主线下游流量、主线上游速度、主线上游流量、匝道流量的组合来判断交通流在不同状态之间的切换，其信息采集断面如图 16-38 所示。

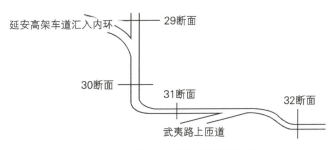

图 16-38　匝道调节控制信息采集断面分布

武夷路入口匝道调节控制阈值如表16-3所示。

表16-3 匝道调节控制阈值

交通状态切换	控制条件	32断面占有率（%）	32断面流量/（pcu/min）	31断面速度/（km/h）	31断面流量+匝道流量/（pcu/min）	持续时间/min
自由流→拥挤流	条件1：开放到调节	>30	—	—	≥80	—
拥挤流→阻塞流	条件2：调节到关闭	>45	<30	<20	—	—
拥挤流→自由流	条件3：调节到开放	<30	—	>40	<80	≥5
阻塞流→拥挤流	条件4：关闭到调节	<40	>30	>20	—	≥5

采取的控制措施相应分为3类：匝道开放、匝道调节和匝道关闭。

信号配时方案的设计不能简单地依靠算法，还要考虑上海市匝道纵坡的影响，从安全角度考虑，使停车次数在一个合理范围。并考虑驾驶人对每次停车等待时间的忍耐值（120s），具体设置如下：

1）匝道信号控制周期130s，其中绿灯30s，红灯100s。

2）排队延伸到匝道起点时，停车6次通过。

3）采用基于停车次数和等待时间的信号配时方案。

4）全天24h检测交通参数、自动触发控制（匝道汇入信号灯启亮）和结束控制（匝道汇入信号灯灭）。

5）当匝道排队小于50pcu/min时，固定绿灯30s，红灯10~100s。

6）当匝道排队大于50pcu/min时，固定绿灯40s，红灯20~110s。

16.5.4 实施效果

武夷路采用相对简单实用的算法，获得了较好的效果和可靠性。从匝道开放到匝道调节、从匝道调节到匝道关闭均及时响应。经检测，采用匝道调节后与调节前相比，主线拥堵时间减少了22.8%~76.5%。

第 17 章 信号控制创新应用

Chapter Seventeen

针对交通问题的复杂性与交通需求的多样性,在"互联网+"与数据驱动模式的双重作用下,催生了一系列信号控制创新应用,为城市交通信号的科学、精准管控注入了新的活力。本章主要结合借道左转控制、排阵式控制、综合待行区控制、实时信号优化控制,以及"互联网+"信号优化等方面的应用实例对其进行介绍。

17.1 借道左转控制

"借道左转"是一种通过利用对向车道作为"借道左转"通道,提高左转车辆通行能力的信号控制方法。本方法巧妙利用交叉口时间、空间关系,利用出口车道作为"借道左转"通道,在路口相位放行空档期,用特殊设计的"借道左转"信号灯控制车辆进入通道,并合理分配左转信号灯时间,保证进入到"借道左转"通道的车辆能够放空,在保障交通安全的条件下提高进口左转车辆的通行能力。

城市道路交叉口常因左转车道少、信号灯的绿灯时间短、左转车流需求大等原因,导致路口无法满足左转车辆的通行需求。信号灯变灯时,左转车辆未完全驶出交叉口而加重道路负担,甚至与行人产生冲突,造成十字路口的交通拥堵。

17.1.1 交通特征

济南市旅游路–二环东路交叉口南北方向二环东路为环城快速路,东西方向旅游路为济南连接东西的重要道路。该交叉口为两条主要道路的交点,也是东西方向旅游路的交通瓶颈点,如图 17-1 所示。

经调查该交叉口东西方向具有明显的潮汐现象,在早高峰时段西进口为出城方向,流量较大,在晚高峰时段,东进口为进城方向,交通拥堵严重。具体流量见表 17-1。

图 17-1　旅游路 - 二环东路交叉口区位

表 17-1　旅游路 - 二环东路交叉口高峰小时交通流量统计表　　（单位：pcu/h）

方向	东进口	西进口	南进口	北进口
直行	1008	752	1008	896
左转	1088	560	128	160
右转	176	256	544	368

由于交叉口所处位置较为特殊，东进口连接跨线桥，无法进行路口拓宽处理，其他进口已进行最大限度的拓宽。交叉口现状见图 17-2。

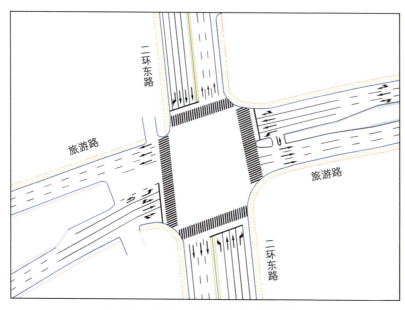

图 17-2　旅游路 - 二环东路交叉口现状图

17.1.2 改善思路

在路口渠化条件和配时均不能发生较大变动的前提下,济南市交警支队提出"双逆向复用车道信号控制",即"潮汐车道+借道左转"方案,用于解决该交叉口因潮汐现象引起的左转车流溢流问题。旨在解决东进口左转溢流问题,利用"时空转换"提升整个交叉口的通行能力。

"双逆向复用车道信号控制"巧妙利用交叉口时间与空间之间的关系。在对其他相位不构成影响的前提下,左转车辆借用空置的出口车道进行左转。

17.1.3 优化方案

东口跨线桥东端距桥 30m 处道路中心线开口用于车辆变道至潮汐车道,并在潮汐车道进口处设置诱导装置用于引导车辆进入潮汐车道行驶。路段设置潮汐车道,桥上施划潮汐车道地面标线。距交叉口 50m 处在潮汐车道的基础上增设借道左转车道,并在距交叉口 35m 处设置诱导装置引导车辆进入借道左转车道。"双逆向复用车道信号控制"具体施划效果如图 17-3 和图 17-4 所示。

通过"双逆向复用车道信号控制"增加东进口左转空间,进而把东进口左转节省的时间分配给其他相位。合理的利用交叉口的空间和时间,使整个交叉口的通行能力得到较大提升。设计配时如表 17-2 所示。

表 17-2 旅游路－二环东路交叉口信号配时方案 （单位：s）

相序号	所含车流	绿灯时间	红灯时间	黄灯时间	相位差	周期
1	南北合放	52	170	3		
2	东单放	87	135	3	0	225
3	西单放	77	145	3		

采用借道左转放行方式,西单放结束后 15s 开启"借道左转"相位,东进口左转车辆进入"借道左转"车道待行,东进口单放结束前 15s 提前关闭"借道左转"相位,以此作为借道左转车道清空时间。

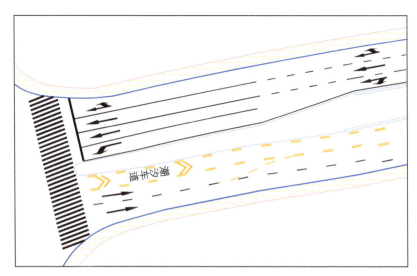

图 17-3 旅游路－二环东路交叉口设计图

图 17-4 交叉口借道左转案例

17.1.4 实施效果

优化前后交叉口各进口高峰期小时通行量、停车次数、通过时长对比分别如表 17-3~表 17-5 所示。

表 17-3 优化前后交叉口各进口高峰期小时通行量对比 （单位：pcu/h）

进口方向	是否改进	直行	右转	正常左转	借道左转	左转总量
东进口	否	984	176	765	0	765
	是	1008	189	512	576	1088
	优化率	2.38%	6.88%	—	—	29.69%
西进口	否	654	222	485	0	485
	是	752	256	560	0	560
	优化率	13.03%	13.28%	—	—	13.39%

(续)

进口方向	是否改进	直行	右转	正常左转	借道左转	左转总量
南进口	否	873	456	108	0	108
	是	1008	544	128	0	128
	优化率	13.39%	16.18%	—	—	15.63%
北进口	否	745	329	122	0	122
	是	896	368	160	0	160
	优化率	16.85%	10.60%	—	—	23.75%

表 17-4 优化前后交叉口各进口高峰期小时停车次数对比

进口方向	是否改进	左转	直行	右转
东进口	否	4	2	2
	是	2	1	2
西进口	否	3	3	1
	是	2	1	1
南进口	否	1	4	3
	是	1	2	2
北进口	否	3	4	1
	是	2	2	1

表 17-5 优化前后交叉口各方向高峰期小时通过时长对比

进口方向	是否改进	左转	直行	右转
东进口	否	14 分 21 秒	06 分 43 秒	05 分 22 秒
	是	06 分 32 秒	04 分 11 秒	04 分 45 秒
西进口	否	10 分 38 秒	11 分 22 秒	03 分 18 秒
	是	07 秒 03 秒	03 分 28 秒	02 分 56 秒
南进口	否	04 分 02 秒	13 分 58 秒	10 分 45 秒
	是	03 分 23 秒	10 分 43 秒	05 分 24 秒
北进口	否	10 分 46 秒	14 分 05 秒	02 分 34 秒
	是	06 分 08 秒	05 分 34 秒	03 分 02 秒

通过对比优化前后旅游路 – 二环东路交叉口各进口高峰期小时交通量、通过交叉口停车次数、通过交叉口用时等数据均可发现，设置"双逆向复用车道信号控制"后，旅游路 – 二环东路交叉口通行能力得到极大提升，解决了交叉口交通瓶颈点问题，进而使旅游路整条道路的通行能力大大提高。

17.2 排阵式控制

17.2.1 交通特征

城市道路交叉口的进出口条件良好，但是因为早晚高峰车流量大、排队空间不足，单次绿灯放行的车辆数有限，交叉口拥堵常发。

针对这种现象，有没有一种交通控制技术可以在不改变道路条件的前提下，将同方向行驶交通流的车道数增加，以达到缓解道路交叉口拥堵的目的呢？

17.2.2 改善思路

2013年11月，深圳市公安局交警支队南山大队研究设计了"排阵式"交通控制方式，并在前海路-学府路口早晚高峰试点运行。经过多方论证与升级完善，2016年9月先后在后海大道-海德一路、南海大道-东滨路口推广实施。如图17-5所示为排阵式交通控制进口车道改造示意图。

"排阵式"建立了一整套能最大限度利用道路空间，对分向车流提前诱导，多车道排列后，再依次放行的多级控制系统。该项技术主要从空间资源利用的角度来提升交叉口的通行效率。

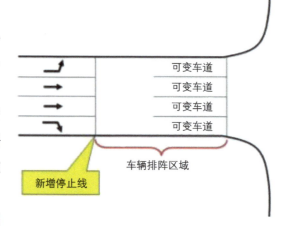

图 17-5　排阵式交通控制进口车道改造示意图

排阵式交通控制对交叉口进口车道的空间进行重新分配，停止线后移，腾出前面的排队空间称为排阵区；排阵区内的车道根据放行需要变换，以供直行和转向车流排队；通过排阵区内可变车道的变化组合，可以增加进口车道数的规模，提高进口车道的通行能力与通行效率。

适用排阵式交通控制方式的路口需具备以下条件：一是路口进口车道为三车道及以上、道路无拓宽空间，且出口车道数量能与进口车道数量匹配；二是直行和左转交通流量都很大，排队过长易引发拥堵；三是非机动车流量较小，有空间让非机动车采用二次过街方式；四是与上游路口有一定的距离，第二停止线的设置不会导致排队溢出。

17.2.3 优化方案

排阵式交通控制方式需要对交通信号的设计进行优化，使得车辆能有序地进入排阵区进行排队等待，然后快速驶离交叉口。

第17章 信号控制创新应用

排阵式交通控制方式的运行原理是：采用二次停止线法，第一停止线和第二停止线间的"排阵区"内的车道不再划分直行、左转和右转。需要进入路口的所有车辆首先在第二停止线外排队等候，并依照交通信号指引设施（信号灯＋标志标线）引导同一方向的车流驶入"排阵区"，在路口停止线外再次排队等候。绿灯放行信号亮起时，"排阵区"所有车辆快速通过路口。

交叉口的信号放行步骤如下。

1）进口红灯，待行区指示灯提示直行车进行排阵区，左转车在第二停止线等待，如图17-6所示。

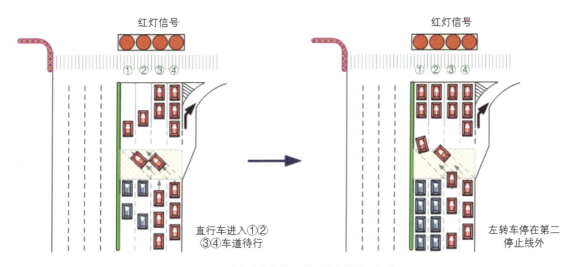

图17-6　直行车根据指示信号进入排阵区等待

2）进口直行绿灯，排阵区内的排队车辆放行，第二停止线后的直行车跟车通过交叉口；左转车根据待行区指示灯进入排阵区的指定排队车道，如图17-7所示。

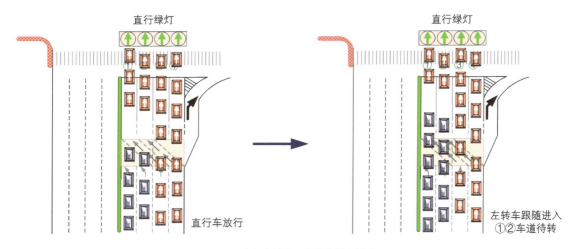

图17-7　直行车放行、左转车进入排阵区

3）进口左转绿灯，排阵区内的排队车辆放行，第二停止线后的左转车跟车通过交叉口；直行车根据待行区指示灯进入排阵区的指定排队车道，如图 17-8 所示。

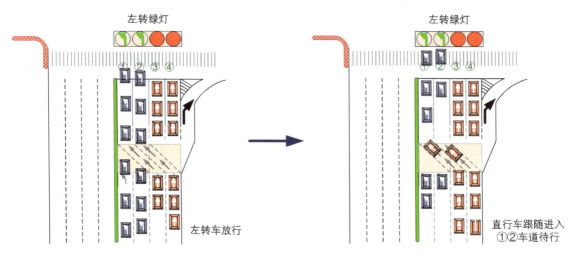

图 17-8　左转车放行、直行车进入排阵区

4）重复上述步骤，实现进口车道车辆的连续放行。

17.2.4　实施效果

根据对深圳南海大道 - 东滨路口的实地观察，采用排阵式交通控制方式后，直行放行期间，在原来 3 条直行车道的基础上相当于多增加了 1 条直行车道，每周期平均多放行 12 辆车，在同样长的直行绿灯时间内（30s），直行通行能力提升了约 27%；左转放行期间，在原来 1 条左转车道的基础上相当于多增加了 1 条左转车道，每周期平均多放行 10 辆车，在同样长的左转绿灯时间内（20s），左转通行能力提升了约 1 倍。对于整个进口车道来说，在同样长的放行时间内（50s），进口车道通行能力提升了约 40%。

在不同的车道组合条件下和放行时间下提升的效率有所不同，理论上可用于"排阵"的车道数越多，效率提升越显著。

17.3　综合待行区控制

17.3.1　交通特征

共和新路路口南向北方向晚高峰时段因高架下匝道车流明显大于地面车道车流，使高架下匝道车辆与地面车流汇聚后，在进入地面左转车道与直行车道时互有"冲突"，从而造成直行相位车流与左转相位车流相互等待，致使地面车道车流缓慢，严重影响南北高架临汾路出口车辆通行速度，如图 17-9 所示。

17.3.2 改善思路

在距路口进口停车线 50m 处增设一条停车线，并同时配套设置与各车道相互对应的 LED 车道指示标志和信息屏。在两条停车线内的部分车道形成行进方向可变的待行车道，通过 LED 车道指示信息屏轮换提示"直行""左转"等变化信息，使车辆按指示信息按方向需求依次进入各自待行区车道。此控制方式使本路口与前后方路口的信号配时紧密联系，无需改变各路口既有的信号控制方案，并可以根据本路口及相关路段交通状况的需要分时段实施，尽量减少在道路中过多的控制。在待用状态下，LED 车道指示标志的指向信息固定不变，车辆即按普通路口通行规则通行。

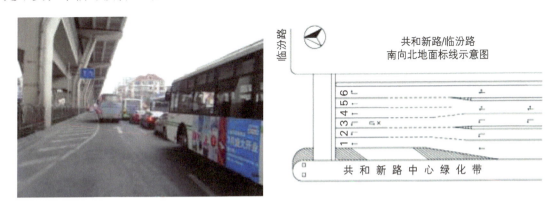

图 17-9 共和新路路口现状图

17.3.3 优化方案

通过增设一组 LED 可变标志，将现有车道中的一部分车道设置为"可变待行车道"。"可变待行车道"可根据控制预案在高峰与平峰时段依据路口通行相位，将"可变待行车道"实时设置为"直行待行车道"与"左转待行车道"，如图 17-10 所示。

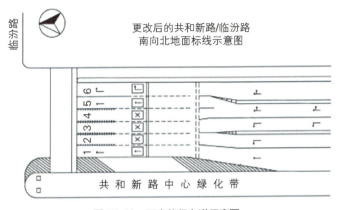

图 17-10 可变待行车道示意图

实施"可变待行车道"后，共和新路/临汾路南向北路口原有六个车道中2#、3#、4#车道设置为"可变待行车道"，实施后的"可变待行车道"可通过LED可变车道指示标志按"平峰时段"与"晚高峰时段"控制预案实施交通管理。

平峰时段1#、4#、5#车道为直行车道，2#、3#为左转车道，6#为右转车道，车辆可按路口信号灯、LED车道指示标志、显示屏显示信息及地面标线进入相应车道行驶，如图17-11所示。

平峰时段信号灯控制分为A、B、C三个相位，A相为南北机动车直行与南北行人通行相位。A相机动车与行人倒计时同步，倒计时时间为15s；B相为南向北与北向南左转相位；C相为东西通行相位；

平峰时段显示屏及LED车道指示标志显示内容不变。

晚高峰时段1#、5#为直行车道，2#、3#、4#为"可变待行车道"，6#为右转车道。"可变待行车道"可根据路口信号灯相位、显示屏提示信息，以及LED车道指示标志，实施车道行驶方向变更与控制，如图17-12所示。

图17-11 平峰时段车道指示标志显示内容

图17-12 晚高峰时段车道指示标志显示内容

17.3.4 实施效果

综合待行区实施后，路口原普遍存在的"拖尾巴"、"争道抢行"等现象基本消除，路口综合待行区通行能力提高8.1%，有效消除了高架上2km长的拥堵排队区。通过实施综合待行区，使原先单一功能的车道得到了局部扩展。同时，在保持原有通行规律的信号灯周期不改变的前提下，提高了通行效率。

17.4 » 实时信号优化控制

在城市道路交叉口，常因车辆到达的随机性过大，导致某一相位的绿灯损失时间过大、行人等待时间过长等问题，致使交叉口延误增大。由于各个相位的绿灯损失时间过长，而过长的等待时间将影响驾驶人及行人的心理，容易引起行人闯红灯的现象发生，影响正常的交通秩序。

17.4.1 交通特征

旅游路位于济南市历下区南段,是济南市东西方向的主干线,是连接高新区与市中心区的重要通道,车流量具有较为明显的时段差异,早高峰整体路段拥堵明显,夜间流量变化幅度较大,整体满足感应控制的条件,如图17-13所示。

图17-13 旅游路区位图

经调查,旅游路夜间流量变化较大,每个周期东西向平均有11辆车通过,最小达到2辆,最大达到24辆,南北向平均有5辆车通过,最小为0辆,最大达到9辆,按照常用的干线协调优化方式,会造成较大的绿灯损失时间,增大交叉口的延误时间。所以,应采用一种新的交通控制模式。

17.4.2 改善思路

按照现有交通需求,济南市交警支队提出"夜间感应自适应控制模式",用于解决该路段车流随机性较大,造成交叉口各相位绿灯损失较长的问题,旨在解决各个交叉口延误时间,利用"实时信号优化控制"降低整体路段的延误时间。

17.4.3 优化方案

利用在交叉口进口车道设置的地磁感应检测器感应到达车辆,将实时的车辆到达信息传输到信号机控制系统中,感应信号控制系统内设有一个初始最小绿灯时间,到初始最小绿灯时间结束时,如果在一个预先设置的时间间隔内没有后续车辆到达,则变换相位,如果有车辆到达,则绿灯延长一个预设的单位绿灯延长时间,只要不断有车到达,绿灯时间可继续延长,直到预设的最长绿灯时间,则变换相位。原理流程如图 17-14 所示。

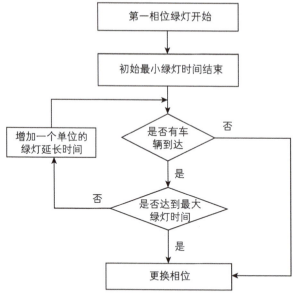

图 17-14 实时信号优化原理流程图

根据调研数据,在满足行人过街的基础上减少了初始的绿灯时间,通过不断感应到达车辆信息延长绿灯时间,有效地减少了绿灯损失时间,降低了交叉口延误。具体数据如表 17-6 所示。

表 17-6 配时参数表　　　　　　　　　　　　　　　　　　（单位:s）

路段	最小绿灯时间		增加单位时间		最大绿灯时间	
	东西向	南北向	东西向	南北向	东西向	南北向
荆山东路	20	20	3	3	50	30
浆水泉路	20	18	3	3	50	30
回龙山路	18	18	3	3	50	30
霞景路	18	18	3	3	50	30
洪山路	20	19	3	3	50	30

17.4.4　实施效果

经过现场的方案调试及效果巡检,调查出周期车辆通过交叉口数据,进行现状与设计的评价指标数据对比分析,以此判定实时感应控制的效果。具体见表 17-7、表 17-8 和图 17-15。

表 17-7　协调控制交叉口延误统计表　　　　　　　　　　　　（单位：s）

延误	路段				
	荆山东路	浆水泉路	回龙山路	霞景路	洪山路
东西延误	150	165	180	180	180
南北延误	125	150	75	100	175
协调减少延误	75	82.5	90	90	90
总线延误	1052.5				
交叉口平均延误	210.5				

表 17-8　感应控制交叉口延误统计表　　　　　　　　　　　　（单位：s）

延误	路段				
	荆山东路	浆水泉路	回龙山路	霞景路	洪山路
东西延误	100	110	120	120	120
南北延误	50	50	27	36	63
总线延误	796				
交叉口平均延误	159.2				

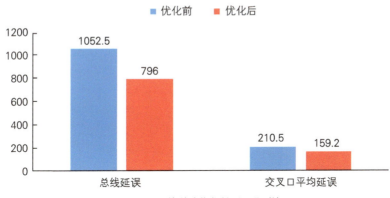

图 17-15　旅游路优化前后延误对比

通过对比可以看出，交叉口平均延误降低 51.3s，整条路段总线延误降低 256.5s。

17.5 "互联网+"信号优化

广州中山大道-汇彩路口，位于天河区东南部的位置，靠近黄埔区。中山大道是广州市天河区东西向的主干道，双向十车道，而汇彩路则是南北走向，双向六车道，北边与黄村大道相连，可至黄村立交，南边则至黄埔大道，连接中山大道、黄埔大道和广园快速路等主干道。路口东西进口日均车流量较大，主要流向为东进口直行与西进口左转掉头，晚高峰时段，北进口右转车流量也较大，路口在"互联网+信号灯"平台的拥堵指数较高。

近期优化主要目标为降低路口的失衡指数，提高路口的整体通行效率。

17.5.1 问题分析

图 17-16 为优化前相位相序及周期和绿信比方案，由于绿信比分配策略优先南北进口放行，优化前放行方式存在以下问题：

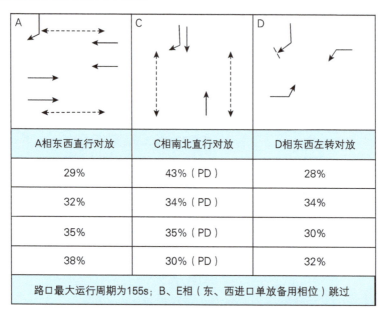

图 17-16　优化前相位相序及周期和绿信比方案

1）南北进口直行对放相位的放行时间较长（47~67s），B 相（南北进口直行对放相位）结束前，北进口的车头时距较大，绿灯时间利用率较低，出现空放现象，浪费时间较多；南进口车流量较少，运行需求不大，常出现空放现象。

2）西进口左转及掉头车流量较大，周期较大时，等待时间过长，导致该流向车流排队较长。

3）东进口因 BRT 车站交通组织的限制，左转车道可利用空间较小，容易被直行车流阻挡，而直行车流量较大，排队长度经常在 30 辆车以上，该进口车道的通行效率较低。

图 17-17 为中山大道汇彩路口优化前拥堵延时指数变化的折线图，失衡指数在"1"以下，说明路口运行效果较好，由图 17-17 可知其存在以下问题：

1）路口全天的拥堵指数较高，除了晚间低峰和午平峰，其余时段路口的拥堵延时指数均在"1"以上，早晚高峰时段，尤其突出，最高值可达"4"以上。

2）早晚高峰持续时间较长，从图 17-17 可以看出，早高峰时段为 07:30~11:00，晚高峰时段为 18:00~22:00；另外还存在午高峰时段 14:30~15:30。

图 17-17 优化前拥堵延时指数变化图

17.5.2 改善方案

针对上述问题，降低路口的最大运行周期为 140s，将东西直行对放相位设置为主相位，并将路口的运行相序调整为 ADC，以提高各进口车道的通行效率，缓解东进口直行车流阻挡左转车流的情况，如图 17-18 所示。

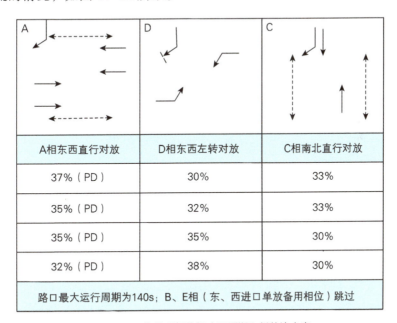

图 17-18 优化后相位相序及周期和绿信比方案

17.5.3 实施效果

路口实施优化措施，将路口最大运行周期降低至 140s，现分别选取优化前后的早晚高峰小时车流量、失衡指数及拥堵指数三个数据分析其优化效果，具体图 17-19~图 17-21 所示。

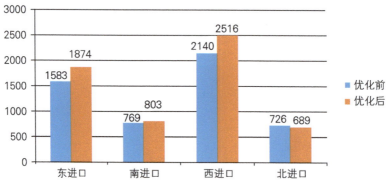

图17-19 早高峰各进口车道优化前后流量对比图

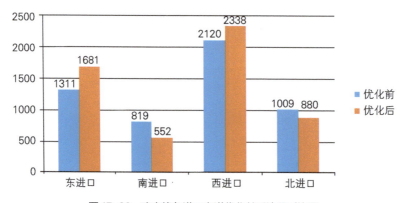

图17-20 晚高峰各进口车道优化前后流量对比图

通过TrafficReporter得到的流量数据，对中山大道汇彩路口优化前后流量变化进行分析，从早高峰（8:00-9:00）和晚高峰（18:00-19:00）时段对比可以看出，优化前后东西进口的车流量略有提升，南北进口的车流量则变化幅度较小。

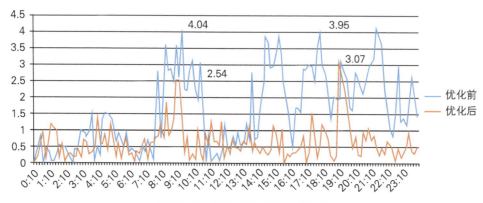

图17-21 优化前后失衡指数对比图

"互联网+信号灯"平台的失衡指数，从图17-21可知，优化后路口的失衡指数已大幅度下降，除了早晚高峰时段，其余时段，失衡指数均在"1"以下变化，早高峰的失衡指数峰值下降了37%，晚高峰的变化幅度则下降了22%。

"互联网+信号灯"平台的拥堵指数，对路口优化前后拥堵指数对比（图17-22），可以看出，优化后路口的拥堵指数大幅度下降，早高峰的拥堵指数峰值下降了31%，晚高峰的变化幅度则下降了11%。同时，也可以看出，早晚高峰持续的时间也大幅度缩短，早高峰时段，从原来的8:00-9:30变化为8:40-9:20，晚高峰时段则从16:00-21:00变化为17:40-19:30。

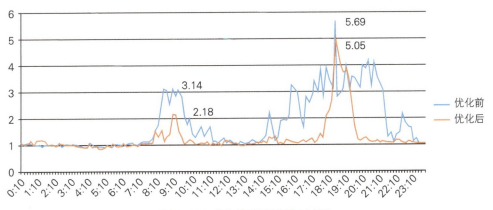

图17-22 优化前后拥堵指数对比图

综上所述，中山大道-汇彩路口实施降低路口最大运行周期至140s的优化措施后，主要优化效果如下：

1) 路口早晚高峰的车流量变化幅度不大，没有因为路口周期的降低，导致各进口车道车流通过量受到较大影响。

2) 路口的失衡指数和拥堵指数均有大幅度下降，而且早晚高峰的持续时长也得到大幅缩减，在"互联网+信号灯"平台的上榜次数也大幅减少。

3) 路口运行效率得到大幅度提高，各进口道的排队长度下降，尽管在早晚高峰时段结束前，东进口会因为排队车流疏散不及时而出现的失衡指数较高的情况，但路口能够通过系统自适应选择合适的绿信比方案以适应车流量的变化，无需人工干预，路口运行情况良好，优化效果明显。